VATER, MUTTER, STASI
Mein Leben im Netz des Überwachungsstaates

ANGELA MARQUARDT

mit Miriam Hollstein

VATER, MUTTER, STASI

Mein Leben im Netz
des Überwachungsstaates

KIEPENHEUER & WITSCH

MIX
Papier aus verantwor-
tungsvollen Quellen
FSC® C083411
www.fsc.org

Verlag Kiepenheuer & Witsch, FSC® N001512

1. Auflage 2015

© 2015, Verlag Kiepenheuer & Witsch, Köln
Alle Rechte vorbehalten. Kein Teil des Werkes darf
in irgendeiner Form (durch Fotografie, Mikrofilm oder ein
anderes Verfahren) ohne schriftliche Genehmigung des
Verlages reproduziert oder unter Verwendung elektronischer
Systeme verarbeitet, vervielfältigt oder verbreitet werden.
Fotos im Bildteil, sofern nicht anders angegeben: privat
Umschlaggestaltung: Rudolf Linn, Köln
Umschlagmotiv: © Martin U. K. Lengemann
Gesetzt aus der Sabon
Satz: Buch-Werkstatt GmbH, Bad Aibling
Druck und Bindung: CPI books GmbH, Leck
ISBN 978-3-462-04723-3

INHALT

*Für C., die schönste und größte Herausforderung,
der ich mich ein Leben lang stellen möchte*

PROLOG

AN EINEM TRÜBEN TAG IM NOVEMBER 2013 KEHRT die Stasi in mein Leben zurück. Ich bin auf dem Weg nach Greifswald. Während ich im Auto sitze, merke ich, wie sehr ich mich auf den Abend freue. Die Stadt und die nahe gelegene Ostsee sind für mich Heimat, und Besuche dort bedeuten immer eine Reise zu langjährigen Freunden. Schon als Jugendliche bin ich, so oft es ging, ans Wasser gefahren. Von der Mole aus habe ich dann im Greifswalder Hafen auf den Bodden geschaut. Es war ein Gefühl absoluter Freiheit, das ich sonst so oft vermisst habe.

Ein Freund von mir feiert seinen runden Geburtstag. Wir kennen uns aus meinen Jahren in der PDS. Als ich in der Gaststätte ankomme, in der gefeiert wird, bin ich eine der Ersten. Die Frau des Geburtstagskindes begrüßt mich und geht mit mir die Tische mit der Sitzordnung ab. Sie hat mich an einen Tisch mit gemeinsamen Freunden gesetzt. Es trifft mich wie ein Schlag, als ich die Kärtchen auf dem Nachbartisch entdecke: »Jörg S.« steht auf einem, auf dem daneben der Name seiner Frau. Einen Moment lang kann ich nicht atmen. Sofort habe ich ein Bild im Kopf: Jörg, der immer eine schwarze Umhängetasche mit sich trug. Der Mann, dem ich als Jugendliche von meinen Sorgen erzählte. Der Mann, der laut meiner Akte einer meiner »Führungsoffiziere« war. Das letzte Mal hatte ich ihn im Bundestag getroffen, als ich als Abgeordnete eine Jugendgruppe aus Greifswald empfing. Er war als einer der Betreuer dabei, worüber ich vorher nicht informiert gewesen war.

Ich wusste, dass mein Gastgeber ihn schon länger kennt, weil beide in der Linkspartei aktiv waren. Aber mir war nicht klar, dass der Kontakt so eng ist. Ich habe an jenem Abend nicht mit Jörg S. gerechnet.

Von den anderen Gästen weiß niemand, welche »Beziehung« ich zu S. hatte, auch der Gastgeber nicht. Ich beschließe, mir die Feier nicht vermiesen zu lassen. Die nächsten Stunden bin ich in Gespräche mit alten Freunden und Bekannten verwickelt. Ich sitze mit dem Rücken zum Raum, sehe nicht, wer kommt. Aber Jörg geht mir nicht aus dem Kopf. Irgendwann drehe ich mich um und blicke ihm direkt ins Gesicht. Er nickt mir zu.

Es ist schon spät am Abend, als mich eine Freundin an ihren Tisch holt, an dem auch er mit seiner Frau sitzt. Ich kann nicht ablehnen, ohne aufzufallen. Aber die Nähe zu ihm ist mir unangenehm. Er selbst scheint das nicht zu bemerken. Schnell entsteht eine politische Diskussion in der Runde. Die Freundin will von mir wissen, ob ich es richtig finde, dass die SPD jetzt nach der Bundestagswahl eine Große Koalition mit der Union erwägt.

Fast noch schlimmer als die Nähe zu S. finde ich, dass seine Frau, die neben ihm sitzt, durch mich hindurchschaut. Ich weiß, dass sie mir übel nimmt, dass ich 2003 aus der PDS ausgetreten und später in die SPD eingetreten bin. Sie hält das für »Verrat«. Aber eigentlich denken beide so.

Es ist eine surreale Situation. Da sitze ich also in einem Restaurant und diskutiere mit einem ehemaligen Führungsoffizier über die politische Zukunft anstatt über die Vergangenheit. Währenddessen schweigt mich seine Frau betont wegen meiner politischen Gegenwart an. Ich werde das Gefühl nicht los, dass beide meine Mitgliedschaft in der SPD schlimmer finden als das, was er früher mit Jugendlichen gemacht hat. Am liebsten würde ich beide anbrüllen: Habt ihr, die ihr selbst Eltern seid, zu Hause jemals darüber gesprochen, dass Jörg einst Kinder für eine Diktatur instrumentalisiert hat? Dass er manche von ihnen dazu gebracht hat, Freunde, Verwandte und Mitschüler zu verraten?

Jörg merkt nichts von meinem inneren Kampf. Er strahlt auf mich eine große Gelassenheit aus, die mich deprimiert. Irgendwann halte ich die Situation nicht mehr aus und gehe vor die Tür. Er kommt mir nach. Ich ertrage seine Ruhe nicht. »Wie geht's dir?«, fragt er in kumpelhaftem Ton. Ganz so, als wäre es das Normalste der Welt, hier mit mir zu stehen und zu reden.

Mir gehe es prima, antworte ich abfällig. »Wenn man davon absieht, dass mal wieder die Stasi-Geschichte recherchiert wird.« Ich hatte kurz zuvor von einer Freundin erfahren, dass ein großes Magazin sich für meine Vergangenheit interessiert.

»Wieso? Wir haben doch alles vernichtet«, erwidert S. seelenruhig.

Ich werde immer wütender: »Darum geht es gar nicht. Es geht darum, dass ihr mich benutzt habt.«

Er will etwas antworten, aber seine Frau ruft ihn. Sie will gehen. »Wir können ja mal telefonieren«, sagt er zu mir. »Ich habe ja noch deine Handynummer.« Dann verschwindet er in der Dunkelheit.

Ich bleibe zurück, vollkommen aufgewühlt. Der Abend ist für mich gelaufen. Ich fühle mich, als ob es Jörg gelungen wäre, die Vertrautheit von früher herzustellen. Die Stasi und ich auf der einen Seite – und der Rest der Welt auf der anderen. Aber ich bin nicht auf der Seite der Stasi, bin es nie gewesen. Es ist der Moment, in dem mir klar wird, dass die Stasi ewig Macht über mich haben wird, wenn ich weiter schweige. Der Moment, in dem ich mich entschließe, dieses Buch zu schreiben. Ich musste dafür weit in die Vergangenheit zurück, Verdrängtes hervorholen und Erinnerungen zusammensetzen. Das war nicht leicht, denn gerade Erinnerungen sind subjektiv. Dieses Buch basiert auf meinen Erinnerungen und meiner Interpretation der Ereignisse in meinem Leben. Ich ahnte nicht, dass mich diese Entscheidung bald an meine Grenzen bringen würde. Und darüber hinaus.

1 ENTHÜLLUNG

ZWÖLF JAHRE ZUVOR HATTE MICH DIE STASI schon einmal eingeholt. Völlig überraschend und mit einer Macht, die mich fast zerstört hätte. Auch damals, im Mai 2002, war ich unterwegs nach Greifswald zu Freunden. Ich war 30 Jahre alt, studierte Politologie, war zwei Jahre lang stellvertretende Parteivorsitzende der PDS gewesen und inzwischen Bundestagsabgeordnete.

Ich war 1990 über die damalige AG Junge GenossInnen (AGJG) in Greifswald zur PDS gekommen. Das war eine Struktur, in der sich die Jüngeren parteiintern organisiert hatten. Was dann folgte, war eine auch für mich selbst atemberaubende Karriere. Im Januar 1991 wurde ich, noch nicht einmal 20-jährig, in den Bundesvorstand gewählt. Ein gutes Jahr später zog ich nach Berlin, um künftig hauptamtlich als Jugendreferentin des Parteivorstands zu arbeiten. Mit Anfang 20 verdiente ich monatlich 4500 DM, eine Tatsache, die ich mir als in der DDR aufgewachsene Jugendliche nie hätte träumen lassen.

Für die Medien war ich interessant, weil ich jung und mit meinen gefärbten Haaren optisch auffällig war. Ich passte nicht ins Klischee des typischen PDS-Funktionärs. 1995 wurde ich zur stellvertretenden Parteivorsitzenden gewählt. Es war nicht nur für die PDS, sondern überhaupt einmalig, dass eine 23-Jährige Vizechefin einer Partei wurde. Und so zierte ich, oft als »PDS-Punkerin« bezeichnet, zum Beispiel das Titelbild der *Emma*, saß mit Uschi Glas und der Regisseurin Margarethe von Trotta in der Talkshow von Alfred Biolek oder wurde von der »Mutter der Nation«, Inge Meysel, bei »3nach9« so sehr ins Herz geschlossen, dass der *Berliner Kurier* und die *SUPERillu* neugierig fragten: »Erbt Angela ihre vielen Millionen?« Sie hatte mir nach unserem Kennenlernen ein Jahr lang monatlich 100 Mark zu meinem Studium dazugegeben.

1998 folgte der Sprung in den Deutschen Bundestag, über die Landesliste Mecklenburg-Vorpommern. Ich war inzwischen 27 Jahre alt. Trotz des öffentlichen Erfolges wuchsen in dieser Zeit als Abgeordnete bei mir die Zweifel. Ich hatte zunehmend das Gefühl, dass mir politisch und inhaltlich Substanz fehlte. Dadurch ging auch die Kreativität verloren. Mein Studium kam nicht voran, mein Einsatz im Jugendwahlkampf und die zahlreichen öffentlichen Auftritte führten dazu, dass ich atemlos durch mein Leben hetzte.

Außerdem nervte mich, dass mich viele in der Partei immer noch als die »kleine Angela« sahen, die freche junge Frontfrau. Andere nahmen mir übel oder besser neideten mir, dass ich ihrer Meinung nach von der Parteiführung immer auf ein Podest gehoben wurde.

Zwischen meiner Partei und mir wuchs die Distanz. Die PDS, die bei der Bundestagswahl 1998 zu ihrer eigenen Überraschung mit fünf Prozent Fraktionsstatus erreicht hatte, wurde weder ihren eigenen Erwartungen noch denen ihrer Anhänger gerecht. Einige Genossen reagierten auf die Schwäche der Partei mit einer Art ideologischem Rollback. Je länger sie in der Bundesrepublik lebten, desto mehr sehnten sie sich nach der DDR zurück. Ich, die ich zwar wie sie Ostdeutsche war, mich aber in der »neuen« Bundesrepublik nie als Bürgerin zweiter Klasse gefühlt hatte, konnte mit dieser Denkweise nichts anfangen. Mir war immer bewusst, dass die Wende für mich eine Befreiung und Riesenchance gewesen war. Auch deshalb befremdete mich die Nostalgie in meiner Partei zunehmend. Natürlich war mir bewusst, dass ich mich in einer privilegierten Situation befand: Ich hatte keine Arbeit und keinen Status verloren, hatte keine Existenzängste. Ich war als Abiturientin in die Bundesrepublik gekommen. Die Welt stand mir offen. Ich konnte sie endlich über Greifswald und Moskau hinaus entdecken. Ich persönlich hatte nur gewonnen. Dieses Grundgefühl war trotz meiner wachsenden Unzufriedenheit im Mai 2002 natürlich immer noch vorhanden. Dass sich mein Leben nur wenige Wochen später grundlegend geändert haben würde, ahnte ich nicht. Und erst recht nicht, was dafür der Auslöser sein würde.

Ich war auf der Autobahn, als mein Handy klingelte. Über die Freisprechanlage hörte ich die Stimme von Roland Claus, unserem Fraktionschef. Er habe einen Anruf von Bundestagspräsident Wolfgang Thierse erhalten. Es sei eine Stasi-Akte über mich gefunden worden. Roland klang nüchtern. Dass es bei den Älteren in unserer Fraktion bei diesem Thema immer wieder Enthüllungen gab, war er gewohnt. Aber nun passierte das ausgerechnet mit einer seiner jüngsten Abgeordneten.

Ich stand unter Schock. Ich hatte keine Ahnung, was in dieser Akte stand. Aber ich spürte, dass mich etwas einholte, von dem ich nicht wollte, dass es wieder in mein Leben drang. Es war nicht das Thema Stasi, das mir in diesem Moment Angst machte. Sondern die Familiengeschichte, die sich damit verband. Seit Jahren hatte ich kaum Kontakt mehr zu meiner Familie. Mit fast 16 war ich aus dem Haus und eigene Wege gegangen – aus gutem Grund. Doch nun würde alles zurückkehren. Ich fühlte mich unglaublich leer.

An den Rest des Tages habe ich nur noch Erinnerungsfetzen. Wie ich bei den Freunden eintraf, sie kurz informierte und in den Arm genommen wurde. »Du kannst nichts dafür«, sagten sie. Aber das beruhigte mich nicht. Wie ich mit ihnen am Tisch saß und redete. Und dann wieder, wie ich im Garten stand und panisch meine Mutter anrief.

Ich erzählte ihr vom Aktenfund. Das Gespräch war nicht sehr lang. Sie wollte nach Berlin kommen. Die Frage, die ich ihr hätte stellen sollen, kam mir erst viel später in den Sinn: Warum hatte mich meine Mutter nicht beschützt?

Am nächsten Tag fuhr ich nach Berlin zurück. Ich hatte kaum geschlafen, aber war entschlossen, mich der Sache zu stellen. Knapp einen Monat später, zufälligerweise an einem 17. Juni, stand ich vor dem Gebäude der Behörde des – so der volle Name – Bundesbeauftragten für die Unterlagen des Staatssicherheitsdienstes der ehemaligen Deutschen Demokratischen Republik (BStU), die nach ihrer damaligen Chefin »Birthler-Behörde« genannt wurde. Mit dabei war auch mein langjähriger Anwalt, der spätere Grünen-Politiker Volker Ratzmann.

Zu diesem Zeitpunkt wussten wir zumindest, dass meine Akte in der Rostocker Außenstelle der Behörde gefunden worden war. Ein Redakteur des Magazins *Der Spiegel* war wohl im Zuge eines Rechercheprojekts über Kinder und Jugendliche und das Ministerium für Staatssicherheit darauf gestoßen. So jedenfalls wurde es mir damals kommuniziert. Auf meine Anfrage hin hatte ich schnell einen Termin zur privaten Akteneinsicht bei der Behörde bekommen. Klar war inzwischen auch, dass es sich um eine IM-Akte handelte. Ich hatte eine »Täterakte« – diese Feststellung schockierte mich zusätzlich.

Die Zeit drängte. Der Immunitätsausschuss des Bundestags hatte ein Überprüfungsverfahren eingeleitet. Zwar hatte er nicht die Macht, das Abgeordnetenmandat zu entziehen, aber sein Urteil war trotzdem von Bedeutung.

Als Betroffene hatte ich die Wahl, persönlich auszusagen oder nicht. Für mich hatte es nie auch nur den geringsten Zweifel gegeben, dass ich mich den Fragen dort stellen würde. Aber dafür musste ich selbst wissen, was überhaupt in der Akte stand. Dem Immunitätsausschuss selbst lagen lediglich fünf Blätter vor. Fast alle waren nach meinem vollendeten 18. Lebensjahr entstanden. Nur eines stammte aus einer früheren Zeit. Es war meine Verpflichtungserklärung. Ich hatte sie geschrieben, als ich 15 Jahre alt war.

Die eigentliche Akte, zumindest das, was gefunden worden war, war viel umfangreicher, circa 100 Seiten. Ein Mitarbeiter der Behörde legte sie uns wortlos hin und ließ uns dann in einem kleinen Raum allein. Am Anfang lasen mein Anwalt und ich gemeinsam, aber relativ schnell ertrug ich die Lektüre nicht mehr und schob ihm die Blätter wortlos hin. Gute drei Stunden lang blätterte Ratzmann Seite für Seite um, stellte zwischendurch ab und zu Fragen. Ich saß wie erstarrt daneben. Als er fertig war, fragten wir den Mitarbeiter, ob ich eine Kopie mitnehmen könne. Ich konnte. Mein Leben, wie es die Stasi sah, kostete 85,19 Euro. Mit Quittung.

Es dauerte Tage, bis ich die Mappe mit der Loseblattsammlung ganz durchgelesen hatte. Auch zu Hause hatte ich die Akte immer wieder beiseitelegen müssen, weil ich einfach nicht mehr konnte. Auf dem Deckblatt standen die Überschrift »IM-Vorgang« und der Zusatz »Streng geheim!«. Dann folgten im Beamtendeutsch verfasste »Datensätze«, die meine persönlichen Daten auflisteten. Geburtsort, Eltern, Geschwister, Halbgeschwister, Schulbesuch. Die Verpflichtungserklärung kannte ich bereits aus der Presse. »Ich Angela Marquardt verpflichte mich freiwillig

Verpflichtung

Ich Angela Marquardt verpflichte mich freiwillig das MfS in seiner
Arbeit zu unterstützen. Meine Entscheidung beruht auf meiner politisch ideologischen
Überzeugung. Ich möchte aktiv die gesellschaftliche Entwicklung der DDR
unterstützen. Ich möchte, daß Feinde unschädlich gemacht werden und Menschen,
die auf dem falschen Weg sind geholfen wird.
So lange wie meine Hilfe erforderlich ist, möchte ich das MfS unterstützen.
Ich werde alle für das MfS interessierende Fragen dem mir bekannten Mitarbeiter, informieren.
Zur Wahrung der Konspiration wähle ich mir das Pseudonym

„Katrin Brandt"

über die inoffizielle Zusammenarbeit mit dem MfS und alle damit zusammenhängende
Probleme werde ich gegenüber jedermann stillschweigen bewahren. Ich wurde zur
Wahrung der Konspiration Wachsamkeit und Geheimhaltung eingewiesen und belehrt.

Angela Marquardt
3.4.87

Verpflichtungserklärung

16

das MfS in seiner Arbeit zu unterstützen. Meine Entscheidung beruht auf meiner politisch ideologischen Überzeugung. (…) Ich möchte, dass Feinde unschädlich gemacht werden und Menschen, die auf dem falschen Weg sind, geholfen wird. (…) Zur Wahrung der Konspiration wähle ich mir das Pseudonym ›Katrin Brandt‹«. Gezeichnet: »Angela Marquardt«. Am 3. April 1987. Es war meine Handschrift, die geschwungene Handschrift einer 15-Jährigen. Ich hatte keine Erinnerung daran. Es war nicht die einzige Erinnerung, die aus meinem Gedächtnis gelöscht war.

Es folgten Berichte der Stasi über meine Entwicklung. Darin wurde positiv vermerkt, dass ich reifer sei als Gleichaltrige. Ich spürte die Wut in mir hochsteigen. Ja, ich war schon weiter gewesen als meine Mitschüler. Aber das war Überlebensstrategie. Ich hatte mit 15 Dinge erlebt, die man normalerweise nicht erlebt haben sollte. Die Stasi nutzte eine Entwicklung, die erkennbar nicht altersgemäß war, für ihre Zwecke. »Die« Stasi, das waren Menschen, die für mich als Freunde meiner Eltern bei uns ein- und ausgegangen waren. Es waren Namen, die meine Kindheit und Jugend begleitet hatten. Jetzt fand ich sie in der Akte wieder. Als »Oberstleutnant«, »Hauptmann« und »Major«, die die Berichte angefertigt und unterschrieben hatten. Aber auch die Namen von Unbekannten standen darin, mit denen ich angeblich gesprochen hatte. Ich fühlte mich hilflos, wie in einem Strudel von Bildern, und nirgendwo ein Ort, um sich festzuklammern.

Zwischendurch stieß ich auf die Aufzeichnung eines Tonbandgesprächs mit IM »Barbara« über mich. Ich brauchte einen Moment, um zu begreifen, um wen es sich handelte: um meine Mutter. Sie lobte mich, wie eine stolze Mutter ihre Tochter lobt. Nur, dass sie es nicht beim Kaffeekränzchen zu Hause tat, sondern gegenüber jenen Menschen, die mich politisch missbrauchen wollten. Ich sei ein »ehrgeiziger« und »fleißiger Mensch«, im »Klassenkollektiv« beliebt und anerkannt. »Angela besitzt eine positive Grundhaltung zur DDR«, stand da, und dass ich zu Hause für meine beiden jüngeren Geschwister »großes Verantwortungsbewusstsein« trage.

Je länger ich las, desto mehr fühlte ich mich in eine Zeit zurückgeworfen, die ich verdrängt hatte. An manches konnte ich mich nicht erinnern, viele andere Situationen hatte ich anders in Erinnerung als so, wie sie in der Akte beschrieben waren. So hieß es in einem Aktenvermerk, ich hätte mich in der »Kontaktphase« »kooperativ« verhalten. Das klang, als ob man über eine Unbekannte schreiben würde. *Ihr kanntet mich seit meinem 11. Lebensjahr. Ihr habt mitbekommen, wenn ich schlechte Noten mit nach Hause brachte oder mich über irgendetwas ärgerte. Ich habe euch vertraut, weil ihr Erwachsene wart und ich ein Kind. Ist das »kooperativ«?*

In manchen Momenten stellte ich mir vor, ich würde als völlig Fremde diese Aufzeichnungen lesen. Das Urteil wäre klar. *Die hat ja super mit der Stasi zusammengearbeitet.* Ich schämte mich. Hätte ich nicht schon damals merken müssen, dass da etwas völlig Falsches geschah? Aber wie? Es war ja, wenn auch für viele heute sicher nicht nachvollziehbar, Normalität für mich.

Als ich fertig mit Lesen war, kam es mir vor, als ob der rote Stempel, der auf jeder kopierten Aktenseite prangte, wie ein Kainsmal auf meiner Stirn brannte: »Kopie BStU«. Ein Stempel fürs Leben.

Die folgenden Wochen fühlten sich an, als würde ich unter Wasser gedrückt, ohne Luft holen zu können. Ich vergrub mich in meiner Wohnung, verließ das Haus nur, wenn es unbedingt nötig war. Einige Journalisten riefen an, wollten einen Artikel über mich schreiben. Ich sagte allen ab. Nur mit

IMS "Barbara" am 24.3.87 (Tonband)

Einschätzung Marquardt,Angela geb.3.9.71

Angela besucht die Klasse 9r der Lenin-OS in Greifswald Schönwalde
I.
Im Klassenkollektiv ist sie beliebt und anerkannt.Auf Grund ihres
schulisch und häuslichen Fleißes und ihrer guten sportlichen Leistungen
wird sie auch sehr geachtet.Sie ist ein sehr ehrgeiziger und fleißiger Men:
Mensch.
Offen und ehrlich äußert sie zu allen in der Klasse auftretenden
Probleme ihre Meinung.
Angela besitzt eine positive Grundhaltung zur DDR.Sie besitzt gute poli-
tische Kenntnisse und zeigt auch großes Interesse am aktuell-pol.
Geschehen.Die aktuelle Politik wertet sie geschickt und logisch und
ordnet die Probleme richtig ein.
In der Schule bemüht sie sich um gute Leistungen.In der schulischen Abeit
spiegeln sich die vorgenannten Eigenschaften wider.
Zu allen Mitgliedern der Klasse hat sie einen guten Kontakt.Ihre Mit-
schüler besuchen sie zu Hause und häufig ist auch sie bei ihnen eingeladen.
In der Freizeit trainiert sie regelmäßig Judo und arbeitet erfolgreich
in der AG "Funken".Sie ist im Besitz der Funkprüfungen A und B.
Zu Hause zeigt sie für alle Probleme und ihren beiden jüngeren Geschwister:
großes Verantwortungsbewußtsein und Selbständigkeit.
Die ihr verbleibende Freizeit nutzt sie für den Besuch von Diskotheken,
Kinoveranstaltungen und ähnliches.Kulturell ist Angela auch interessiert
Durch die Tätigkeit ihrer Eltern hat sie zahlreiche Kontakte zu Künstlern
des Thaters Greifswald und deren Kinder.Sie hat die Absicht,in den Theater
jugendklub einzutreten.
Bekannten und Freunden tritt sie aufgeschlossen gegenüber.Sie kann sich
gegebenen Umständen anpassen ohne sich dabei in die Ecke diskutieren
zu lassen.
Angela ist ein vielseitig interessierter Mensch,der in der Lage ist über
große Strecken selbststständig zuarbeiten und alleine Verantwortung zu übernehmen.
Nach Absolvierung der R-Klasse an der Lenin-OS wird sie die EOS Greifswald
besuchen.Ihre Absicht ist ,einen Beruf in der Elektrotechnik zu erlernen.

                                               F.d.R.

»IM Barbara«, Abschrift einer Tonbandaufnahme vom 24.3.1987

einer Journalistin und einem Journalisten sprach ich in dieser Zeit. Beide kannte ich, vertraute ihnen. Einer der Artikel, der aus diesen Gesprächen entstand, war sehr stark umstritten, wie ich später erfuhr. Zu milde sei das Porträt über mich angeblich ausgefallen. Fast alle meine Mitarbeiter wurden von Journalisten bedrängt. Diese machten auch ehemalige Mitschüler ausfindig und versuchten, sie zu befragen.

In der Öffentlichkeit unterwegs zu sein, empfand ich als bedrohlich. Einmal fuhr ich mit dem Fahrrad vom Büro nach Hause, geriet auf dem Weg in eine Gewerkschaftsdemonstration. Einer der Demonstranten drehte sich um, rief seinem Nachbarn zu: »Ist das nicht die Stasi-Schlampe von der PDS?« Dann spuckte er mir ins Gesicht. Es war wie ein K.-o.-Schlag. Ich fühlte mich total gedemütigt. Den Hass in seinen Augen werde ich nie vergessen. Danach ging ich tagelang gar nicht mehr vor die Tür.

In meiner Partei sprach mich kaum jemand an. Nur einer klopfte mir auf die Schultern und sagte: »Lass dich nicht unterkriegen. Was wissen diese Wessis schon von unserem Leben.« Heute weiß ich, dass Roland Claus und andere aus der Führung alles taten, um mich abzuschirmen, weil sie mich vor weiterem Druck bewahren wollten. Nur einmal kam eine Genossin zu mir und sagte höhnisch: »Das hast du nun davon.« Sie hatte zu jenen in der Partei gehört, die eine kritische Auseinandersetzung mit der Vergangenheit immer abgelehnt hatten.

Im Kontrast dazu standen die Reaktionen aus den anderen Parteien. Herta Däubler-Gmelin, damals Justizministerin, kam zu mir und bot mir ihre Hilfe an. Der damalige FDP-Chef Guido Westerwelle sagte mir, wie leid ihm das Ganze tue. Im Bundestag erlebte ich, anders als »draußen«, kaum Ablehnung. Selbst der damalige Bundesinnenminister Otto Schily, sonst eher als Hardliner bekannt, sagte in einem Interview mit der *SUPERillu:* »Ein anderes Beispiel ist für mich die PDS-Bundestagsabgeordnete Angela Marquardt, mit der ich sonst ja bekanntlich oft im Clinch liege. Wenn man nun aber die Tatsache, dass die Stasi sich ihr als 15-jährigem FDJ-Mitglied genähert hat, zum Skandal hochzieht, finde ich das reichlich albern.«

Seltsamerweise habe ich mir damals kaum Gedanken um meine Zukunft gemacht, sondern vor allem um die Vergangenheit. Deshalb rief ich meine Mutter erneut an. Ein paar Tage später kam sie zu mir nach Berlin. Ich wollte, dass sie die Akte liest. Gleich zu Beginn erzählte sie mir, ihre Kollegen hätten vom Aktenfund in der *SUPERillu* gelesen. Als sie zur Arbeit kam, sei sie deshalb zum Trost von ihnen mit einer Flasche Sekt empfangen worden. Ich wurde auf der Straße angespuckt, und sie bekam Sekt. Ich schob ihr die Akte hin. Dann ging ich aus der Küche. Ich wollte, dass sie beim Lesen allein war, so wie ich mich allein gefühlt hatte, als ich die Akte das erste Mal gelesen hatte. Als ich zurückkam, sagte sie: »Hätte ich gewusst, was die daraus machen, hätte ich das niemals gemacht.« Sie redete die ganze Zeit. Sagte bestimmt hundert Mal, wie leid ihr das Ganze tue. Dass sie mit zum Immunitätsausschuss kommen und alles erklären werde, wenn ich das wolle. Irgendwann gingen wir zu Bett. Ich war enttäuscht, ohne genau sagen zu können, warum. Es war das erste und letzte Mal, dass wir über die Akte sprachen.

Unterdessen rückte die Anhörung vor dem Immunitätsausschuss immer näher. Ich war aufgeregt und ängstlich. Viele aus der Partei hatten mir abgeraten, dort aufzutreten. Ich wusste: Bevor ich in diese Anhörung gehe, musste ich so gut wie möglich begreifen, was damals geschehen war. Also zwang ich mich, das zu tun, was ich nie wollte. Mich mit meiner Vergangenheit zu beschäftigen.

2 WIE DIE STASI IN MEIN LEBEN KAM

WENN HEUTE VON DER »STASI« DIE REDE IST, DANN stellen sich viele darunter furchteinflößende Männer vor, die mit stundenlangen Verhören ihre Opfer zu Geständnissen zwingen. Gestalten in Grau, die man sofort am finsteren Blick erkennt. In meiner Kindheit und Jugend kam die Abkürzung »Stasi« nicht vor. Bewusst wahrgenommen habe ich diesen Begriff erst, als ich im Fernsehen kurz vorm Mauerfall Berichte über die Montagsdemos in Leipzig sah. Da hielt jemand ein Plakat mit der Aufschrift »Stasi in die Produktion« hoch.

Was ich kannte, war das Ministerium für Staatssicherheit, auch kurz MfS genannt. Als ich in die dritte, eine sogenannte R-Klasse mit erweitertem Russischunterricht, kam, traf ich dort einige Kinder, deren Eltern für das Ministerium arbeiteten. Das war relativ normal. Wenn die Lehrerin zu Beginn des Schuljahres die Berufe der Eltern abfragte, dann sagten diese Kinder: »Mein Vater arbeitet für das Ministerium des Innern.« So wurde es auch ins Klassenbuch eingetragen, oder als Abkürzung »MdI«. Das war die offizielle Umschreibung dafür, dass jemand für die Staatssicherheit arbeitete.

Erst später begriff ich, dass in dieser Klasse fast ausschließlich Kinder aus privilegierten Familien oder, wie man zu DDR-Zeiten sagte, »aus der Nomenklatura« waren. Mit neun hat man für so etwas noch keinen Blick. Ich war hier gelandet, weil ich in der ersten und zweiten Klasse zu den Besten gehörte, so dachte ich jedenfalls. Auch die Herkunft spielte eine Rolle. Schüler aus staatsfernen Familien hätten wohl auch mit guten Leistungen kaum Chancen gehabt, in die R-Klasse aufgenommen zu werden.

Klar war, dass der Schulbesuch nicht nur den Weg zum Abitur erleichterte, sondern auch bei der späteren Berufswahl ungemein hilfreich sein konnte. Permanent wurde uns eingebläut, dass wir die zukünftige Elite seien. Beim Fahnenappell und zu russischen Feiertagen mussten wir im Sinne der deutsch-sowjetischen Freundschaft zum Beispiel russische Lieder singen und ein Programm gestalten. Außerdem machten wir eine Klassenfahrt nach Moskau. Besonders vom Besuch beim einbalsamierten Lenin, der im Mausoleum unter Panzerglas aufgebahrt ist, war ich tief beeindruckt.

Meine besten Schulfreunde waren zwei Jungen, Mikhael und Frank. Schon als Kind habe ich lieber mit Jungen gespielt. In meinen Zeugnissen stand dreimal: »Durch ihr burschikoses Verhalten fördert sie den Zusammenhalt zwischen Jungen und Mädchen.« Bei den Lehrern bekam ich deshalb den Spitznamen »Engel mit B.« in Anspielung auf meinen Namen.

Meine Mutter hatte ursprünglich mit einem Andreas gerechnet. Als ich mich nach 30 Stunden Wehen endlich auf die Welt getraut hatte, musste sie feststellen, dass sie sich einen anderen Namen suchen musste. Zufällig stieß sie noch im Krankenhaus im SED-Organ *Neues Deutschland* auf einen Artikel über die amerikanische Kommunistin Angela Davis, die damals in den USA zu Unrecht des Mordes angeklagt war und in der DDR sehr verehrt wurde. Nach der Lektüre des Artikels war die Entscheidung gefallen.

Anders als bei Kindern, deren Eltern als hauptamtliche Mitarbeiter für die Staatssicherheit arbeiteten, war die Stasi nicht von Anfang an in meinem Leben gewesen. Sie tauchte darin erst auf, zunächst unsichtbar, als ich etwa neun Jahre alt war. Mit Michael, dem neuen Lebensgefährten meiner Mutter. So hat sie es jedenfalls später erzählt.

Bis zu meinem 7. oder 8. Lebensjahr hatte meine Mutter mit meinem leiblichen Vater zusammengelebt. Während meiner ersten Lebensjahre studierten meine Eltern noch an getrennten Orten. Mein Vater lebte in Dresden, und meine Mutter war zum Studium in Zwickau. Ich wuchs allein bei meiner Mutter auf. Das heißt: Ganz am Anfang war ich in einer Wochenkrippe, in die mich meine Mutter montags brachte und aus der sie mich freitags wieder abholte. Eines Tages wurde die Krippe überraschend geschlossen. Meiner Mutter wurde gesagt, dass dort Kinder misshandelt worden waren. Von diesem Zeitpunkt an blieb ich bei meiner Mutter im Studentenwohnheim.

Nach ihrem Pädagogikstudium fand meine Mutter eine Stelle in Greifswald. Kurz danach zog auch mein Vater zu uns, der als Ingenieur im Kernkraftwerk Lubmin anfing. Die Jahre des Zusammenlebens mit ihm waren meist eine Tortur. Denn mein Vater war ein Sadist. Einmal verbrannte er mir meine Hand auf der Waschmaschine, weil ich ihn gefragt hatte, ob diese heiß sei. Er nahm daraufhin meine Hand, presste sie auf den Metalldeckel der laufenden Maschine und sagte: »Jetzt weißt du, ob es heiß ist.« Es war eine Kochwäsche, die darin lief.

Ein anderes Mal packte er mich bei einem Besuch der Marienkirche in Greifswald, als wir oben auf dem Turm standen, und hielt mich mit einer Hand kopfüber über die Balustrade. Ich hatte Todesangst. An mein »Vergehen« erinnere ich mich nicht mehr, aber eigentlich war für meinen Vater schon jegliche Form von nicht funktionieren ein Vergehen.

Meine Eltern stritten viel, auch vor meinen Augen. Einmal warf mein Vater eine Bierflasche nach meiner Mutter, die gerade hinter mir saß, verfehlte uns aber. 1979 ließen sich meine Eltern scheiden. Einige Zeit später war Michael da. Michael war Chortenor am Theater Greifswald. Und er war, laut den Erzählungen meiner Mutter, schon damals Inoffizieller Mitarbeiter der Staatssicherheit. Für die Stasi begann er angeblich zu arbeiten, nachdem eines Tages im Theater Nazischmierereien entdeckt worden waren. In der Version, die er erzählte, hatte ihn der Vorfall so sehr erschüttert, dass er die Staatssicherheit bei ihrer Arbeit unterstützen wollte. Meine Mutter wiederum erzählte, sie habe die Stasi kennengelernt, weil Michael unsere Wohnung als konspirativen Treff mit Mitarbeitern des MfS nutzte. Dadurch sei auch sie in die Mitarbeit »hineingerutscht«. Aber all diese Geschichten erfuhr ich erst später, teilweise viel später.

Während meine Mutter als Lehrerin einem »normalen« Beruf nachging, brachte Michael einen eher unkonventionellen Lebensstil in die Familie. Er umgab sich gern mit Künstlern. Das gefiel meiner Mutter. Sie wurde in ihrer Freizeit ehrenamtliche Pressedramaturgin am Theater Greifswald. Auch zu Hause hatten wir oft Besuch von Freunden aus dem Theater. Es wurde viel gefeiert.

Mich faszinierte dieses neue Leben. Dank der Vermittlung meines Stiefvaters durfte ich im Theater auftreten. In »Hänsel und Gretel« war ich der erste Pfefferkuchen von links, der half, die Hexe in den Ofen zu schieben. Im »Kirschgarten« von Tschechow durfte ich in meiner Rolle sogar singen. Ich trug auf der Bühne ein T-Shirt mit Amerikaflagge und schob einen Puppenwagen. Auch sonst war ich öfters im Theater mit dabei. Das war schon etwas Besonders im sonst eher stark reglementierten DDR-Alltag, und ich war sehr stolz darauf.

Anfangs blühte meine Mutter mit Michael regelrecht auf. Aber allmählich kippte das Familienleben. Es fing damit an, dass ich mich nicht nur oft allein für die Schule fertig machen, sondern auch um meinen jüngeren Bruder (der ebenfalls aus der Ehe meiner Mutter mit meinem leiblichen Vater stammte) kümmern musste. Meine Verantwortung wuchs, nachdem meine Schwester auf die Welt gekommen war. Ich war damals zehn und wurde in meinem Empfinden schon bald zu einer Art Mutterersatz für sie. Als meine Schwester in den Kindergarten kam, war ich meist diejenige, die sie hinbrachte. Auch das Abholen war in der Regel meine Aufgabe. Ich bekam mit, dass die Erzieherinnen über diese Situation tuschelten. Laut gesagt hat aber keine von ihnen etwas. Mir war das sehr unangenehm.

Einmal, als ich meine Schwester aus dem Kindergarten abholte, schimpfte eine der Erzieherinnen mit mir, weil sie erneut kein Essensgeld mitgebracht hatte. Ich war oft genervt, wenn ich mir diese Vorwürfe anhören musste – ich konnte ja nichts dafür. Dass es in anderen Familien anders zuging, wurde mir schlagartig auf einer Klassenfahrt bewusst. Mit meinen Mitschülern saß ich im Zug, und wir sprachen darüber, wie denn so unser Tag begann. Die anderen erzählten davon, wie sie mit ihren Eltern beim Frühstück zusammensaßen und hinterher noch die Stullen gestrichen bekamen. »Und du, Angela?«, fragten sie. Da erzählte ich, dass ich bei uns diejenige war, die die Brote für die Geschwister schmierte.

Meine Flucht war der Sport. Mit sieben Jahren hatte ich mit dem Judo begonnen. Schon früh waren Sportfunktionäre beim Kindersport auf mich aufmerksam geworden. Meine Körpermaße und meine Leistungen schienen sich gut für eine potenzielle Karriere als Leistungssportlerin im Bodenturnen zu eignen. Ich hatte aber keine Lust auf Bodenturnen. Dankbar nahm ich daher das Angebot einer Freundin an, sie zum Judo zu begleiten. Und dabei blieb es.

Judo hat viele Vorteile. Meine schmächtige Körpergröße, sonst oft von Nachteil, war bei dieser Sportart ideal. Die Grundlage ist wie bei allen asiatischen Kampfsportarten der Respekt für den Gegner. Vor allem hatte ich beim Judo Zeit für mich. Zeit, die mir niemand nehmen konnte.

Irgendwann lernte ich einen neuen »Freund« meiner Eltern kennen. Er hieß Thomas M., war sehr jung, vielleicht Anfang zwanzig, und wirkte sehr modern. Was ich nicht wusste: Er war der Führungsoffizier meiner Eltern.

Ich bin bei der Vorbereitung des Buches gefragt worden, warum ich seinen und die Namen der anderen Stasi-Mitarbeiter nicht ausschreibe. Einige kann man auch in den öffentlichen Listen der Stasi-Opferverbände nachlesen. Die Antwort ist: Weil ich nicht möchte, dass die Kinder dieser Menschen, die nichts für ihre Eltern können, das durchmachen müssen, was ich durchgemacht habe.

Oft musste ich die Wohnung verlassen, wenn Thomas M. und später noch andere »Freunde« zu Besuch kamen. Wahrscheinlich wollten sie ihre Ruhe haben. Meine Mutter sagte mir dann immer, ich solle mit meinen Geschwistern nach draußen gehen. Ich habe viele Stunden damit verbracht, vor unserem Neubaublock in Greifswald auf und ab zu laufen. Heute weiß ich, dass einige der »Freunde« irgendwann gar nicht mehr nur wegen meiner Eltern, sondern auch meinetwegen kamen. Sie sollten meine »Führungsoffiziere« werden.

Einmal war mein Großvater zu Besuch, als Thomas M. kam. Opa sagte mir, er würde eine rote Fahne aus dem Fenster hängen, wenn wir wieder nach Hause kommen könnten. Ich zog also mit meinen Geschwistern ein paar

Mal um die Ecken. Es war kalt, und es nieselte. Dann endlich hing die rote Fahne aus dem Fenster.

Als ich etwas älter war, beauftragten meine Eltern mich auch gelegentlich damit, Thomas M. und die anderen zu empfangen, wenn sie noch nicht zu Hause waren. Ich sollte dann auch Kaffee kochen. Meist verwickelten mich die Männer in ein Gespräch. Sie wollten wissen, wie es in der Schule laufe. Weil ich sie kannte, erzählte ich meist auch freimütig.

Thomas M. war mit seiner Familie auch gelegentlich an Feiertagen zu Besuch. Einmal saß er mit seiner Frau bei uns mit unterm Weihnachtsbaum. Er hatte kleine Geschenke für mich und meine Geschwister mitgebracht. Im Laufe der Zeit kamen noch zwei Männer hinzu: Jörg V. und Jörg S. Heute weiß ich, dass sie den Auftrag hatten, sich besonders um mich zu »kümmern«.

Auf kuriose Weise ähnelten die drei einander. Nicht vom Aussehen her, Jörg V. war klein gewachsen, Thomas M. groß und Jörg S. hatte einen Lockenkopf. Aber ihr Kleidungsstil ähnelte sich, als gäbe es beim MfS Kleidervorschriften. Die Darstellung des Stasi-Mannes in dem Kinofilm »Das Leben der Anderen« ist durchaus korrekt. Vom Auftreten her waren sie hingegen sehr verschieden. Jörg V. war der zurückhaltendste von den dreien. Jörg S. eher der Typ kühler Technokrat. Thomas M. strahlte hingegen eine ungeheure Lässigkeit aus. Alle drei rauchten.

Ich muss vielleicht 13, 14 gewesen sein, als sich ein Vorfall ereignete, der mir klarmachte, dass es mit den Freunden meiner Eltern etwas Besonderes auf sich hatte. Ich war mit meiner Mutter im Bus unterwegs, als ich einen von ihnen, ich denke Thomas M., ein paar Sitze hinter uns entdeckte. Freudestrahlend lief ich auf ihn zu und grüßte ihn laut. Zu meiner Überraschung reagierte er überhaupt nicht. Dafür wurde meine Mutter hektisch. Bei der nächsten Haltestelle zog sie mich aus dem Bus und sagte: »Das darfst du nie wieder machen.« Ich verstand nicht, warum. Aber ich lernte, dass die »Kumpels« meiner Eltern ein Geheimnis umgab. Auch wenn ich nicht wusste, welches.

Der Vorfall im Bus war nicht nur für mich ein Schlüsselmoment. Meiner Mutter muss er bewusst gemacht haben, dass ich langsam zu alt wurde, um die Stasi-Geschichte für mich zu behalten. Mir musste erklärt werden, dass ich über diese »Freunde« zu schweigen hatte. So ist die Idee mit der Verpflichtungserklärung entstanden – wenn man den Erzählungen glaubt.

Ich selbst merkte zunächst nur, dass sich die Gespräche mit den Freunden meiner Eltern änderten. Als ich 13 war, kam in der Sowjetunion Michail Gorbatschow an die Macht. Seine Reformbemühungen waren auch unter uns Schülern ein Thema. Wie viele trug ich einen Sticker mit seinem Konterfei.

An den Moment, als ich die Verpflichtungserklärung unterschrieb, kann ich mich nicht mehr erinnern. Das mag seltsam erscheinen: Schließlich habe ich den Text ja selbst geschrieben. Aber dieser Akt war wohl eingebettet in eine Situation, die ich wahrscheinlich als absolut normal empfand, weil ich damit aufwuchs. Woran ich mich erinnere, ist, dass ich nicht nur einmal mit meinen Eltern, mit Thomas M. und Jörg V. am Küchentisch saß. Alle erzählten mir, dass das »eine wichtige Arbeit« sei, die die beiden machten, und dass uns das »helfen« würde.

Wenn ich versuche, die Gefühlswelt des 15-jährigen Mädchens von damals zu rekonstruieren, so bin ich mir sicher, dass ich mir in dieser Situation cool und wichtig vorkam. Ich machte auf total erwachsen und verständig. Fragen stellte ich kaum.

So wurde aus der Inoffiziellen Mitarbeit meiner Mutter und meines Stiefvaters Michael allmählich ein »Familienunternehmen MfS«. Für die Stasi war das Ganze eine bequeme Angelegenheit: Sie musste mich nicht aufwendig anwerben oder unter Druck setzen. Ich wurde ihr quasi auf dem Silbertablett präsentiert.

In meinem Leben gab es fortan ein Geheimnis. Es war nicht das einzige. Aber es hatte einen großen Vorteil: Im Gegensatz zu einem anderen großen Geheimnis tat es nicht weh.

3 DAS GEHEIMNIS

DASS DIE STASI BEI MIR LEICHTES SPIEL HATTE, LAG nicht nur an der allgemeinen Familiensituation. Sondern auch an jenem Geheimnis, das ich mit trug, seit ich ungefähr neun Jahre alt war. Es hatte an einem Ort begonnen, der für andere mit schönen Urlaubserinnerungen verbunden ist. Für mich steht er für den Anfang eines jahrelangen Albtraums. Es fällt mir nicht leicht, darüber zu schreiben. Aber ich glaube, dass es ein Schlüssel zu meiner Geschichte ist.

Einige Zeit nachdem Michael, der neue Freund meiner Mutter, zu uns gezogen war, fuhr er mit mir auf die Insel Rügen in die Ferien. Ich fremdelte noch ein wenig mit der neuen Situation. Während mein Bruder Michael schnell »Vater« nannte, verweigerte ich ihm diese Bezeichnung zunächst. Ich war daran gewöhnt, mit meiner Mutter und meinem Bruder allein zu leben, und empfand ihn als Störenfried.

Die Fahrt nach Rügen fand ich aber trotzdem toll, denn Michael hatte ein Motorrad mit Seitenwagen, was ich ungeheuer cool fand. Auf Rügen mietete er in einer Pension ein Doppelzimmer. Dort missbrauchte er mich.

Ich weinte nicht. Ich erzählte auch nichts meiner Mutter, als wir wieder zurückgekehrt waren. Wahrscheinlich hatte ich zu diesem Zeitpunkt schon verinnerlicht, dass sie mir nicht helfen kann. Als mich mein leiblicher Vater auf dem Kirchturm über das Geländer gehalten hatte, hatte sie dabeigestanden. Mir erzählte sie später, sie habe aus Angst, er würde mich fallen lassen, nichts gesagt. Als er meine Hand auf der Waschmaschine verbrannte, hatte sie die Wunde versorgt und mich getröstet. Aber seine Quälereien hatten nicht aufgehört. Wenn ich nach Rügen irgendetwas gedacht habe, dann vermutlich, dass sie auch Michael nicht würde aufhalten können.

Rügen war nur der Beginn. In der folgenden Zeit missbrauchte mich Michael, wann immer sich ihm die Gelegenheit bot. Das war leider regelmäßig der Fall, da meine Mutter tagsüber in der Schule war, er nach seinen Theaterproben morgens aber oft nach Hause kam. Mein Zimmer, mein geliebtes Bett, aber auch der Rest der Wohnung verwandelten sich in gefährliche Orte. Einen Schutzraum gab es nicht mehr.

Michael sagte meist nicht viel, gab mir nur Anweisungen. Er zelebrierte die Gewalt, genoss es, mich zu erniedrigen. Ich glaube, es war die Macht über mich, die ihn antörnte, nicht mein Kinderkörper. Hinterher wirkte er stolz. Einmal sagte er, er finde es toll, dass ich nicht weinte. Und dass ich meiner Mutter nichts sagen dürfe, wenn ich nicht wollte, dass sie unglücklich wird. Ich begann, ihn »Vater« zu nennen, in der Hoffnung, er würde mir dann nicht mehr wehtun. Natürlich machte er trotzdem weiter. Manchmal hörte er »Jenseits von Eden«, den Schlager von Nino de Angelo, und sang dazu. Die Zeile »Wenn selbst ein Kind nicht mehr lacht wie ein Kind« hat sich mir ins Gedächtnis gebrannt. Auch ein anderes Lied, das er gelegentlich währenddessen abspielte, habe ich nicht vergessen. Es hieß »Ich wünsch dir Liebe ohne Leiden«. In welch kranken Widerspruch der Refrain zu dem stand, was mir Michael antat, war ihm anscheinend nicht bewusst.

Besonders schlimm wurde es, als meine Mutter zur Geburt meiner Schwester mehrere Tage im Krankenhaus bleiben musste. Ich war mit Michael und meinem Bruder allein zu Hause. Es wurden Tage voller Horror für mich.

Ich hatte Angst vor ihm. Das Gefühl, ausweglos ausgeliefert zu sein, ließ mich innerlich erstarren. Ich schämte mich, für das, was mit mir geschah, fühlte mich wie das falsche Kind. Dem richtigen Kind, da war ich mir sicher, würde man so etwas nicht antun.

Ich ging viel zum Training, um mich abzulenken. Nach außen ließ ich mir nichts anmerken. In der Familie funktionierte ich. Im Gegenzug durfte ich mehr als gewöhnlich am Leben der Erwachsenen teilhaben. Ich durfte mit ins Theater, war scheinbar gleichberechtigt.

Das erfüllte mich mit Stolz. Ein Stolz, der die inneren Verletzungen überdeckte und meine Mutter wiederum stolz auf die »reife« Tochter machte.

Auch die »Freunde« meiner Eltern behandelten mich wie eine Erwachsene. Aber sie taten mir dabei nicht weh. Sie waren genau genommen die ersten männlichen Bezugspersonen, die mir nichts antaten. Dafür schleuderte ich ihnen mein Herz entgegen. Vermutlich hätte ich es jedem Erwachsenen in dieser Zeit hingeworfen, der sich mir zugewandt hätte, ohne mich dabei zu quälen. Ich vertraute diesen Menschen. Sie schienen mich ernst zu nehmen. Deshalb erzählte ich auch bereitwillig, wenn sie von mir etwas wissen wollten. Dass sie die Gespräche nutzten, um Informationen zu sammeln, mit denen sie anderen schaden wollten, wäre mir nicht in den Sinn gekommen. Das wurde mir erst 2002 klar. Als ich meine Akte sah.

Als Kind war ich mit anderen, existenzielleren Fragen beschäftigt. Irgendwann hörte ich auf, über die Situation nachzudenken. Ich musste meinen Verstand schützen, der schon begriffen hatte, was da Ungeheuerliches geschah.

Hätte ich das nicht getan, ich wäre vielleicht aus dem Fenster gesprungen. Fünf lange Jahre sollte es dauern, bis sich mir eine Chance bot, meinem Stiefvater zu entkommen.

4 GEFÄHRLICHES VERTRAUEN – DIE STASI UND MINDERJÄHRIGE IM

ABER WARUM WAR ICH EIGENTLICH ÜBERHAUPT für die Stasi interessant? Und vor allem: Wer hatte zuerst die Idee, mich als Inoffizielle Mitarbeiterin zu rekrutieren – die Stasi, mein Stiefvater oder meine Mutter?

Ich denke, in meinem Fall kamen zwei Umstände zusammen: ein Familienkontext, der mir die Stasi (oder vielmehr die Begegnung mit ihren Mitarbeitern) als etwas Normales erscheinen ließ. Und ein schulisches Umfeld, das für das Ministerium für Staatssicherheit von Interesse war. Im Laufe der Jahre bin ich immer wieder darauf gestoßen, dass die Frage, wie die Stasi mit jugendlichen IM umging, weitgehend unbeantwortet geblieben ist. Das hat damit zu tun, dass viele Betroffene bis heute schweigen. Es liegt aber auch daran, dass in der Politik und in den Medien kein Unterschied gemacht wird, ob jemand mit 15 oder mit 55 für die Staatssicherheit tätig war.

Systematische Untersuchungen zum Thema »minderjährige IM« gibt es praktisch nicht. Akten über Inoffizielle Mitarbeiter, die noch nicht volljährig waren, sind zum Schutz der Betroffenen vor dem Zugriff der Öffentlichkeit gesperrt. Wer sich wissenschaftlich mit dem Thema beschäftigen möchte, ist auf freiwillige Interviewpartner angewiesen.

Das gilt auch für meine eigene Akte. Nur Dokumente, die nach meinem 18. Lebensjahr verfasst wurden, konnten an die Öffentlichkeit gelangen. Gäbe es diese nicht, so hätte ich vermutlich selbst nie erfahren, wie tief die Staatssicherheit in mein eigenes Leben eingegriffen hat.

Frühere Schätzungen gingen davon aus, dass von den 173 000 IM, die das MfS bis zum Zusammenbruch der DDR geführt hat, rund sechs Prozent unter 18 Jahre alt waren.[1] Untersuchungen von Helmut Müller-Enbergs kommen zu dem Schluss, dass es eher ein Prozent war.[2]

Für das Jahr 1989 wären das rund 1300 Inoffizielle Mitarbeiter, die noch minderjährig waren. 1300 Jugendliche, die wie ich von der Stasi instrumentalisiert wurden und die bis heute mit dieser Erfahrung leben müssen. Wo sind ihre Geschichten? Was ist aus ihnen geworden? Fast alle schweigen. Aus Scham? Oder weil die Gesellschaft keinen angemessenen Umgang mit ihnen gefunden hat? Ich glaube, es ist eine Mischung aus beidem.

Das hat auch etwas mit dem Alter zu tun, in dem sich die Stasi der Leben der Jugendlichen bemächtigte. Die meisten von ihnen waren 17 Jahre alt. Aber letztlich lag der Zeitpunkt für die Anwerbung im Ermessen der Stasi: Der jüngste bisher bekannte IM war ein Zwölfjähriger aus Bad Salzungen. Er erhielt den Decknamen »Jüngling«.[3]

Der Berliner Psychologe Klaus Behnke und der Magdeburger Soziologe Jürgen Wolf haben fünf Typen von Jugend-IM identifiziert:[4] erstens Jugendliche, die bereits so indoktriniert waren, dass sie aus tiefster Überzeugung mit der Stasi kooperierten. Zweitens Jugendliche, die sich in die Macht des Faktischen fügten, die Stasi für unumgänglich hielten und taten, was man ihnen auftrug. Drittens Jugendliche, die straffällig oder politisch auffällig geworden waren (zum Beispiel durch die Mitgliedschaft in einer vom Staat abgelehnten Jugendgruppe wie den Punks, aber auch durch eine versuchte Republikflucht) und die von der Stasi zur Mitarbeit erpresst wurden. Viertens Jugendliche, die sich einen Vorteil von der Zusammenarbeit versprachen. Und fünftens Jugendliche, die ein emotionales Defizit im Elternhaus erlebten und bei denen die Stasi mit der von ihr angebotenen »Beziehung« die Lücke für ihre Zwecke nutzte. Die fünfte Gruppe, für die Behnke und Wolf das Schlagwort »gestörtes Vertrauen« verwenden, war die häufigste unter den Jugend-IM. Oft gab es bei den Heranwachsenden aber auch eine Kombination mehrerer Gründe. Das war auch in meinem Fall so. Ich wuchs in einem Umfeld auf, das das herrschende Regime nicht infrage stellte. Die Stasi gab mir das Gefühl, wichtig und anerkannt zu sein.

Die meisten Jugend-IM waren männlich, da ein großer Teil von ihnen über die Wehrkreiskommandos vor ihrer Berufung zum Wehrdienst rekrutiert wurden.[5] Ein anderer großer Teil, Jungen wie Mädchen, wurde in der Schule angeworben. Sie wurden in der Regel vom Direktor oder seinem Stellvertreter ins Büro gerufen, wo sie sich einem oder zwei Fremden gegenüberfanden. Die Gespräche liefen meist nach demselben Muster ab. Zuerst zeigten die Unbekannten den Betroffenen, wie gut sie über ihn oder sie informiert waren. Dann kamen die Suggestivfragen: Man wolle doch sicher Abitur machen? Man wolle doch gewiss alles dafür tun, um die Feinde des Sozialismus zu eliminieren? Dann sei es aber notwendig, dass man kooperiere. In vielen Fällen endete das Gespräch bereits mit einer Erklärung, mit der man sich verpflichtete, über dieses Treffen und alle weiteren Stillschweigen zu vereinbaren, selbst gegenüber den eigenen Eltern.

Das war bei mir gar nicht nötig, denn die Stasi, das waren ja in meiner Wahrnehmung die Freunde meiner Eltern. Ich gehöre zu der deutlich geringeren Zahl jener Jugend-IM, die dem MfS von den eigenen Eltern »offeriert« wurden, vielleicht auch in dem Bestreben, die eigene Loyalität und Zuverlässigkeit unter Beweis zu stellen. In aller Ruhe und unauffällig konnte die Stasi prüfen, ob das Kind oder der oder die Jugendliche als Kandidat geeignet war, und musste nicht fürchten, dass sich dieser oder diese innerhalb der Familie »dekonspirieren« würde. So lautete die absichtliche und unabsichtliche Enttarnung eines Inoffiziellen Mitarbeiters im Stasi-Fachjargon. Es gab durchaus Eltern, die selbst systemkonform lebten, aber nicht bereit waren, ihre Kinder der Stasi zu überlassen. In manchen Fällen waren die Väter oder Mütter sogar Funktionäre, die sich gleichwohl lautstark beschwerten, als sie vom Versuch der Stasi erfuhren, ihre Kinder anzuwerben.[6] In der Regel war dieser Protest sogar erfolgreich.

Warum rekrutierte das MfS überhaupt Heranwachsende wie mich als IM, obwohl diese in ihrer Entwicklung unberechenbarer als Erwachsene waren? Die Antwort gibt eine Anordnung von Erich Mielke, dem obersten Stasi-Chef, vom 15. Mai 1966. Im »Befehl 11/66 zur politisch-operativen Bekämpfung der politisch-ideologischen Diversion und Untergrundtätigkeit unter jugendlichen Personenkreisen der DDR« heißt es: »Vorkommnisse der letzten Zeit und der hohe Anteil jugendlicher Bürger bis zu 25 Jahren an kriminellen und staatsfeindlichen Haltungen zeigen, dass die Sicherung und der Schutz der Jugend in der DDR vor feindlichen Einflüssen von entscheidender Bedeutung in der politisch-operativen Arbeit der Organe des Ministeriums für Staatssicherheit ist und von allen Mitarbeitern unseres Organs mit großem Verantwortungsbewusstsein und in umsichtiger Weise zu lösen ist.«[7] Mielke befahl daher, dass alle Mitarbeiter – ob auf Bezirks- oder Kreisebene oder in den Hauptabteilungen – zu gewährleisten hätten, dass »alle

Erscheinungsformen der Feindtätigkeit, Vorkommnisse und die Angriffsrichtungen des Gegners unter jugendlichen Personenkreisen ständig erfasst, analysiert und ausgewertet werden«. Dazu sollten die Mitarbeiter »von allen Linien ihres Verantwortungsbereiches politisch-operative Maßnahmen« einleiten.

Im Klartext heißt das: Um in jene Gruppierungen einzudringen, die das System als unkontrollierbar und damit bedrohlich wahrnahm, war jedes Mittel recht – auch der Einsatz von Inoffiziellen Mitarbeitern. Da es sich bei Jugendgruppen oder Schulklassen meist aber um hermetische Kulturen handelte, war in vielen Fällen der Einsatz von gleichaltrigen Spitzeln die einzige Möglichkeit, ins Innere der Gruppe zu gelangen.

Auf einem Führungsseminar im März 1971 wurde Mielke noch deutlicher: »Natürlich ist es nicht einfach, unter den Jugendlichen den richtigen IM zu schaffen; denn das müssen im Prinzip Jugendliche dieser besonders interessierenden Altersgruppen, z. B. 16- bis 20-Jährige, sein, damit sie wirklich eindringen können. Solche IM müssen ›aufgebaut‹ werden, wie das in anderen Fällen notwendig ist, d. h., hier muss bereits unter den 14- bis 15-Jährigen gezielt operativ gearbeitet werden, ausgewählt und sie für eine Zusammenarbeit mit uns in geeigneter Form gewonnen werden.«

Den Auftritt Mielkes bei jenem Führungsseminar habe ich in einer Diplomarbeit gefunden, die Anfang der Siebzigerjahre an der »Juristischen Hochschule« (JHS) Potsdam entstanden ist.[8] Die JHS war eine der Kaderschmieden des Ministeriums für Staatssicherheit. Sie war dem MfS direkt unterstellt und hatte das Ziel, eine akademische Elite für den DDR-Geheimdienst zu schaffen.[9] Zusätzlich sollten die Arbeitsmethoden der Stasi weiterentwickelt und »wissenschaftlich« legitimiert werden. Die in Potsdam-Eiche gelegene Hochschule war 1965 gegründet worden und hatte strenge Zulassungskriterien. Dazu gehörten neben Abitur und SED-Mitgliedschaft unter anderem die erfolgreiche Absolvierung eines studienvorbereitenden Prozesses oder eine mindestens einjährige politisch-operative Tätigkeit im MfS.[10] Schätzungen zufolge haben dort bis 1989 rund 3300 Stasi-Juristen ihr Studium absolviert.[11]

Zu den Themen, die dort studiert werden konnten, gehörten unter anderem die »Liquidierung krimineller Menschenhändler« und die psychologische Betreuung Inoffizieller Mitarbeiter.[12] Für Letzteres gab es sogar einen eigenen Lehrstuhl: »Operative Psychologie«.

Von Klaus Schroeder, Politikprofessor an der Freien Universität Berlin und Mitglied im Wissenschaftlichen Beratungsgremium des Bundesbeauftragten für die Stasi-Unterlagen, bekam ich den Hinweis, dass an der Juristischen Hochschule des MfS zahlreiche Diplom- und Doktorarbeiten über den Umgang und die Rekrutierung von minderjährigen IM verfasst worden sind. Sie sind heute bei der Behörde des Bundesbeauftragten archiviert. Dort konnte ich einige von ihnen einsehen. Die Abschlussarbeiten geben entlarvende Einblicke in das perfide und menschenverachtende Denken der Stasi. Mir fiel sofort die Sprache auf. Hier wurde nicht über noch sehr junge Menschen, sondern über »Instrumente« für die Stasi geschrieben. In nahezu allen Texten wird darauf hingewiesen, dass Jugendliche besonders anfällig für Verführungen durch den Feind sind. Zugleich wird minutiös dargelegt, wie man selbst die Jugendlichen am besten verführt, um andere zu bespitzeln und zu verraten. Es war ein perverses Paradox. Noch etwas anderes empfand ich als besonders abstoßend. Ich hatte in der Schule gelernt, dass sich Gesellschaften daran messen lassen müssten, wie sie mit ihren schwächsten Gliedern oder Randgruppen umgehen. Die Abschlussarbeiten zeigten, wie gezielt sich die Stasi die Schwächsten und Anfälligsten ausgesucht hatte, um sie zu instrumentalisieren.

Ein Stasi-Hauptmann namens Jörg Fritzsche, der sich 1985 in seiner Abschlussarbeit dem Thema widmete, skizziert die Herausforderung der Arbeit mit Jugendlichen folgendermaßen: »Im IM-Bestand unter Jugendlichen/ Jungerwachsenen ist objektiv eine hohe Fluktuation zu verzeichnen. Lehrbeginn und damit verbundener Umzug, Einberufung zur NVA, Studienbeginn, Heirat und andere Fakten bewirken, dass der IM oftmals nicht über einen längeren Zeitraum zur Verfügung steht. Dadurch gelingt es oft nicht, ihn an die operativ interessierende Person heranzuführen. Hinzu kommt, dass ein Jugendlicher eher dem Einfluss des Feindes unterliegt als ein Erwachsener. Das Ergebnis kann mangelhafte Auftragsrealisierung, Ausweichen, Fehlinformationen bis hin zu Doppelagententätigkeit sein. Auf jeden Fall bleiben aber häufig qualifizierte, hochwertige Informationen zu politischer Untergrundtätigkeit aus. Aus dieser Besonderheit ergibt sich die Notwendigkeit, so früh wie möglich geeignete IM-Kandidaten zu gewinnen.«[13]

Wie früh, darauf geht Fritzsche an anderer Stelle ein. Es lohne sich, schon 13- bis 15-Jährige auf Ansatzpunkte für eine »operative Eignung« zu überprüfen, schreibt er. »In diesem Alter bilden sich Meinungen und Standpunkte heraus, die sich einerseits zunehmend stabilisieren, andererseits aber auch noch lenken lassen.«[14] Es sei ein Alter, in dem sich die Jugendlichen einen neuen Umgangskreis suchen und von ihren Kindheitsverbindungen lösen. Die Stasi, dein Helfer durch die Pubertät.

Bereits für die Anwerbung von Minderjährigen wurden Kriterien entwickelt. So sollte der Kandidat zunächst »unter den natürlichen Umweltbedingungen seines Arbeits-, Lebens- und Freizeitbereiches« beobachtet werden.[15] Urteile über den Kandidaten müssten sich auf Fakten stützen und die bisherige Entwicklung berücksichtigen.

In Ausnahmefällen könnte dies auch über die Eltern geschehen, vermerkt der von der Kreisdienststelle Rügen nach Potsdam entsandte Stasi-Hauptmann Artur Staigies im Januar 1972 in seiner Diplomarbeit.[16] »Voraussetzung für diese Maßnahmen ist, dass es sich bei den Eltern um fortschrittliche Bürger handelt, die ehrlich bemüht sind, die Entwicklung ihres Kindes in eine positive Entwicklung zu lenken.« Dabei handele es sich aber nur um Einzelfälle. Selbst bei diesen müsse darauf geachtet werden, den Eltern »nicht die vollen Absichten und Ziele der späteren inoffiziellen Zusammenarbeit zu offenbaren«. Stattdessen solle ihnen erzählt werden, dass der enge Kontakt mit der Stasi dazu diene, »den Erziehungsprozess des Jugendlichen positiv zu beeinflussen und dessen Entwicklungsweg in geordnete Bahnen zu lenken«.[17]

Tatsächlich hat meine Mutter in den späteren Gesprächen mit mir stets betont, sie habe vom Ausmaß meiner Instrumentalisierung nichts gewusst, sondern sei davon ausgegangen, dass die Stasi nur mein Bestes im Sinn gehabt habe.

Aufseiten der Stasi gab es die Erkenntnis, dass man Jugendliche in den allermeisten Fällen nicht gegen ihren Willen zur Mitarbeit zwingen konnte. Das war nicht zuletzt der Erfahrung geschuldet, dass besonders ältere Heranwachsende mit einem bereits größeren politischen Bewusstsein eher bereit waren, ins Gefängnis zu gehen, als sich von der Stasi anwerben zu lassen.

»Bei dem überwiegenden Teil der IM hat der operative Mitarbeiter nichts in der Hand, womit er ihn zu ehrlicher inoffizieller Zusammenarbeit zwingen kann«, lautet das

Fazit einer Diplomarbeit; man beachte die »*ehrliche* inoffizielle Zusammenarbeit«.[18] Insbesondere bei jugendlichen IM, die zur Bekämpfung politischer Untergrundtätigkeit eingesetzt werden sollten, sei man auf den »guten Willen« des Inoffiziellen Mitarbeiters angewiesen. Lediglich bei einem Drittel der IM sei die politische Überzeugung das tragende Motiv für eine Zusammenarbeit mit dem MfS.

Um die Jugendlichen für die Zusammenarbeit zu gewinnen, musste man folglich erst ihre Herzen gewinnen. Dafür setzte die Stasi alle ihr verfügbaren Tricks und Mittel ein. Nicht umsonst wurde an der Potsdamer Hochschule so viel Wert auf Psychologie gelegt. Mitarbeiter wurden angehalten, Interesse an den jugendlichen Lebenswelten vorzutäuschen. So könne es mitunter erforderlich sein, »sich auszukennen über westliche Schlagersänger, Filmschauspieler, moderne Tänze, die in jugendlichen Kreisen übliche Terminologie sowie die persönlichen ›Hobbys‹ des IM«, heißt es in einer Diplomarbeit.[19] Während meiner Recherche stieß ich einmal auf einen Stasi-Bericht, in dem vom »Braek dans« die Rede war (gemeint war natürlich der damals neue US-Tanztrendsport Breakdance). Ein Beispiel dafür, dass es nicht um echtes Interesse ging, sondern nur darum, wie man Jugendliche aus der Szene für sich einnehmen konnte, damit sie andere bespitzelten.

Gewarnt wurden die operativen Mitarbeiter davor, sich mit den Jugendlichen gemeinzumachen: »Individuelles Eingehen bedeutet jedoch nicht das Herabsetzen des operativen Mitarbeiters auf das Entwicklungsniveau der Jugendlichen bezüglich des Umgangs, der Sprache und der Kleidung.«[20]

Ein Vertrauensverhältnis aufzubauen und dieses dann auszunutzen, war das Grundprinzip der Stasi. Zumal man auch die Erfahrung gemacht hatte, dass nicht alle jugendlichen IM, obwohl »in der Regel materiell interessiert«, mit Geldprämien zu locken waren: »Es gibt Beispiele, in denen sie trotz finanzieller Schwierigkeiten eine Geldprämie grundsätzlich ablehnten und sie als ›Judaslohn‹ betrachteten.«[21] In solchen Fällen seien »pädagogisch wertvolle Bücher« besser oder Sachprämien, die den persönlichen Wünschen des IM entgegenkämen. Eine »gute erzieherische Wirkung« hätten aber auch »kulturvoll gestaltete Treffs bei IM, die aus primitiven sozialen Verhältnissen stammen«. Größere Geldprämien wurden noch aus einem anderen Grund für problematisch gehalten: Man fürchtete, die Jugendlichen könnten damit vor ihren Freunden prahlen und so sich selbst als Spitzel enttarnen.[22]

Der Stasi war bewusst, dass viele Jugendliche eine emotional schwierige Beziehung zu ihren Eltern hatten und dass sie von dieser Situation profitieren konnte. »Teilweise muss der Mitarbeiter als Erzieher die Eltern des betreffenden IM ersetzen und sich mit vielen persönlichen Problemen des IM beschäftigen«, schreibt Major Werner Gruchmann, der bereits Außenstellenleiter bei der Stasi war, als er seiner Karriere mit einem Fernstudium in Potsdam neuen Schub verleihen wollte, 1965 in seiner Diplomarbeit.[23]

Immer wieder wird das psychologische Einfühlungsvermögen als Voraussetzung bei der Arbeit mit jugendlichen IM betont: »Der operative Mitarbeiter muss es verstehen, sich in die Gedanken des IM hineinzuversetzen, positive Persönlichkeitseigenschaften des IM auszunutzen und darf sich von Rückschlägen in der Zusammenarbeit mit dem jugendlichen IM nicht entmutigen lassen.«[24] Beim Treffen müsse »ständig auf die Gefühle, Überzeugungen, Einstellungen und Motivationen des IM« eingegangen werden. Dem Jugendlichen sollte das Gefühl suggeriert werden, dass hier endlich ein Erwachsener war, der ihn voll und ganz verstand. Die hauptamtlichen Stasi-Mitarbeiter wurden angehalten, dem Heranwachsenden scheinbar auf Augenhöhe zu begegnen, autoritäres Gehabe zu vermeiden und auch nicht an der Kleidung des IM herumzukritisieren – und zwar ganz gleich, ob dieser dem Führungsoffizier »aufgrund äußerer oder innerer Merkmale sympathisch ist oder nicht«.[25] Das dürfte nicht allen Stasi-Mitarbeitern leichtgefallen sein, lautete doch in vielen Fällen ein Auswahlkriterium für einen Jugend-IM-Kandidaten, dass dieser äußerlich »in dekadente Personenkreise einzuordnen« war, so der Stasi-Jargon.

War ein Vertrauensverhältnis erst einmal geschaffen, bestand der nächste Schritt in der »Vermittlung eines realen und aufgabenbezogenen Feindbildes«.[26] Dazu gehörte es, dem IM »Hass gegenüber dem Feind und seinen subversiven Plänen anzuerziehen, jedoch auch die Erziehung zur Liebe und Treue gegenüber seinem sozialistischen Vaterland«.[27] Das richtige Feindbild wurde als entscheidend für die »operative Wirksamkeit« des IM angesehen.[28]

Die »politisch-ideologische Erziehung« war eine Daueraufgabe für Stasi-Mitarbeiter im Umgang mit minderjährigen IM. Das galt vor allem für die Führungsoffiziere. Wie bei den Erwachsenen war auch jedem minderjährigen Inoffiziellen Mitarbeiter mindestens ein Führungsoffizier zugeordnet. Oft kümmerten sich auch mehrere hauptamtliche Mitarbeiter um den IM, wie es auch bei mir der Fall war.

Ihnen oblag es auch, die Jugendlichen zur »Berichterstattung« zu ermutigen. Die Führungsoffiziere »halfen« ihnen dann, das Beobachtete richtig einzuordnen.

Man könnte es auch einfach Gehirnwäsche nennen.

Ein zentrales Element war die Vergabe von Aufträgen. So konnte die Zuverlässigkeit des IM überprüft werden. Allerdings bestand auch die Gefahr, dass die im Spitzeln noch unerfahrenen Jugendlichen von den Aufgaben überfordert waren und sich unabsichtlich selbst »dekonspirierten«. Um dies zu vermeiden, wurden die Stasi-Mitarbeiter angehalten, zunächst eher kleinere Aufträge zu erteilen, die das »individuelle Leistungsvermögen des Jugendlichen nicht übersteigen« sollten.[29] Die Aufträge sollten sich auch nicht auf einzelne, dem Jugendlichen nahestehende Personen beziehen, sondern eher allgemein auf einen Stimmungsbericht aus der Klasse, dem Lehrbetrieb oder der Freizeitgruppe.[30] Da viele Kandidaten der Rechtschreibung nur begrenzt mächtig seien, sei von einer Verschriftlichung der Berichte durch die Jugendlichen abzusehen. Effektiver sei es, sich von diesen erzählen zu lassen und das Gehörte dann selbst niederzuschreiben.[31] Ratsam sei, die Jugendlichen gelegentlich in Bewährungs- und Konfliktsituationen zu bringen, denn nur hier zeige »der jugendliche Kandidat seine tatsächlichen Fähigkeiten, Möglichkeiten, aber auch Grenzen«.[32]

Neben der delinquenten Jugendszene galt ein Hauptinteresse der Stasi den christlichen Studentengemeinden. Offenbar wurde hier (nicht zu Unrecht) eine der größten Keimzellen des Widerstands verortet. Die Empfehlungen in den Potsdamer Abschlussarbeiten, wie man diese unterwandern könne, fielen unterschiedlich aus: Einige rieten, entsprechend instruierte Jugendliche bereits in die Junge Gemeinde zu infiltrieren. Andere regten an, genügend Informationen zu erarbeiten, um dem Kandidaten damit zu drohen, ihn in seiner Gemeinde zu »kompromittieren«.[33]

Das Treiben der Stasi blieb vielen Jugendlichen, vor allem in oppositionellen Kreisen, nicht verborgen. Sie entwickelten Gegenstrategien, wie in den Potsdamer Abschlussarbeiten nachzulesen ist. Wenn sie eine Vorladung zum Wehrkreiskommando erhielten, weil angeblich ihre Unterlagen ergänzt werden mussten, wussten sie schon, dass sie in Wirklichkeit dort von der Stasi erwartet wurden. Sie hatten dann passende Antworten parat wie die, dass sie ihre Freunde nicht verpfeifen wollten. »Dadurch ist das gesamte Werbungsvorhaben meist schon mit dem ersten Kontakt gescheitert«, wird in einer Diplomarbeit beklagt.[34]

Wer doch in die Fänge der Stasi geriet, befand sich schnell in einer Zwickmühle. Wurde er enttarnt, verlor er auf einen Schlag seine Bezugsgruppe. Wurde er nicht enttarnt, so konnte ihm die Zugehörigkeit zu eben jener oppositionellen Gruppe, die er nach außen überzeugend vertreten musste, später Probleme in der Ausbildung bringen. Das war auch der Stasi bewusst. »Es liegt in der Problematik eines inoffiziellen Einsatzes unter oppositionellen bzw. feindlich-negativen Personen, dass sich der IM mit diversen Kreisen identifizieren und teilweise an deren Handlungen beteiligen muss. Persönliche Konsequenzen, wie beispielsweise schlechte Beleumundungen oder die Ablehnung eines Studienplatzes, können die Folge sein«, wird in einer Diplomarbeit konstatiert.[35] Es sei daher, so das Fazit des Autors, eine »oftmals nicht ganz zu vermeidende Begleiterscheinung bei jugendlichen IM (...), dass sich diese Jugendlichen eine für sie dienliche persönliche Entwicklung ›verbauen‹«.

Am meisten schockierte mich beim Lesen der Abschlussarbeiten die Erkenntnis, dass die Freundlichkeit der Stasi-Leute natürlich niemals wirklich mir gegolten hatte, sondern Teil eines Planes war. Mir wurde klar, dass die für mich verantwortlichen Stasi-Mitarbeiter die Vorgaben aus den Diplom- und Doktorarbeiten nicht nur gelesen, sondern an mir eins zu eins ausprobiert und mit mir umgesetzt hatten. Bei meiner Recherche habe ich viel über das Verhältnis des MfS zu Jugend-IM gelernt. Dass es Schwierig-

keiten gab, die verschiedenen Jugendkulturen auseinander-
zuhalten, und dass manchmal Skins mit Punks verwechselt
wurden. Oder dass die Stasi, aufgrund der wenig vorherseh-
baren persönlichen Entwicklung des Jugendlichen, selbst
nicht so richtig wusste, wie sie minderjährige IM klassifi-
zieren sollte.[36] Nur eines habe ich nie gehört oder gelesen:
Dass bei der Stasi darüber nachgedacht wurde, ob es vielleicht falsch sein könnte, was sie Kindern und Jugendlichen
antaten. Was sie mir antaten.

5 IM »KATRIN BRANDT«

AM ANFANG DES GEHEIMEN LEBENS MIT DER STASI
stand in den meisten Fällen ein Deckname. Formal diente
dieser dem Zweck, die wahre Identität zu schützen. Aber
er hatte auch etwas von einer Initiation: Du gehörst jetzt
zu uns. Manchmal hatte die Stasi bereits einen Namen ausgesucht, wie im schon erwähnten Fall des IM »Jüngling«.
In einigen Fällen gab es den Namen bereits, bevor es überhaupt den IM gab. Der Vater eines meiner Mitschüler hat
nach der Wende seine Akte beantragt und bei der Lektüre
festgestellt, dass die Stasi die Absicht hatte, ihn als IM zu
verpflichten. Sogar ein Deckname war in dieser »Vorlauf-
akte« schon für ihn ausgesucht. Aus dem Plan war aber
nichts geworden.

Die Mehrheit der Inoffiziellen Mitarbeiter durfte sich
aber ihren Namen selbst aussuchen. So kommt es, dass in
manchen Akten eine Person im Vorlauf erst unter einem
Namen, dann nach »erfolgreicher« Anwerbung unter einem anderen geführt wird. Auch ich wurde als »Kandidatin« zunächst nur wenig einfallsreich als »Angela« in den
Unterlagen bezeichnet. Der endgültige Name wurde bei der
Verpflichtung festgelegt. Man musste ihn nennen, wenn
man sich bei der Stasi meldete. Er war eines von vielen Ge-
heimnissen, die man mit der Stasi teilte.

Die Hallenser Sprachwissenschaftlerin Ingrid Kühn hat
sich einmal die Mühe gemacht, das Prinzip der Decknamen
näher zu untersuchen.[37] Manchmal neigten die Betroffenen

zu einer naheliegenden Wahl: Der Chefarzt eines pathologischen Instituts nannte sich IM »Pathologe«, eine Friseurin IM »Figaro«. Auch verkürzte Vornamen waren häufig oder der Mittelname wie bei meiner Mutter (»Barbara«). Ihren Decknamen und den meines Stiefvaters (»Ulf Meißner«) erfuhr ich erst 2002, als ich meine Akte las. Zu Hause waren sie von ihren Stasi-Freunden immer mit ihren echten Vornamen angesprochen worden.

Einige wählten Kose- oder Spitznamen wie »Rolli« oder »Blümchen« oder aber Ortsnamen (»Apolda«, »Merseburg«). Andere nutzten die Gelegenheit für einen kleinen Scherz wie jener Zahnarzt, der sich IM »Brücke« nannte, oder der Mitarbeiter eines Wohnbaukombinats, der IM »Hohldiele« auswählte. Bei wieder anderen klingt im Decknamen eine Sehnsucht nach Höherem an: Sie hießen dann IM »Einstein«, IM »Beethoven« oder IM »Hippokrates«. Einmal stieß ich bei meiner Aktenrecherche auf den Namen IM »Regenbogen«. Ich dachte in dem Moment, dass es schon erstaunlich ist, wie man einen so positiven Begriff für eine so niedere Tätigkeit auswählen kann. Fest steht, dass es immer eine Beziehung zwischen dem Namen und der betroffenen Person gab.

Mein Deckname war »Katrin Brandt«. Als ich ihn 2002 las, kam er mir fremd vor. Damit musste ich mich laut meiner Akte in den letzten Monaten vor dem Mauerfall bei einer Kontaktaufnahme mit der Stasi melden. In meiner Verpflichtungserklärung steht, dass ich ihn mir selbst ausgesucht habe. Ich bin mir ziemlich sicher, dass das nicht stimmt. Glaubt man der Stellungnahme, die meine Mutter 2002 für den Immunitätsausschuss geschrieben hat, dann hat sie ihn ausgewählt. Um mich »zu schützen«, wie sie darin schreibt. Mit mir sei über die Wahl nicht gesprochen worden. Ich weiß nicht, ob das zutrifft. Immerhin habe ich in meiner Verpflichtung den Namen aufgeschrieben. Fest steht: Ich verbinde nichts mit ihm.

Ich habe zur Vorbereitung dieses Buches versucht zu rekonstruieren, wie dieser Name entstanden sein könnte. In Anspielung auf Willy Brandt? Schließlich war Brandt, Kanzler der Bundesrepublik von 1969 bis 1974, über den DDR-Spion Günter Guillaume gestürzt. Tatsächlich erinnere ich mich daran, als Kind ein Buch über Guillaume gelesen zu haben. Einer der »Kumpel« meiner Eltern hatte es mir ausgeliehen, ich meine, es ist Thomas M. gewesen. Spione faszinierten mich, wie alle Kinder. Das nutzte die Stasi im Umgang mit Minderjährigen oft gezielt aus. Sie verkaufte die IM-Tätigkeit als heldenhaften Dienst am Vaterland und stellte die eigenen Spione dabei als Vorbild hin. Diese Mystifizierung ist besonders für sozialistische Staaten typisch – der Politologe Helmut Müller-Enbergs, der seit 1992 zu den Inoffiziellen Mitarbeitern der Stasi forscht, nennt es das »Richard-Sorge-Gen«, nach dem in der DDR verehrten deutsch-russischen Agenten Richard Sorge.[38]

Bei mir ist der Versuch, an diese Art der Heldenverehrung zu appellieren, allerdings, soweit ich mich erinnere, nicht gemacht worden. Bei Guillaume habe ich mich zum Beispiel mehr gefragt, was eigentlich aus seinem Sohn geworden war, der als 18-Jähriger nach der Verhaftung seines Vaters in die DDR übersiedeln musste, ein Land, das ihm ja eigentlich vollkommen fremd war. Ich habe allerdings tatsächlich ein Buch über Richard Sorge und eines über Tamara Bunke gelesen, die an der Seite von Che Guevara im bolivianischen Untergrund gekämpft hatte und in der DDR als sozialistische Heldin verehrt wurde. Mich begeisterten ihr Mut und die Tatsache, dass diese Menschen in fremden Ländern unterwegs waren. Ich selbst wollte Judo-Weltmeisterin für die DDR werden und dann auch reisen. Das war es, was mir vorschwebte. Selbst wenn trotz alledem mein Deckname von der Guillaume-Affäre inspiriert worden sein sollte, so würde dies immer noch nicht den Vornamen »Katrin« erklären.

Meine Akte wurde angelegt, als ich 14 war. Einer der ersten Einträge stammt vom 7. August 1986. Es ist überschrieben mit »Anforderungsbild für einen zukünftigen IM«. Darin werden die »politisch-operative Notwendigkeit und Zielsetzung der Werbung« beschrieben. Auch der Grund wird mitgeliefert: Es müsse die »Jahresplanaufgabe 1987« realisiert werden. Damit ist vermutlich die Anweisung von Stasi-Chef Mielke gemeint, die Jugendszene in den Griff zu bekommen, die im »Jahresarbeitsplan« der Kreisdienststelle für das zuständige Referat ihren Niederschlag gefunden hat.

Dann werden die »objektiven Merkmale« aufgezählt, die der künftige IM erfüllen sollte: Er soll unter anderem in die neunte oder zehnte Klasse gehen und Verbindungen zu »negativ-dekadent« eingestellten Jugendlichen in Greifswald haben, viel Freizeit mitbringen und keine leitende Funktion in der FDJ innehaben.

Die Sätze in diesem Akteneintrag lesen sich einerseits wie eine Stellenausschreibung, zu der eine Firma verpflichtet ist, obwohl sie sich schon längst für einen Kandidaten entschieden hat. Die Stasi-Bürokratie verlangte, dass man vor einer Anwerbung erst einmal einen Kriterienkatalog abarbeitete.

Andererseits erfüllte ich viele Merkmale nicht. Zwar stand ich kurz vor dem Wechsel in die neunte Klasse, gehörte also der gewünschten Altersgruppe an. Aber weder mit 14 noch in den Jahren danach hatte ich Kontakte zu »negativen Elementen«, noch war ich »Sympathisant einer negativ-dekadenten Gruppierung«, wie es bei den allgemeinen Merkmalen heißt. Ich war auch nicht »ständig oder zeitweilig bei Jugendveranstaltungen (Disco, Jugendtanz)«. In fast jedem meiner Zeugnisse steht, dass ich an solchen Veranstaltungen keinerlei Interesse gezeigt hätte, selbst der Schuldisco blieb ich fern. Das war auffällig, da nicht »altersgemäß«. Auch mit vielen weiteren »objektiven« Merkmalen konnte ich nicht dienen, zum Beispiel mit der Mitgliedschaft in einem »Fanclub (Fußball, Motorsport etc.)«. Ich war auch kein »Kraftsportler« oder zeigte »Interesse für Kraftsport«, auch wenn ich in meiner Judogruppe zeitweise mehr Liegestütze schaffte als mancher Junge. Ich war nie als »Tramper« unterwegs oder »Teilnehmer an Fahrten zu Fußballspielen in der DDR« – alles Kriterien, die Jugendliche laut Profil für die Staatssicherheit interessant machten. Die einzige Jugendgruppe, der ich angehörte, war die AG Funken, die im Pionierhaus in Greifswald stattfand und bei der wir das Amateurfunken erlernten.

Besser sah es mit anderen Merkmalen aus: »keine feste Partnerschaft« und »vom Elternhaus genügend Zeit vorhanden«. Der Kandidat oder die Kandidatin sollte für die Stasi verfügbar und nicht durch eine Beziehung oder durch ein zu enges Zeitkorsett im Elternhaus eingeschränkt sein.

Auch eine »leitende Funktion der FDJ« hatte ich nicht inne. Der Stasi war daran gelegen, dass nicht zu offensichtlich war, wen sie für ihre Dienste einspannen wollte. Fast komisch liest sich das Fazit des ersten Teils: »Mit dem neu zu schaffenden IMS soll eine bessere Lagebeherrschung unter den Jugendlichen der Stadt Greifswald erreicht werden.« Abgesehen von der entlarvenden Wortwahl, in der wieder einmal das Menschenbild der Stasi zutage tritt (»neu zu schaffender IMS«), war ich die falsche Wahl für dieses Ziel. Ich war nicht in der Jugendszene verankert, schon gar nicht in der, die für die Stasi von Interesse war. Ungeachtet der Fakten beschloss man, mich in der IM-Kategorie »IMS« einzusetzen, als »Inoffiziellen Mitarbeiter zur Sicherung und Durchdringung eines Verantwortungsbereiches«.

Aber was bei den objektiven Merkmalen nicht auf mich passte, wurde einfach an anderer Stelle kompensiert. Unter dem Punkt »Subjektive Merkmale des zukünftigen IM« vermerkte die Stasi, ich habe nicht nur »eine positive Erziehung durch das Elternhaus« erfahren, sondern »selber eine positive Beziehung zur DDR«. Das ist nun auch nicht weiter verwunderlich, denn ich war ja von Menschen umgeben, die regimetreu waren. Meine Mutter, mein Stiefvater, die Freunde meiner Eltern, sie alle waren so überzeugt vom Sozialismus, dass sie auf die eine oder andere Weise für die Stasi tätig waren oder ihr zumindest unkritisch gegenüberstanden. Ich war mit keinem Gegenmodell konfrontiert, das mir einen anderen Blick auf die Welt eröffnet hätte. Westfernsehen gab es bei uns nicht. Als ich bei einem Besuch meiner Tante in Ostberlin einmal die Mainzelmännchen sah, fragte ich sie, warum der Trickfilm so kurz sei. Sie lachte und klärte mich auf, dies sei eine Werbung. Ich trug auch nicht, wie mancher meiner Klassenkameraden, Klamotten aus dem Westen.

Vielleicht auch deshalb wurde mir von der Stasi ein »angenehmes jugendgemäßes Äußeres« attestiert und dass ich »ansprechend auf andere Jugendliche« wirke. Ich sei »kontaktfreudig, selbstbewusst« und habe ein »gutes Allgemeinwissen bzw. ausgeprägte Führungsqualitäten (Kraft, Mut zum Risiko etc.)«. Es sei bei mir auch eine »Zielvorstellung vorhanden, gewisse Positionen zu erreichen« wie einen Schulabschluss, einen Studienplatz und »Führungspositionen in Gruppen«.

Wäre dies ein Arbeitszeugnis gewesen, ich wäre vermutlich stolz darauf gewesen. Aber es war ein Stasi-Zeugnis, das klarmachen sollte, dass ich für Spitzeldienste hervorragend geeignet war.

Das Schriftstück trägt mehrere Unterschriften, darunter die eines gewissen Egbert N., damals Leiter des Referats 2. Er taucht auch an späterer Stelle in den Unterlagen noch mehrfach auf. Als ich seinen Namen das erste Mal las, konnte ich damit nichts anfangen. Denn während ich an die Stasi-Mitarbeiter, die uns regelmäßig besuchten, klare Erinnerungen habe, so finde ich zu N. kein Bild im Kopf. Hat er als Referatsleiter die Vorlage nur abgezeichnet? Ich bin mir jedenfalls ziemlich sicher, dass ich ihm nie in meinem Leben bewusst begegnet bin.

Nachdem die Stasi grundsätzlich geklärt hatte, dass ich für sie interessant war, ging die Maschinerie erst richtig los. Denn so leicht wurde man nicht IM. Im Gegenteil: Es gibt Fälle, in denen sich Menschen von sich aus bei der Stasi als potenzielle Inoffizielle Mitarbeiter andienten. Die wurden dann aber meist nicht genommen. Die Stasi machte dieses Anbiedern eher misstrauisch; sie wollte selbst entscheiden, wer zum IM »taugte«.

Aber ich hatte ja überzeugende Fürsprecher. So ist in einem Aktenvermerk vom 16. Februar 1987 festgehalten: »Der IM-Kandidat wurde durch den IMS ›Barbara‹ bekannt. Bei dem IMS ›Barbara‹ handelt es sich um die Mutter der Kandidatin. Dem IM-Kandidaten ist bekannt, dass die Mutter Kontakt zum MfS hat. Im Rahmen der Zusammenarbeit mit dem IMS ›Barbara‹ wurde die Kandidatin bei Gelegenheit zur Informationsgewinnung herangezogen. Bisher hat die Kandidatin die Konspiration des IMS ›Barbara‹ nicht verletzt. Der Kandidat ist nach Auffassung des IMS ›Barbara‹ für eine inoffizielle Zusammenarbeit mit dem MfS geeignet.«

Aber selbst diese Empfehlung meiner Mutter reichte noch nicht. Handschriftlich ist auf dem Aktenvermerk noch hinzugefügt: »Eignung muss geprüft werden, siehe Maßnahmen«. Wie diese Maßnahmen aussahen, darüber gibt ein weiterer Aktenvermerk Auskunft. Zum einen sollten andere IM auf mich angesetzt werden. Für diese Aufgabe hatte die Stasi IMS »Barbara«, also meine Mutter, vorgesehen. Sie sollte über meine Charaktereigenschaften, meine Hobbys, meine politische Einstellung, meine Zuverlässigkeit und meine Haltung zu den »Sicherheitsorganen« der DDR berichten. Außerdem tauchte erstmals ein anderer IM in meinen Akten auf: IM »Ahornblatt«. Er sollte eine Einschätzung über mein Auftreten im schulischen Bereich abgeben. Es musste also jemand von meiner Schule sein. Aber wer? Ein Schüler? Ein Lehrer?

Zum anderen sollte mein verwandtschaftliches Umfeld ersten Grades überprüft werden. Das war wahrscheinlich eine Routinekontrolle. Zuständig für diese Aufgabe war Oberleutnant M., der laut Aktenlage zumindest in der Anfangszeit der für mich verantwortliche Stasi-Mitarbeiter war. Es war jener Mann, der mich als Führungsoffizier meiner Mutter und meines Stiefvaters am längsten kannte und der uns auch Weihnachten besucht hatte.

Meine Mutter erledigte ihre Hausaufgabe schnell. Das belegt jene Tonbandabschrift vom 24. März 1987, die mich beim ersten Lesen der Akten so erschüttert hatte. Es ist das Gespräch mit Oberleutnant M., in dem sie von meinen Eigenschaften schwärmt (die Abschrift ist auf Seite 19 abgebildet). In jedem anderen Kontext wäre es nichts weiter als die Einschätzung einer Mutter gewesen, die erkennbar stolz auf ihre 15-jährige Tochter ist. Ich dagegen frage mich bis heute, warum ihr nicht bewusst war, dass sie mich in diesem Moment an die Stasi »verkauft« hat. Selbst wenn man ihr unterstellt, dass sie wirklich von der Sache überzeugt war, so fehlte ihr doch offensichtlich jede Hemmung, das eigene Kind mit hineinzuziehen.

Die nächste Phase bestand formal aus »Kontaktgesprächen« mit mir. Der Begriff ist eine ähnliche Farce wie das »Anforderungsprofil«. Mich musste ja niemand auf dem Schulhof abfangen und in mühseligen Gesprächen von einer Zusammenarbeit überzeugen. Ich war für die Stasi leichte Beute. Ihre Mitarbeiter trafen mich regelmäßig in der Wohnung meiner Eltern. Man brauchte mich nicht anzuwerben, ich hätte ohnehin zu allem Ja und Amen gesagt. Man musste auch nichts über mich in Erfahrung bringen. Denn was sie wissen wollten, das wussten die Stasi-Leute ohnehin längst. Oft genug hatte ich ihnen von Problemen in der Schule, Erfolgen beim Judo, kurz: von dem, was mich beschäftigte, erzählt.

Wahrscheinlich hätte ich angefangen zu lachen, wenn einer der Mitarbeiter plötzlich einen Ton der Konspiration angeschlagen hätte. Aber ein zentrales Element des MfS war – wie in jedem Überwachungssystem – eine funktionierende, genormte Bürokratie. Deshalb wurden offensichtlich auch in meinem Fall alle Vorschriften zumindest pro forma abgearbeitet.

Das erste offizielle Kontaktgespräch mit mir fand am 17. Februar 1987 statt, »nach Abstimmung mit dem IMS ›Barbara‹ konspirativ in der Wohnung des IM-Kandidaten«. Laut Protokoll wurde mit mir über politische Themen wie das Friedensforum in Moskau,[39] die Bundestagswahlen in der BRD und die Situation in Greifswald gesprochen. Testweise fragte man mich aber auch nach einem Nachbarn aus, der von der Stasi »aufgeklärt«, also bespitzelt, wurde. Auch um die Schule ging es bei diesem Gespräch. Ich kann mich an die Unterhaltung nicht mehr erinnern.

Für mich wird es eines von vielen Gesprächen gewesen sein, die ich mit einem der Freunde meiner Eltern in unserer Wohnung geführt habe. Das hielt diesen aber nicht davon ab, am Ende des Protokolls wichtigtuerisch zu vermerken: »Das Gespräch bestätigte den bisherigen Eindruck des MA [Mitarbeiter, Anm. der Verf.] über den IM.«

In meiner Akte ist nachzulesen, wie sich das Netz der Stasi immer enger um mich zog, wie das einer Spinne um ihr Opfer, das schon länger darin zappelt. Nach den ersten »Kontaktgesprächen« gab es in schneller Folge weitere, meist im Abstand von nur wenigen Tagen. Die Berichte darüber in meiner Akte sind voller Merkwürdigkeiten und Absurditäten. So steht in einem vom 24. Februar 1987, dass ich nach »Motorrad-Moped-Klicken« (sic!), »Heavy Metall (sic!) oder Hard Rock Klubs« befragt wurde. Natürlich konnte ich darüber keine Auskunft geben. Trotzdem erzählte ich dem Freund meiner Eltern, dass sich eine Gruppe von Jugendlichen immer vor einer Haustür in unserem Neubaugebiet treffe. Heute würde man das »Chillen« nennen, wie es viele Jugendliche tun. Aber die Stasi witterte darin sofort einen potenziellen Hort des Widerstands und notierte die Informationen als große Sache: dass sich die Jugendlichen mit ihren Mopeds vor der Haustür trafen, laute Musik hörten und Alkohol tranken. Dass der mutmaßliche Wortführer ein »ungepflegtes Äußeres« habe und ein schlechter Schüler sei. Alles Informationen, die man auch bei jedem Anwohner hätte abfragen können. Denn die hatten sich bereits öfter über die laute Musik und die Jugendlichen vor ihrer Tür beschwert.

Ich wünschte, ich könnte alles so abtun. Aber im selben Gespräch sollte ich auch über meine Klasse sprechen. Thomas M. fragte dabei gezielt nach Schülern, die »zunächst operativ interessant erscheinen«, wie er festhielt. Was er von mir erfuhr, schrieb er auf einem Extrablatt nieder (»Quelle: IM-Kandidat ›Angela‹«). Demzufolge habe ich vier MitschülerInnen erwähnt. Obwohl alle Namen in der Niederschrift geschwärzt sind, war mir beim späteren Lesen schnell klar, um wen es sich handeln musste. Da wir nur wenige Schüler und Schülerinnen in unserer Russischklasse waren, kannte jeder jeden gut. Eine erwähnte Schülerin war Silke. Sie war im zweiten Halbjahr der dritten Klasse zu uns gekommen, ihre Mutter war Sängerin am Theater Greifswald, wo ja auch mein Stiefvater arbeitete. Nachdem Silkes Stiefvater von einer Reise in den Westen nicht wieder zurückgekehrt war, stellte ihre Mutter für die Familie einen Ausreiseantrag und stand damit unter besonderer Beobachtung der Stasi.

Ein zweiter Name war der von David. Er war Silkes Freund, und allein das war schon Grund genug, dass sich die Stasi für ihn interessierte. Außerdem hatte er nicht nur die Jugendweihe, sondern war auch konfirmiert, was ihn verdächtig machte. Warum ich noch nach zwei weiteren Schülerinnen unserer Schule gefragt wurde, weiß ich nicht. Eine war schon etwas reifer als wir anderen und hatte ältere Freunde. Vielleicht reichte dieses Verhalten schon aus, da es nicht der Vorstellung von einer »anständigen« sozialistischen Jugendlichen entsprach.

Im Wesentlichen wurde ich nach den Namen der Schüler und Schülerinnen sowie den Berufen ihrer Eltern gefragt. Aber über die schon älter wirkende Schülerin soll ich der Niederschrift zufolge erzählt haben, dass sie durch ihr Verhalten »negativ« auffalle: »Ihre politische Haltung ist nicht gerade positiv. Sie unterliegt dem westlichen Einfluss.« Ich habe mit dieser Passage mehrere Probleme. Sie wird zwar mir zugeschrieben, ist aber in typischem Stasi-Sprech verfasst. Formulierungen wie »unterliegt dem westlichen Einfluss« gehörten definitiv nicht zu meinem alltäglichen Sprachgebrauch. Überhaupt darf man sich die Situation nicht als Treffen in einem schummrig beleuchteten Büro vorstellen, bei dem mir klar war, dass ich über »Staatsfeinde« ausgehorcht wurde. Es waren in der Regel beiläufige Gespräche, meist zu Hause an unserem Küchentisch, bei denen mich die Freunde meiner Eltern aushorchten. Ich erzählte, wie eben eine 15-Jährige plaudert, die einem älteren Freund über ihre Schulklasse erzählt – der aber in Wirklichkeit ein Stasi-Mitarbeiter war und es dann wiederum aus seiner Sicht aufschrieb. Wenn ich gefragt wurde, antwortete ich meistens auch. Ich war geschmeichelt und fühlte mich wichtig, weil ich wie eine gleichberechtigte, »erwachsene« Gesprächspartnerin behandelt wurde. Auf die Idee, dass ich auf diese Weise ausgehorcht wurde, wäre ich im Traum nicht gekommen. Und dann darf man auch nicht vergessen, dass es in der DDR häufiger ähnliche Situationen gab. So wurden wir als Kinder und Jugendliche auch in der Schule regelmäßig ausgefragt oder waren es gewohnt, gegenüber unserem »Hausbuchbeauftragten« (der alle Besuche registrierte) Auskunft geben zu müssen.

Trotzdem ist es kein schönes Gefühl, heute solche Passagen lesen zu müssen. Erst recht nicht, wenn man weiß, dass der Zuhörer von der Stasi war.

Ein Schriftstück in meiner Akte, soweit ich sie kenne, habe ich – außer der Verpflichtungserklärung – selbst verfasst. Es ist eine Bewertung meines Mitschülers David, zu der mich Thomas M. aufgefordert hatte. Ich weiß nicht mehr, wann sie genau entstand und ob ich sie in Gegenwart von M. oder allein in meinem Kinderzimmer geschrieben habe. Ich weiß aber noch, dass ich es meiner Mutter zeigte, ob das »so ginge«. Sicher ist, dass die Stasi damit prüfen wollte, ob ich ihren Anweisungen folgte.

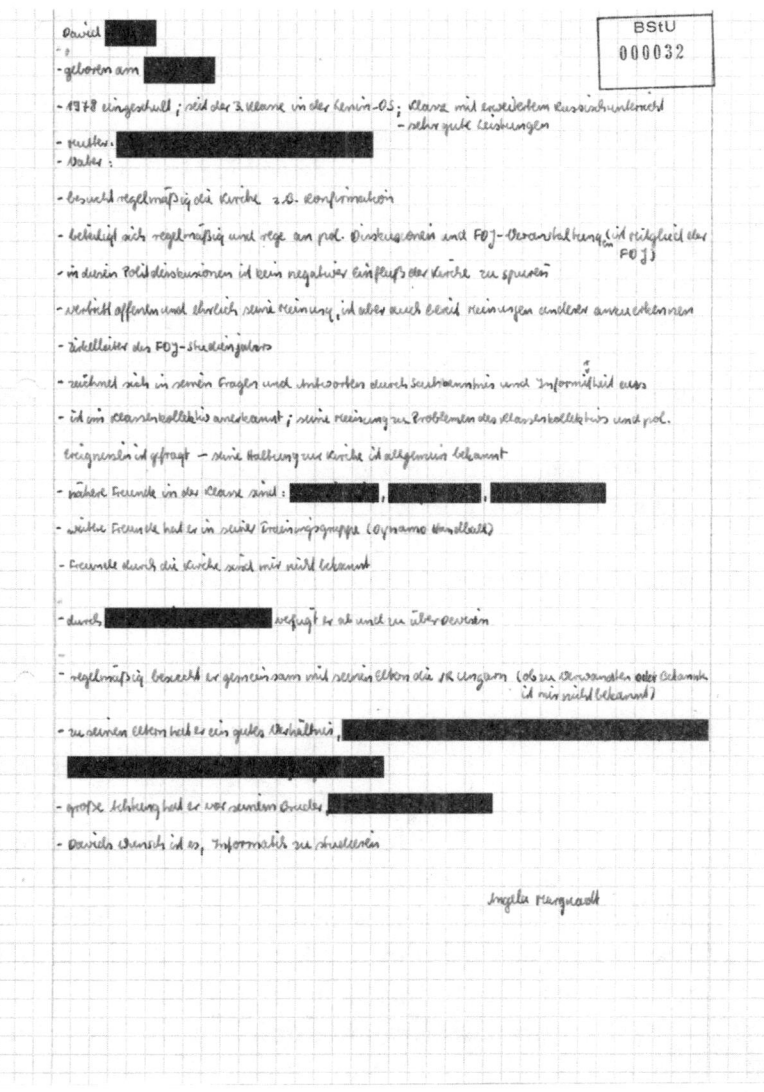

Bericht über David

Mit David ging ich seit dem neunten Lebensjahr in eine Klasse. Was ich über ihn schrieb, liest sich wie eine Mischung aus Lebenslauf, Zeugnis und wieder Stasi-Sprech. Es beginnt mit Geburtsdatum, Einschulung und den Eltern. Ich schrieb über seine Noten (»sehr gute Leistungen«) und dass er regelmäßig die Kirche besuche. Weiter notierte ich, dass er Mitglied der FDJ sei und »rege« an den Diskussionen teilnehme. Das waren die üblichen Formulierungen, die wir täglich an der Schule eingetrichtert bekamen. Der folgende Satz, dass bei politischen Diskussionen bei David »kein negativer Einfluss der Kirche zu spüren« sei, klingt für mich wiederum so, als ob die Stasi mir beim Aufschreiben »Formulierungshilfe« gegeben hat.

Insgeheim bewunderte ich David. Das wird auch in dem Bericht spürbar. »Vertritt offen und ehrlich seine Meinung, ist aber auch bereit, Meinungen anderer anzuerkennen«, notierte ich da. Ich hatte oft erlebt, dass David keiner Diskussion aus dem Weg ging, auch nicht mit unserer Klassenlehrerin. Weiter schrieb ich, dass er sich dabei »durch Sachkenntnis und Informiertheit auszeichne«. Das Wort »Informiertheit« hatte ich falsch geschrieben und dann berichtigt, was dafür spricht, dass ich das Blatt vielleicht meiner Mutter gezeigt habe. Als Deutschlehrerin achtete sie penibel auf die korrekte Rechtschreibung. Ich schrieb außerdem, dass David »regelmäßig gemeinsam mit seinen Eltern« nach Ungarn fahre und Informatik studieren wolle, beides nichts Ungewöhnliches in DDR-Zeiten.

2002 las ich das Blatt mit gemischten Gefühlen. Einerseits war es mir peinlich, was ich da über David geschrieben hatte. Andererseits fand ich den Informationsgewinn, den die Stasi durch diesen Test bekam, doch sehr geringfügig, da dies längst offensichtliche und bekannte Fakten waren.

Aber um Informationen ging es der Stasi dabei vermutlich auch gar nicht, sondern darum zu testen, ob ich widerspruchslos den Bitten der Freunde meiner Eltern nachkam. Darum, ob ich mich widerstandslos von ihnen dressieren ließ. Und sie waren zufrieden mit mir. So lautet das abschließende Urteil eines Gesprächs im Februar 1987: »Es wird eingeschätzt, dass der IM-Kandidat konkreter zur Informationsgewinnung genutzt werden kann, da er ohne Vorbehalte auf Meinungen und Anfragen des MfS positiv reagiert.«

Ende März 1987 schickte die Stasi mich laut Unterlagen 15-jährig zu einem stadtoffenen Jugendabend in der Christuskirche. Wahrscheinlich erzählte mir M., dass ich dort mal vorbeischauen und ihm erzählen solle, wie es da so sei. Also ging ich mit einer Freundin nach dem Judotraining zu der Veranstaltung. Allerdings kamen wir nicht besonders weit, weil wir am Eingang abgewiesen wurden. Entweder lag es daran, dass wir wegen des vorherigen Trainings zu spät kamen, oder daran, dass uns dort niemand kannte. Jedenfalls wurden wir nicht hineingelassen. Ich konnte M. also nur erzählen, dass ich durchs Fenster eine Gruppe von Jugendlichen gesehen hatte und welche Informationen im Schaufenster vor der Kirche ausgestellt waren.

Der Vorfall ist insofern bezeichnend, als er zeigt, dass die Stasi mich in einem Punkt völlig falsch einschätzte. Ich war als Kind und Jugendliche extrem schüchtern. Schon allein der Schritt, zu einer Veranstaltung mit fremden Menschen zu gehen, fiel mir schwer. Niemals hätte ich von mir aus dort jemanden angesprochen und auch gewiss nicht versucht, mir auf anderem Wege Zugang zu verschaffen. Um Kontakte zu Unbekannten zu knüpfen und diese auszuhorchen, war ich denkbar ungeeignet.

Anfang April war man bei der Staatssicherheit dennoch

der Ansicht, man könne nun eine Hierarchiestufe höher gehen. Bei einem weiteren Gespräch mit mir war – laut Akte – auch der Referatsleiter N. dabei, der darüber einen Vermerk verfasste. Es ist der einzige handschriftliche Vermerk von Referatsleiter N., den ich in meiner Akte gefunden habe. Es gibt verschiedene Dinge, die mich daran irritieren. Zum einen ist es das bereits erwähnte Gefühl, N. nie getroffen zu haben. Aber wie konnte er dann über ein Gespräch mit mir berichten? War er dabei gewesen, und ich habe es vergessen? Oder hatte er es sich von dem im Vermerk erwähnten M., der damals noch für mich zuständig war, erzählen lassen und nur so getan, als ob er dabei gewesen wäre?

Außerdem steht im Bericht, ich sei »konspirativ am Ortsausgang als ›Tramper‹ abgeholt« worden. Das war bei der Stasi eine gängige Methode, um sich mit Inoffiziellen Mitarbeitern zu verabreden. Man nannte ihnen eine Uhrzeit, zu der sie an einer bestimmten Straße als angeblicher Tramper stehen sollten, und las sie dann mit dem Auto auf. Nur: In meinem Fall hat es eine solche Form der Verabredung nie gegeben. Es kam vielmehr öfter vor, dass der später für mich zuständige Jörg V. sagte, er werde nach meinem Judotraining an der nahe gelegenen Straßenkreuzung auf mich warten oder da langgefahren kommen. Dann stieg ich bei ihm ein, und wir unterhielten uns im Auto, oder er fuhr mich nach Hause oder nahm mich mit zu sich in die Wohnung, was normalerweise für IM nicht erlaubt war. Der Effekt war also derselbe, aber ich bin mir sicher, dass ich nie aufgefordert wurde, mich wie in einem Spionagefilm als »Tramper« zu tarnen. Warum also steht es so in diesem Bericht?

Es gibt eine mögliche Erklärung. Die Vermischung von Beruflichem und Privatem war bei der Stasi strengstens verboten. Im Fall meiner Familie hielten sich die Mitarbeiter nicht daran. Einer von ihnen, Jörg V., hat mir bei einem Treffen nach der Wende erzählt, dass es »nicht gern gesehen« wurde, dass er mich mit zu sich nahm, und dass es deshalb auch nie in der Akte erwähnt wurde. Denkbar wäre also auch, dass der Referatsleiter N. nachträglich ins Treffen mit mir »hineingeschrieben« wurde, weil er damit decken wollte, dass seine Untergebenen teilweise in einer dienstlichen Grauzone agierten.

In seinem handschriftlichen Vermerk wird noch würdigend hervorgehoben, dass ich zum Treffen gekommen sei, obwohl ich krank war. Für mich zeigt es eher, dass ich die Freunde meiner Eltern nicht enttäuschen wollte. Die Stasi wertete das gleich als Beleg für meine Opfer- und Einsatzbereitschaft. Auch sonst fiel die Bilanz positiv aus. »Der Kandidat hat – bedingt durch die Kenntnis und Einbeziehung in die inoffizielle Arbeit der Eltern – Vertrauen zum MfS und ist von der Richtigkeit einer aktiven Unterstützung der Sicherheitsorgane überzeugt.« Ich sei für die vorgesehene »Werbeposition« objektiv und subjektiv geeignet. Nur an einer einzigen Stelle wird mein Alter problematisiert: im Anhang. In der ersten Phase der Zusammenarbeit sei zu berücksichtigen, »dass der Kandidat 15 Jahre alt ist« und dementsprechend noch eine intensive politische und »fachlich-tschekistische Schulung« zu erfolgen habe. (»Tschekistisch« ist ein aus dem Russischen stammender Kunstbegriff, der sich aus der sowjetischen KGB-Vorgängerorganisation Tscheka ableitet. Das MfS nutzte ihn, um die eigene Arbeit sprachlich und ideologisch zu überhöhen. Als »Tschekisten« wurden in erster Linie hauptamtliche Mitarbeiter bezeichnet, womit eine besondere »moralische« Verpflichtung zu den Grundsätzen der Stasi-Ideologie einherging.) Festgelegt wurden in N.s Vermerk zudem meine Aufgaben: Ich solle zunächst vorran-

gig auf eine Person angesetzt werden (»Kontrolle im Schul-
und Freizeitbereich«), deren Name in der Akte geschwärzt
ist – ich weiß nicht, wer es sein könnte –, und darüber hinaus entsprechend meiner »Möglichkeiten« in Greifswalder Jugendgruppen aktiv werden.

Nachdem derart von oberer Stelle grünes Licht gegeben
worden war, wurde am selben Tag der für mich damals zuständige Oberleutnant Thomas M. aktiv. Er verfasste einen »Vorschlag zur Werbung eines IMS« (siehe Dokument
im Anhang, Seite 216), gewissermaßen meinen »Beitrittsan-
trag« für diesen exklusiven Verein namens Stasi. Er ist im
Original elf Seiten lang und spiegelt jene Mischung aus Bürokratie, Ideologie und Skrupellosigkeit wider, die das Wesen der Stasi ausmachte. Als Zielsetzung für mich wurde
neben der Bespitzelung meines Klassenkameraden David
auch die meiner Mitschülerin Silke genannt.

In meinem »Werbevorschlag« wird mehrfach betont, wie
zuverlässig ich mich in den Vorgesprächen gezeigt hätte.
Nicht erwähnt wird, warum ich so anhänglich war. Mir
wäre nicht in den Sinn gekommen, diese Situation zu hinterfragen, denn diese Menschen waren ja Freunde für
mich. Nur an einer Stelle ist erkennbar, dass M. sehr genau
wusste, dass er meine Situation ausnutzte. Dort spricht er
von meiner »vorhandenen gefühlsmäßigen Bindung an das
MfS« und dass diese »durch geeignete anschauliche Erzie-
hungs- und Bildungsmittel in eine feste rationale Bindung
an das MfS umzuwandeln« sei. Treffender kann man meine
emotionale Abhängigkeit von diesen Erwachsenen, die sich
ernsthaft für mich zu interessieren schienen, nicht beschrei-
ben. Doch dem MfS war nicht daran gelegen, diese Abhängigkeit zu beenden. Im Gegenteil: Ich müsse »ständig politisch-ideologisch erzogen werden«, hieß es, damit ich die
politisch-operativen Aufträge »ohne Vorbehalte« realisie-

ren könne. Auch sei es notwendig, meine Bereitschaft ständig »zu festigen und zu motivieren«.

Am 3. April 1987 unterschrieb ich die Verpflichtungserklärung. Ich war 15. Laut Stasi-Protokoll geschah es in einem Pkw in Anwesenheit von Oberleutnant M. und dem mir unbekannten Referatsleiter N. Erst wurde mir dem Bericht zufolge ein langer Vortrag über die Bedrohung des Sozialismus durch zersetzende Elemente gehalten, dann meine immense Bedeutung im Kampf gegen diese Gefahr hervorgehoben. Dann ging man Schritt für Schritt den grundsätzlichen Inhalt einer Verpflichtungserklärung mit mir durch und erläuterte sie mir so, dass ich mich »mit dem Inhalt identifizieren« konnte. Danach wurde ich aufgefordert, eine Verpflichtungserklärung in meinen eigenen Worten niederzuschreiben. Das tat ich auch, nachdem ich laut Bericht den Decknamen »Katrin Brandt« gewählt hatte. »Anschließend wurde die Entscheidung der Kandidatin in aller Form gewürdigt«, heißt es weiter. Ob sie mir zur Feier des Tages ein Buch über einen weiteren heldenhaften Spion schenkten? Oder ob sie mir einfach nur erzählt haben, was für eine großartige, reife Entscheidung ich getroffen habe und wie wichtig ich für sie sei – alles Worte, die ich garantiert gierig aufgesaugt hätte, wenn sie gefallen sein sollten. Ich weiß es allerdings nicht mehr.

Abgesehen davon, dass ich mich an die ganze Situation nicht erinnern kann, wirft der Stasi-Bericht für mich noch andere Fragen auf. Abgezeichnet ist er vom Leiter der Kreisdienststelle Greifswald, einem gewissen Peter E. Das war nur der Fall, wenn der Vorgang vom Referatsleiter geführt wurde. Nicht alle »Anwerbungen« wurden vom Chef der Kreisdienststelle persönlich abgezeichnet. War meine Verpflichtung von Anfang an Chefsache?

Wenn ich mich selbst für den Decknamen »Katrin

Brandt« entschieden haben sollte, warum hat meine Mutter Jahre später gesagt, sie habe ihn ausgesucht? War Referatsleiter N. wirklich bei diesem Treffen in einem Pkw dabei? Und wenn ja, warum musste er mir dann »vorgestellt« werden, wie es im Protokoll heißt? Schließlich war er ja laut selbst verfasstem Bericht schon mindestens bei einem früheren Gespräch mit mir dabei gewesen. Stimmt diese Version überhaupt? Wenn ja, warum hat meine Mutter später sogar schriftlich erklärt, mir sei die Verpflichtung in ihrer Anwesenheit diktiert worden?

Fest steht für mich nur eines: Mit der Erklärung hatte sich das Netz der Stasi endgültig zugezogen.

6 RAUS AUS DER FAMILIE

WÄHREND DAS STASI-NETZ IMMER ENGER WURDE, lockerte sich ein anderes. Im Sommer 1986 ergab sich unerwartet eine Gelegenheit für mich, dem familiären Martyrium zu entkommen. Mein Stiefvater erhielt das Angebot, an das Theater in Frankfurt/Oder zu wechseln. Denn zum einen hatte man als Künstler an einem größeren Theater deutlich mehr Entfaltungsmöglichkeiten. Zum anderen wollte fast jeder aufgrund der besseren Versorgungslage in die Nähe von Berlin ziehen. Das erhöhte die Chancen, an Dinge heranzukommen, die sonst eher schwer zu beschaffen waren. Wir hatten die Ostsee und die das Gemüse. Welches, wie ich als Kind einmal verblüfft feststellte, teilweise zuvor bei uns geerntet worden war, um dann ins »wichtige« Berlin ausgeliefert zu werden, während es bei uns nicht erhältlich war. Mein Stiefvater begann, zwischen Frankfurt/Oder und Greifswald zu pendeln, was für mich Vor- und Nachteile mit sich brachte. Er war dadurch regelmäßig in Berlin und brachte uns meistens etwas mit. Ketchup zum Beispiel, der bei uns Kindern sehr begehrt war. Jedoch stieg meine Verantwortung in der Familie, weil meine Mutter nun mit drei Kindern zurückgeblieben war. Thomas M., der Führungsoffizier meiner Eltern, besuchte uns weiterhin regelmäßig.

Für mich war es eine große Erleichterung, dass die Übergriffe meines Stiefvaters deutlich abnahmen. Zwar kam er regelmäßig nach Hause. Aber meist war dann auch meine

Mutter da. Die Momente, in denen er mit mir allein war, wurden relativ übersichtlich. Zumal sich meine Mutter, wenn er kam, bemühte, für ihn da zu sein. Gelegenheiten nutzte er jedoch sofort.

Mir fiel auf, dass er oft betrunken war, wenn er bei uns war. Er hatte schon immer gern Alkohol konsumiert, aber da das meist in Gesellschaft geschah, war es mir nicht weiter aufgefallen.

Für mich kam es dann wie aus heiterem Himmel, als mir meine Mutter im Frühjahr 1987 mitteilte, dass wir nach Frankfurt/Oder umziehen würden. Ich hatte nicht damit gerechnet. Wir saßen am Küchentisch, als sie es mir sagte. Ich antwortete, ohne nachzudenken: »Ich komme nicht mit. Ich bleibe hier.« Ich argumentierte, dass ich mein Abitur im Klassenverbund machen wollte, der bald fast geschlossen in die Erweiterte Oberschule (EOS) kommen würde. Aber die Wahrheit war natürlich eine andere. Es war die Chance, den Absprung zu finden – und nicht mehr mit diesem saufenden Typen unter einem Dach leben und mich von ihm missbrauchen lassen zu müssen.

Lag es an der Klarheit, mit der ich meine Weigerung formulierte? Jedenfalls akzeptierte meine Mutter, dass ich nicht mitkommen würde. Und das, obwohl sich die ganze Familie einmischte. Oma, Opa, die Tanten – alle redeten auf sie ein. Ich hätte nur einen »Spleen«, der sich bald wieder geben würde. Als meine Mutter bei ihrer Einwilligung blieb, erntete sie Verständnislosigkeit: »Du kannst das Kind doch nicht allein zurücklassen.«

Seltsamerweise mischte sich mein Stiefvater überhaupt nicht in die Diskussion ein. Dabei konnte es ihm nicht recht sein, dass ich künftig noch weniger für ihn »verfügbar« sein würde. Aber vielleicht war er zu diesem Zeitpunkt schon zu sehr mit seinen eigenen Problemen beschäftigt. Seine Alkoholsucht nahm weiter zu, und auch die Beziehung mit meiner Mutter kriselte. Michael war rasend eifersüchtig. Er unterstellte meiner Mutter, sie gehe in seiner Abwesenheit fremd. Wenn er betrunken war, brach er immer einen Streit mit ihr vom Zaun. Ich glaube, meine Mutter dachte, dass die räumliche Trennung der Grund für seine Aggressionen sei und dass alles besser werden würde, wenn sie ihm nachziehen würde. Das war ein Irrtum.

Was mein Entschluss, nicht nach Frankfurt zu ziehen, in Wirklichkeit alles bedeutete, war mir nicht klar. Das städtische Jugendamt war mit der Situation überfordert. Eine noch 15-Jährige, die nicht mit ihrer Familie umzieht, so etwas kannte man in der DDR-Verwaltung nicht. So verfiel man auf den Einfall, man könne mich in das Greifswalder Kinderheim stecken. Wahrscheinlich zur Abschreckung. Das wollte ich aber nicht. Schließlich war ich ja keine Waise. Von Anfang an hatte ich die Idee, ich könne schon vorzeitig auf das Internat der Oberschule gehen. Das wurde aber abgelehnt.

Daraufhin entschied meine Mutter – weil sie meinen Wunsch unbedingt erfüllen wollte – etwas aus Behördensicht Unerhörtes, was ich damals ungemein cool fand. Nachdem sie mit meinen Geschwistern im Sommer 1987 nach Frankfurt umgezogen war, durfte ich heimlich allein in unserer nahezu leeren Vierraumwohnung bleiben. Das einzige Zimmer, das noch komplett möbliert war, war mein Kinderzimmer. In der Küche gab es einen Tisch, einen Stuhl und ein komplettes Besteck. Irgendwie war das gespenstisch, aber es bedeutete auch: Ich war frei.

Vier Wochen lebte ich in diesem Paradies. Tagsüber ging ich brav zur Schule. Abends lud ich Freunde und Schulkameraden zu mir nach Hause ein, und wir saßen zusammen und erzählten. Natürlich wurde meine Klassenlehrerin schnell auf die Umstände aufmerksam, die sie in höchstem Maße irritierend fand. Ich vermute, dass auch die Stasi ihre Finger mit im Spiel hatte und nicht wollte, dass ich weiter »unbeaufsichtigt« lebte. Jedenfalls schaltete sich das Jugendamt erneut ein und sorgte dafür, dass ich im Spätherbst dann doch auf das Internat der örtlichen Oberschule kam.

Die städtischen Oberschulen in der DDR hatten aufgrund ihres stark reglementierten Zugangs ein großes Einzugsgebiet, das weit über die Stadt hinausging. Weil nicht alle Schüler täglich die daraus resultierenden weiten Wege auf sich nehmen konnten, gehörte daher zu vielen Oberschulen auch ein Internat. Formal hätte ich erst ein Jahr später auf das Internat gedurft, da ich ja noch die zehnte Klasse der Russischschule besuchte. Aber eine Sondergenehmigung machte möglich, was das Jugendamt Wochen zuvor noch kategorisch ausgeschlossen hatte.

Für mich war der Umzug ins Internat ein großer Einschnitt. Die autoritäre Organisation des Alltags war ich von zu Hause nicht gewohnt. Für alles gab es plötzlich feste Zeiten, fürs Aufstehen, fürs Frühstück, für die Hausaufgaben oder das Zubettgehen. Eine Privatsphäre gab es nicht mehr. Jetzt musste ich mir den Raum nicht nur mit anderen Menschen teilen, sondern auch jederzeit damit rechnen, dass der Internatsleiter ohne zu klopfen im Raum stand. Das erste Zimmer teilte ich mir mit einer Pfarrerstochter. Nachts quatschten wir stundenlang über unsere so unterschiedlichen Familien. Ich weiß noch, dass Johanna[40] meinen Wunsch, Offizier bei der Nationalen Volksarmee (NVA) zu werden, überhaupt nicht nachvollziehen konnte und mit mir oft darüber diskutierte. Ich besuchte auch mal mit ihr gemeinsam ihre Eltern zum Kaffeetrinken.

Durch Johanna wurde ich mit einer komplett anderen Weltsicht konfrontiert. Von ihr hörte ich erneut von der Evangelischen Studentengemeinde (ESG). Die Gespräche mit ihr hatten mich neugierig auf diesen »Laden« gemacht, den ich dann aber ohne sie gelegentlich besuchen wollte. In der ESG traf ich noch mehr Leute, die wie Johanna dachten. Einigen war wegen ihres kirchlichen Engagements das Abitur verweigert worden, viele hatten Ausgrenzung erlebt. Ich erinnere mich an eine Abendveranstaltung, auf der darüber diskutiert wurde, warum sich an der Schule die Kirche nicht genauso um christliche Jugendliche kümmern durfte wie die FDJ um atheistische. Die zu der Diskussion eingeladenen FDJ-Vertreter gaben dabei eine schlechte Figur ab. Wie sollten sie diese offensichtliche Ungerechtigkeit auch plausibel begründen?

Im Internat selbst herrschte hingegen ganz der Geist der alten stalinistischen Schule. Das lag vor allem am Internatsleiter, der gefühlte hundert Jahre alt war. Er liebte es, seine Schüler zu gängeln. Ich geriet mehrfach mit ihm aneinander. So maßregelte er mich einmal, weil ich meinen Strickpullover über der Hose trug, statt ihn in den Bund zu stecken. Dies sehe »unordentlich« aus. Ärger gab es auch, als ich anfing, mir mit Blaupause die Haare zu färben. Das hatte noch einen anderen Nachteil: Immer wenn es regnete, wurde mein Gesicht lila.

Ich hatte große Probleme, mich an das neue Leben zu gewöhnen. Auch wenn ich froh war, der familiären Situation entkommen zu sein, fühlte ich mich manchmal sehr einsam. Zugleich wusste ich, dass dieses »Experiment« gelingen musste. Ein Scheitern hätte bedeutet, dass ich doch noch nach Frankfurt/Oder hätte gehen müssen. Es hätte eine Rückkehr in die Hölle bedeutet. Das wollte ich unter keinen Umständen.

Anfangs fuhr ich noch jedes Wochenende nach Frankfurt, weil das Internat dann immer geschlossen hatte. Doch dort spitzte sich die Lage immer mehr zu. Mein Stiefvater war inzwischen regelmäßig betrunken und dann aggressiv. Nun trank er oft bereits morgens zum Kaffee Schnaps um überhaupt in Gang zu kommen. Manchmal prügelte er auf meine Mutter ein. Ich erinnere mich, dass er sie einmal in einer solchen Situation vor meinen Augen ins Bad zerrte und dann gegen die Wanne stieß, bis sie blutete. Ich brachte meine Geschwister schnell zu einem Ehepaar, das im Haus eine Etage höher wohnte. Der Mann war Volkspolizist. Er rief seine Kollegen, die die Gewalttätigkeiten beendeten.

Am Tag der Einschulung meiner Schwester kam es zur Eskalation. Tagsüber hatten wir Verwandte und Freunde zu Besuch. Ein Freund meiner Eltern blieb bis abends. Mein Stiefvater war wie so oft inzwischen betrunken. In dieser Situation ging er wieder einmal auf meine Mutter los. Ohne zu überlegen, ging ich dazwischen. Es war das erste Mal, dass ich mich ihm gegenüber zur Wehr setzte. Er wollte daraufhin auch mich angreifen. Um wohl Schlimmeres zu verhindern, zog der Kumpel meinen Stiefvater aus der Wohnung. Zufällig wollten wir auch noch meinen Geburtstag nachfeiern. Am nächsten Tag fuhr ich nach Greifswald zurück.

Nach diesem Vorfall versuchte ich, meine Frankfurt-Fahrten nach Möglichkeit zu reduzieren. Mein Vorwand: Ich hätte am Wochenende Judowettkämpfe in der Nähe von Greifswald. Tatsächlich wurde diese Begründung von der Internatsleitung akzeptiert. Zunächst durfte ich in dem am Wochenende geschlossenen Internat auf meinem Zimmer bleiben. Unsere Küchenfrau, die im selben Haus wohnte, schaute gelegentlich nach mir. Später erklärte sich ein Freund meiner Eltern bereit, mich am Wochenende aufzunehmen und als eine Art Vormund zu agieren, wenn schulische Angelegenheiten geklärt werden mussten. Er war ein ehemaliger Kollege meines Stiefvaters am Theater. Und nicht nur dort: Nach der Wende erfuhr ich, dass auch er angeblich IM gewesen sein soll. Für mich war in dieser Situation aber etwas anderes viel wichtiger. Weil ich bei ihm am Wochenende bleiben konnte, musste ich nun nicht mehr nach Hause fahren.

Aufgrund eines Sportunfalls war ich allerdings doch noch einmal gezwungen, ein paar Wochen bei meiner Familie zu verbringen. Während eines Wettkampfs war ich mit dem Kopf aufgeschlagen und hatte das Bewusstsein verloren. In der Klinik wurde ein schweres Schädel-Hirn-Trauma diagnostiziert. Unglücklicherweise war meine Mutter just zu diesem Zeitpunkt zu einer Schulung in Marxismus-Leninismus an der Bezirksparteihochschule in Frankfurt/Oder. Da ich natürlich kein eigenes Zimmer in der Frankfurter Wohnung hatte, schlief ich oft im Wohnzimmer und war wegen meiner Verletzung hilfloser als in den Monaten zuvor. Mein Stiefvater stand nun fast durchgängig unter Alkohol. Einmal mehr versuchte er, mich zu missbrauchen. Da nahm ich meine ganze Kraft zusammen, stand auf und drohte ihm Schläge an. Es war das letzte Mal, dass er es versuchte.

7 KEINE ZUKUNFT BEI DER NVA

WORÜBER HABE ICH BERICHTET, NACHDEM ICH von der Stasi als IM registriert worden war? Ich weiß es nicht und kann es auch nicht rekonstruieren. Für den Zeitraum von rund anderthalb Jahren finden sich keine Dokumente in den Unterlagen, die zu meiner Person gefunden wurden. Die Vermutung liegt nahe, dass diese Dokumente in den Wochen des Mauerfalls von der Stasi vernichtet wurden.

Jede IM-Akte, die die Stasi angelegt hat, bestand im Normalfall aus drei Teilen. Teil I ist die Personalakte, Teil II die sogenannte Arbeitsakte, und in Teil III wurden Quittungen archiviert. Zu »Katrin Brandt« wurde kein gesonderter Teil II und III gefunden. Allerdings enthält der erste Teil bei mir auch Unterlagen aus den anderen Teilen, wie z. B. Zahlungsbelege. Theoretisch wäre es natürlich möglich, dass in dieser Zeit keine Gespräche stattfanden, aber davon gehe ich nicht aus. Der Kontakt zu den Stasi-Freunden meiner Eltern bestand regelmäßig. Heute quält mich die Frage, was ich wohl erzählt haben könnte. Es wäre mir lieber, 2002 wäre alles gefunden worden, egal, was darin steht.

Als mein Stiefvater und meine Mutter mit meinen beiden Geschwistern wegzogen, veränderte sich auch mein Verhältnis zur Stasi. Die beiden Jörgs wurden zu den wenigen Vertrauenspersonen, die ich hatte. Sie bestärkten mich darin, »mein Ding durchzuziehen«. Heute denke ich, dass sie das auch deshalb taten, weil sie damit einen direkten

Zugriff auf mich hatten und nicht mehr den Umweg über meine Familie gehen mussten.

Jedenfalls begannen sie, mich von sich aus zu kontaktieren. Und sie gaben mir eine Telefonnummer. Die könne ich »jederzeit« anrufen, aber nur von einer Telefonzelle aus. Mir wurde eingeschärft, dass ich auf keinen Fall vom Internatstelefon aus anrufen dürfe (das im Büro des Internatsleiters stand) und dass ich auch meinen Namen nicht nennen durfte. Stattdessen sollte ich als Erkennungszeichen laut Akte einen »Gruß von Katrin Brandt aus Greifswald« sagen. Das habe ich dann wohl auch getan. Die zweite Möglichkeit der »außerplanmäßigen Verbindungsaufnahme«, wie es in meiner Akte heißt, bestand darin, dass mir die Stasi einen Brief schickte, vermutlich eher ohne Absender. Ich kann mich aber nicht erinnern, jemals Post vom MfS bekommen zu haben.

Im September 1988 war meine Klasse fast geschlossen an die Oberschule gewechselt, zu der auch mein Internat gehörte. Meine Noten waren in Ordnung, aber nicht alle im Einserbereich. Unter normalen Umständen hätte ich damit in der DDR keinen Abiturplatz bekommen. Dass ich ihn trotzdem erhielt, lag an meinem Berufswunsch. Seit der dritten Klasse wollte ich Offizier der NVA werden und hatte mich in der siebten Klasse zu einer Laufbahn in der Nationalen Volksarmee verpflichtet. Diese Entscheidung hatte keinen ideologischen Hintergrund. Ich war vielmehr wild entschlossen, Judoweltmeisterin zu werden, und sah in einer Karriere als NVA-Sportoffizier die Gelegenheit, dieses Ziel zu erreichen. Doch dann machte mir ausgerechnet das Frauenbild der DDR-Autoritäten einen Strich durch die Rechnung. Davon ahnte ich freilich nichts, als ich zu einem der regulären »Perspektivgespräche« ins Greifswalder Wehrkreiskommando marschierte.

Über die sogenannten Wehrkreiskommandos (WKK) liefen die Musterungen in der ehemaligen DDR. Auch ich, die ich mich für eine Offizierslaubahn verpflichtet hatte, wurde vom WKK betreut und musste regelmäßig an den Treffen des sogenannten Berufsoffiziersbewerberkollektivs (BOB) teilnehmen.

Umso größer war der Schock, als mir der Offizier sagte, ich könne keine Sportoffizierskarriere absolvieren. Den Grund lieferte er gleich mit: Es gebe in der Armee keine weiblichen Sportoffiziere, weil Frauen im Fach Sport keine Männer trainieren könnten. Das wollte mir nicht sofort einleuchten. Waren Frauen im Sozialismus nicht absolut gleichberechtigt? So gleichberechtigt, dass Erich Honecker im Juni 1975 auf dem VIII. Parteitag der SED die »Frauenfrage« für gelöst erklärt hatte? Den Offizier machte meine »Begriffsstutzigkeit« ungehalten. Ich solle mir doch bitte vorstellen, ich würde Soldaten zum Beispiel abverlangen, vierzig Liegestütze zu machen. Das tat ich umgehend und kam zu dem Ergebnis, dass diese Vorstellung für mich kein Problem war – vierzig Liegestütze bekam ich locker hin. »Das würde die Moral der Truppen zersetzen, wenn eine Frau besser wäre als die Männer«, lautete die Antwort. Damit war meine Sportoffizierskarriere beendet, bevor sie begonnen hatte. Und ich hatte eine weitere Lektion darin erhalten, dass im Sozialismus zwar alle gleich, aber manche eben gleicher als andere waren.

Ganz waren in diesem Moment meine NVA-Pläne noch nicht begraben. Denn am Ende unseres Gesprächs machte mir der Offizier einen Vorschlag zur Güte. Ich könnte doch statt Sportoffizierin Berufsoffizierin für Nachrichtenelektronik werden. Er drückte mir einen Prospekt in die Hand. Als ich später darin blätterte, wurde mir klar, dass die Ausbildung zum Nachrichtenoffizier bedeutete, in einer Arbeitsumgebung zu enden, die man heute wohl als »Call-center« bezeichnen würde. Die Fotos im Prospekt zeigten Frauen in Uniform, die an Geräten saßen und Verbindungs-kabel steckten. Das hatte so gar nichts mit meinen Vor-stellungen von einem interessanten Berufsleben zu tun. Ein paar Tage später brachte ich dem NVA-Offizier den Pros-pekt zurück und teilte ihm mit, dass ich keine weitere Kar-riere bei der Armee anstrebte.

Aber so schnell wollte der Mann nicht aufgeben. Ich könne Politoffizier werden. Nicht zuletzt wegen meiner Russischkenntnisse schlug er mir vor, dazu eine Eliteausbil-dung an einer Militärakademie in Leningrad zu absolvie-ren. Ich überlegte. »Aber muss ich dafür später nicht den Klassenstandpunkt lehren?« – »Ja, das musst du.« – »Aber muss ich dafür nicht in die SED eintreten?« – »Ja, natür-lich.« Damit war auch diese Option für mich ausgeschlos-sen. Denn ein Eintritt in die Partei kam für mich damals nicht infrage.

Das lag an meiner Mutter. Oder vielmehr an einer ver-botenen Liebe. Nach der Trennung von meinem leiblichen Vater hatte sie im Ferienlager Hans,[41] einen Lehrer aus Buxtehude, kennengelernt. Er war Mitglied der Deutschen Kommunistischen Partei (DKP) und verbrachte mit Kin-dern von Parteimitgliedern die Ferien in der DDR. In der Bundesrepublik hatte er aufgrund seiner Mitgliedschaft Be-rufsverbot. Meine Mutter und er verliebten sich. Hans be-suchte uns regelmäßig in Greifswald. Dabei brachte er auch Bücher mit, die in Westdeutschland im Sozialkundeunter-richt verwendet wurden. Meine Mutter nahm diese Bü-cher in ihren Staatsbürgerkundeunterricht mit. Sie wollte ihren Schülern zeigen, wie in der Bundesrepublik Politik gelehrt wurde. Jemand muss meine Mutter beim Direktor verpfiffen haben. Jedenfalls wurde sie zur Parteileitung zitiert und bekam in Form einer Parteistrafe ein Berufsverbot im Kleinen: Ein Jahr lang durfte sie keine Staatsbürgerkunde unterrichten. Ich begleitete meine Mutter damals nach dem Parteiverfahren nach Hause. Sie war völlig fertig. Da sagte ich zu ihr: »Wenn man wegen solcher Sachen so einen Ärger bekommt, möchte ich später nicht in die SED eintreten.« Dabei bin ich geblieben. Es ist merkwürdig, dass meine Mutter trotz dieser Erfahrung später offenbar keine Skrupel hatte, mit der Stasi zusammenzuarbeiten. Oder vielleicht gerade deswegen, weil sie keinen weiteren Ärger wollte? Denn durch ihre Liebe zu Hans geriet sie erstmals ins Visier der Stasi.

Politoffizier kam für mich also auch nicht infrage. Und so verabschiedete ich mich endgültig von meinen Zukunftsplänen bei der NVA. Das war leichter gesagt als getan. Jahrelang war für mich klar gewesen, was ich werden wollte. Dass sich dieser Wunsch nun in nichts auflöste, stürzte mich in eine tiefe Krise. Aber auch für andere Kräfte war das ein Problem, wie ich später feststellen sollte. Oder auch ein Vorteil, wie man es nimmt.

Als ich in der elften Klasse zum obligatorischen Eignungstest der NVA nach Löbau fahren sollte, weigerte ich mich. In meiner Erinnerung war es eine spontane Entscheidung, geboren aus dem Gefühl, dass die Armee für mich nicht mehr infrage kam und der Test daher sinnlos war. Damit löste ich einen mittelgroßen Skandal aus. Das Wehrkreiskommando bestellte mich ein, aber ich blieb bei meiner Weigerung. An meiner Schule sorgte das für mächtigen Ärger. Ich war ohnehin nicht in allen Fächern gut, etwa in Mathematik. Als jetzt bekannt wurde, dass ich nicht mehr zur NVA wollte, warf mir mein Mathelehrer vor versammelter Klasse vor, ich hätte meine Armeekarriere-Absichten nur vorgetäuscht, um mir einen Abiturplatz zu erschleichen.

Damit hätte ich einer anderen ordentlichen sozialistischen Persönlichkeit, zu der er mich erkennbar nicht zählte, den verdienten Platz weggenommen. Die Angelegenheit ging auch zum Direktor. Ich stand kurz vor dem Rausschmiss. Aber dann kam meine Mutter aus Frankfurt angereist und setzte sich mit deutlichen Worten beim Direktor für mich ein. Ich habe nie erfahren, was genau sie ihm sagte. Aber feststeht, dass er hinterher zähneknirschend bereit war, mich als Schülerin zu behalten. Ich wurde aus der Klasse geholt und mir wurde mitgeteilt, dass ich mich weiter auf das Abitur vorbereiten durfte.

Ich habe viele Jahre lang geglaubt, dass es meiner Mutter bei ihrem Gespräch mit dem Direktor wirklich um mich ging. Dass sie sich für mich eingesetzt hatte, wie sich Eltern für ihre Kinder einsetzen. Bis ich vor Kurzem bei der erneuten Durchsicht meiner Akte auf eine kleine Notiz stieß, die ich all die Male vorher übersehen haben musste. Sie stammt aus einem Bericht vom 16. August 1989. Unter der Überschrift »Folgende Maßnahmen sind zu realisieren« steht der Satz: »Erarbeitung einer Verhaltenslinie der Mutter des IMS für das Gespräch in der EOS mit dem Direktor«.

Selbst die Intervention, mit der meine Mutter meine Schulkarriere gerettet hatte, scheint mit der Stasi abgesprochen gewesen zu sein. Es war nicht um mich gegangen. Sondern um das große Ziel des MfS, den »IM in politisch bedeutsamen Bereichen des Staatsapparates oder anderer gesellschaftspolitischer Gremien (…) einzubinden (Schlüsselposition)«. So steht es in meiner Akte.

8 DIE STASI SCHMIEDET ZUKUNFTS-PLÄNE FÜR MICH

DIE AUSSICHT, ICH KÖNNTE VON DER SCHULE geworfen werden oder sie selbst hinschmeißen, muss bei der Stasi Panik ausgelöst haben. Denn das passte nicht in den großen Plan, den sie für mich inzwischen hatten, denn dafür war das Abitur unerlässlich. Mir war das alles nicht klar.

Was die Stasi plante, lässt sich detailliert anhand meiner Akte rekonstruieren. Für den Zeitraum, um den es jetzt geht, sind in der Akte nämlich wieder Unterlagen vorhanden. Die erste nach der Lücke von anderthalb Jahren datiert vom Dezember 1988. Vier Tage vor Weihnachten erhielt ich von der Stasi 50 Mark. In den Unterlagen ist die Summe mit dem Hinweis vermerkt, ich hätte das Geld als Prämie »in Anerkennung für die gezeigte Einsatzbereitschaft bei der Unterstützung des Ministeriums für Staatssicherheit zur Sicherung des Bereiches EOS und deren weitere operative Durchdringung« erhalten. Die Wahrheit jenseits des Stasi-Sprechs sah etwas anders aus. Weil meine Eltern inzwischen Geldprobleme hatten, bekam ich von zu Hause nur unregelmäßig Unterhaltszahlungen. Zugleich musste ich aber für Kost und Logis im Internat bezahlen. In dieser Situation erzählte ich Jörg V., »meinem« Führungsoffizier, bei einem unserer Treffen von meinen Schwierigkeiten. Beim nächsten Wiedersehen drückte er mir plötzlich 50 Mark in die Hand. Mir war das unangenehm. Noch unangenehmer aber waren mir die ständigen finanziellen Nöte. Also nahm ich das Geld.

Zwei Monate später schrieb V. eine »Einschätzung« über mich. Sie ist erkennbar für einen Vorgesetzten aufgeschrieben, denn sie liest sich fast so, als hätte es die vorherigen Berichte nicht gegeben: »Beim IMS handelt es sich um eine Schülerin der EOS. Sie wurde 1987 durch den Genossen M. der KD [Kreisdienststelle] Greifswald auf der Basis der politischen Überzeugung für eine inoffizielle Zusammenarbeit geworben.« Dann wird ausgeführt, dass der IMS »bisher zu Jugendlichen aus ihrem Umgangskreis, insbesondere zu Schülern des EOS sowie über Stimmung/Reaktionen in der Jugend« berichtet habe. Zu einer »direkten Bearbeitung von Personen« durch mich sei es jedoch noch nicht gekommen. Ich war also noch nicht gezielt auf andere angesetzt worden.

Im Anschluss daran wird hervorgehoben, dass ich immer pünktlich zu den Treffen erschienen, die Konspiration gewahrt und auch sonst eine zuverlässige Inoffizielle Mitarbeiterin gewesen sei: »Der IM besitzt ein festes Vertrauensverhältnis zum MfS und es zeigt sich, dass sie [sic!] trotz ihres jugendlichen Alters bereits teilweise ein ausgeprägtes op. [operatives] Wertungsvermögen besitzt und dies auch anwenden kann.«

Das war gewissermaßen ein Empfehlungsschreiben: Ich sollte Theologie studieren. Ausgerechnet ich, die ich bis zu diesem Moment bis auf die Gespräche mit meiner kirchlichen Mitbewohnerin im Internat und sehr sporadischen Besuchen in der ESG nichts, absolut gar nichts mit Kirche zu tun gehabt hatte. Mehr noch: Ich sollte diese für die Stasi äußerst bedrohliche, da nicht staatskonforme Institution von innen unterwandern. Das ging natürlich am besten mit Menschen, die bereits zu Studienzeiten in kirchliche Strukturen hineingewachsen zu sein schienen und deshalb eine hohe Glaubwürdigkeit besaßen. Wäre der Plan der Stasi aufgegangen, wäre mein Einsatz vermutlich ein Volltreffer geworden.

Die Rahmenbedingungen waren für das MfS günstig. Meine Träume von der Karriere als Sportoffizierin waren zerplatzt und ich selbst völlig orientierungslos. Gleichzeitig hatte ich – zumindest aus Sicht der Stasi – gezeigt, dass ich zuverlässig, leicht zu lenken und gut zu beeinflussen war. Vonseiten meiner Familie drohte kein Widerstand.

Trotzdem ging die Stasi ein hohes Risiko ein. Wäre ihr Vorhaben aufgeflogen, so hätte das auf absehbare Zeit alle Bemühungen zunichtegemacht, in Greifswalder Kirchenkreisen einen IM zu installieren. Sie musste also sichergehen, dass der Plan reibungslos verlief.

Zunächst wurden mein Stiefvater und meine Mutter eingeweiht. Hier tauchte bereits das erste Problem auf: Meine Mutter war keineswegs so begeistert, wie die Stasi wohl angenommen hatte. In einer »Aussprache« mit »meinem« Führungsoffizier V. vom 1. Juli 1989 räumte sie ein, zunächst von den Plänen »schockiert« gewesen zu sein. Sie sorgte sich, ob ich das Studium durchhalten würde und was dann aus mir werden würde. Sie ließ sich aber von der Stasi beruhigen. Im Vermerk wird das so formuliert: »Aufgrund der ihr bekannten Zusammenarbeit und dem guten Vertrauensverhältnis zum MfS gelangte sie zu der Überzeugung, dass diese Perspektive eine wichtige Sache ist und ein Theologiestudium ja nicht verbunden ist mit dem späteren Beruf des Pfarrers.« Am Ende sicherte meine Mutter der Stasi nicht nur ihre »rückhaltlose Unterstützung« für ihre Pläne zu, sondern erzählte, dass sie selbst bereits »in Besitz von kirchlicher Literatur« sei und ich mich daher schon einmal »zu Grundfragen mit der Materie« vertraut gemacht hatte. Ich vermute, sie spielte darauf an, dass sie mir einmal eine Bibel in die Hand gegeben und gesagt hatte, dass ich sie durchaus mal lesen solle.

Ganz waren die Zweifel meiner Mutter aber noch nicht zerstreut. Denn da war ja noch mein Opa. »Dieser ist ein langjähriger Genosse und mit Leib und Seele Kommunist, er übt noch wesentlichen Einfluss auf die Familie aus und würde den Schritt seiner Enkelin nicht ohne Weiteres verstehen, möglicherweise aufgrund seines hohen Alter«, notierte »mein« Führungsoffizier V. bei dem Gespräch.

Ich hatte immer ein ambivalentes Verhältnis zu meinem Opa gehabt. Als Kind hatte ich einen Heidenrespekt vor ihm. Er war streng bis intolerant. Einmal hatte er meinen Cousin vom Kaffeetisch verwiesen, weil dieser einen Ohrring trug. Das aber passte nicht in Opas Bild von einem »anständigen« sozialistischen Jugendlichen.

Aber er war auch immer eine Autorität in unserer Familie gewesen, mit klaren Standpunkten. Genau das war für die Stasi nun heikel. Denn Opa hätte es nie einfach so hingenommen, wenn ich Theologie studiert hätte. Meine Mutter und mein Stiefvater regten deshalb an, ihn in die Pläne einzuweihen. Sie seien sich sicher, dass er weder in der Familie noch nach außen etwas ausplaudern würde. Doch V. hielt das für keine gute Idee. Er sagte meinen Eltern, er fände es nicht günstig, »noch weitere Personen miteinzubeziehen, da es weitere Vorbereitungen und Maßnahmen komplizieren würde und durchaus eine Gefahr für die Geheimhaltung und Konspiration besteht«. Er bat meine Eltern, die Sache zunächst für sich zu behalten, was sie auch versprachen. Die Frage, ob man meinen Opa einweihen sollte oder nicht, wurde vertagt. Nach dem Gespräch beantragte V. bei der zuständigen Kreisdienststelle in Ludwigslust eine Auskunft über meinen Opa. Dabei sollten sowohl sein »Leumund«, seine Treue zur Partei als auch seine Haltung zum MfS überprüft werden.

Was für eine tief greifende Veränderung ein Theologiestudium für mich bedeuten würde, war sowohl meinen Eltern als auch der Stasi bewusst. So wird im Gesprächsvermerk notiert: »Es wurde auch auf die Konsequenzen bei Aufnahme des Theologiestudiums bzw. bereits bei vorher zu realisierenden Maßnahmen hingewiesen, wie z. B. neuer Umgangskreis, Änderung der tatsächlichen Denk- und Verhaltensweise gegenüber seiner Umwelt, um für solche Personen glaubhaft zu sein.« Klar war auch, dass das Ganze nicht funktionieren würde, wenn ich es einfach nur über mich ergehen lassen würde: Vom IM werde erwartet, »dass er aktiv am Prozess der Heranführung an das Theologiestudium mitwirkt, also keine Passivität oder Abwartehaltung« einnehme.

Ein letztes Hindernis war der Direktor meiner Schule. Ihm muss aufgefallen sein, dass bei uns zu Hause einiges im Argen lag, und er hatte – auch wegen meiner schulischen Leistungen – meine Mutter zum Gespräch gebeten. Dem musste die Stasi entgegenwirken: »Entgegen der Behauptung des Direktors ist der Nachweis, dass sich um die Tochter gekümmert wird, zu erbringen, dass es keine Konfliktsituation innerhalb der Familie gibt und die Interessen der Tochter vorbehaltlos geachtet und respektiert werden.« Das sagte V. also jenem Mann, der mich jahrelang missbraucht hatte, und jener Frau, die er oft physisch und psychisch misshandelt hatte. Zwei Menschen, von denen einer keinen Schutz geben wollte und der andere es offensichtlich nicht konnte.

Ihre Reaktionen beruhigten ihn. Es zeige sich, »dass die Eltern konstruktiv an die Sache herangehen und entsprechende Instruktionen des MfS bereitwillig annahmen«, ja, mehr noch, dass sich »die Interessen bei der Realisierung deckten«. Zufrieden hielt Stasi-Mitarbeiter V. am Ende der Aussprache fest: »Insgesamt kann eingeschätzt werden, dass die Zielstellung des Gespräches erreicht wurde und eine einheitliche Position zwischen MfS, Elternhaus und Kandidaten besteht.«

Ich weiß nicht mehr, wer mit mir das erste Mal über ein Theologiestudium gesprochen hat. Einer von der Stasi? Meine Mutter? Mir kam es vor, als ob plötzlich alle um mich herum davon redeten. Natürlich ging es der Stasi nicht um meine Talente und Neigungen. Im Vordergrund stand die Annahme, ich könnte ein gutes Werkzeug sein. Fest steht aber auch, dass die Stasi bei mir den Eindruck erwecken wollte, es sei meine freie Entscheidung gewesen. In einem Aktenvermerk ist nachzulesen, dass Führungsoffizier V. im Gespräch mit mir eine »Pro- und Kontra-Liste« entwarf, auf der scheinbar die Argumente für und gegen ein solches Studium abgewogen wurden. Deutlich wird, dass mich die Kirche bis zu einem gewissen Grad faszinierte. Zum einen, weil mich schon immer das nicht Alltägliche und alles, was außerhalb der Norm lag, anzog. Die Kirche gehörte für mich dazu. Zum anderen hatte ich bei meinen Besuchen erlebt, dass die Jugendlichen dort mit einer viel größeren Leidenschaft bei der Sache waren als in der FDJ. Ich führte das auch darauf zurück, dass es mehr um den Menschen ging und weniger darum zu »funktionieren«.

Ich hatte aber auch große Sorge, mit der Wahl eines Theologiestudiums meinen Freundeskreis zu verlieren. Im Aktenvermerk steht auch, ich habe »Angst, innere Einstellung 5 Jahre lang zu verbergen«.

Es sind Stellen wie diese, die mir heute die größten inneren Schwierigkeiten bereiten. Entweder hat Stasi-Mitarbeiter V. Informationen gefälscht und für seine Zwecke umformuliert oder ich habe damals Dinge geäußert, die ich später verdrängt habe. Aber so sehr ich meine Erinnerung durchforste: Ich finde nichts, was darauf hindeutet, dass ich damals – und sei es nur ein paar Augenblicke lang – wirklich kapierte, was die Stasi ernsthaft mit mir vorhatte.

Jedenfalls gewann die Stasi den Eindruck, dass ich keinen größeren Widerstand gegen ihre Pläne leisten würde. Das war das Startsignal, um mit der Umsetzung zu beginnen.

Auf dieser Grundlage entwarf die Stasi eine »Einsatz- und Entwicklungskonzeption«. Es war ein auf mich persönlich zugeschnittener Sechsjahresplan, ein fünfseitiges Dokument (siehe Abschrift im Anhang, Seite 225). Für mich gehört es zum Verletzendsten, was ich in meiner Akte gefunden habe. Weil es mir klar machte, dass ich für die Stasi-Leute reine Verfügungsmasse war, eine Marionette – und sie waren die Puppenspieler, die nach Belieben die Fäden ziehen konnten. Erst 2002, als ich die Unterlagensammlung in meinen Händen hielt, begriff ich das Ausmaß meiner Naivität, und ich schämte mich dafür. Später sollte das abgelöst werden vom Gefühl ohnmächtiger Wut auf die, die diese Naivität ausgenutzt hatten.

Bis zum Sommer 1989 hatte die Stasi mein Leben »nur« beeinflusst. Jetzt begann sie, es zielgerichtet zu steuern und zu verfälschen. Dazu sollte ich mit einer »Legende« versehen werden. Von »Mai bis Dezember 1989« sollte ich anfangen, meiner Umwelt weiszumachen, ich wolle Theologie studieren. Ab September sollte ich zu diesem Zweck auch immer öfter Veranstaltungen der Evangelischen Stadtjugend und der Evangelischen Studentengemeinde besuchen. Von »Januar bis August 1990« sollte ich mir einen kirchlichen Bekannten- und Freundeskreis schaffen – um darüber zu berichten, aber auch, um bei der Bewerbung für das

Theologiestudium »Empfehlungen« vorweisen zu können, von Menschen, deren Vertrauen ich missbrauchen sollte. Von »September 1990 bis August 1995« sollte ich Theologie studieren und mich auf diese Weise tief in der kirchlichen Szene verankern. Wäre das gelungen, so hätte die Stasi mich eine Zeit lang abgeschöpft, um mich dann – auch das steht in dieser Konzeption – »in politisch-bedeutsamen Bereichen des Staatsapparats oder anderer gesellschaftlich-politischen Gremien, die einen sachlichen Kirchenbezug haben, einzubinden«. Im Klartext heißt das, dass sie mich in den eigenen Reihen installieren wollte – es gab ja zum Beispiel Kirchenbeauftragte beim Rat des Bezirks. So wenig traute man den Parteifunktionären.

Dies sollte aber auch davon abhängig gemacht werden, wie weit es mir gelänge, mich »politisch-ideologisch und weltanschaulich zu binden und offiziell zu positionieren«. Eventuell sei auch über einen »Verbleib im unmittelbaren kirchenamtlichen Bereich« nachzudenken. An eine Pfarrerskarriere für mich glaubte die Stasi aber offenbar selbst nicht so richtig.

Für ihren Masterplan überließ die Stasi nichts dem Zufall. Man legte »Maßnahmen zur Realisierung der Etappenziele« fest und bestimmte, wann sie erfüllt sein sollten. Auch die dafür Zuständigen wurden benannt – in der Regel »mein« Führungsoffizier V.

Es gab viel zu tun: Meine Eltern sollten instruiert werden, um auf kritische Nachfragen reagieren zu können. Für mich sollte ein »auf die Spezifik des IM zugeschnittene Studienbewerbung und -begründung« erarbeitet werden. Mein »Sinneswandel« sollte für meine Umwelt nachvollziehbar und glaubhaft sein. Dazu sollte ich mir kirchliche Literatur beschaffen, Kirchenveranstaltungen besuchen und »Kontakte anbahnen« zu Menschen mit kirchlichem

Bezug, etwa zum Sohn des Stadtpfarrers, der in der Akte namentlich erwähnt wird.

Seltsamerweise ist als eine weitere Maßnahme »die Instruktion des IM« genannt, den Eignungstest der NVA in Löbau zu verweigern. Das sollte schon Teil meiner »Legende« als angehende Theologiestudentin sein. In meiner Erinnerung war es eine Entscheidung, die ich allein getroffen hatte. Es hätte ja, wie bereits erwähnt, auch keinen Sinn gemacht, zu einem Test zu gehen, nachdem ich mich schon grundsätzlich gegen eine NVA-Karriere entschieden hatte – und zwar bevor die Stasi auf die Idee gekommen war, man könne meine Orientierungslosigkeit ja prima für einen anderen Plan nutzen. Es ist umso merkwürdiger, als die Stasi kurz darauf im Rahmen einer Aussprache mit meinen Eltern und mir vermerkte: »Dabei wird festgehalten (…), dass die Entscheidung – nicht zur Aufnahmeprüfung für Offiziersbewerber zu fahren – im Interesse des MfS lag, jedoch eine alleinige und freiwillige Entscheidung des IM war.« Wenn die Stasi mir diese Empfehlung gegeben hätte, hätte sie ja wissentlich den Ärger mit dem Wehrkreiskommando provoziert. Die Geschichte zeigt, dass es nicht nur zwischen meiner Erinnerung und der Akte oft Widersprüche gibt, sondern auch innerhalb der Akte selbst.

Entworfen worden war die Entwicklungskonzeption für meine Zukunft nicht von »meinem« Führungsoffizier, sondern von dessen Vorgesetzten, Major H. Man erkennt es an der Handschrift und an seinem geschwungenen Kürzel, mit dem die »Einsatz- und Entwicklungskonzeption«, kurz EEK, abgezeichnet ist.

Wäre der Plan umgesetzt worden, hätte ich keine Chance mehr gehabt, dem Würgegriff der Stasi zu entkommen. Aber ich war blind für diese Gefahr. Im Gegenteil: Der Gedanke, dass Theologie durchaus das Richtige für mich sein könnte, begann sich immer mehr festzusetzen. Ich erinnere mich, dass mich einmal mein Mathelehrer an die Tafel holte. Er gehörte nach wie vor zu jenen, die mich besonders gern piesackten, nachdem bekannt geworden war, dass ich nicht zur NVA gehen würde. Ich konnte die Aufgabe nicht lösen. In seinen Triumph hinein sagte ich: »Außerdem studiere ich sowieso Theologie.« Dann schaute ich genüsslich zu, wie seine Gesichtszüge entgleisten.

Von diesem Moment an fand ich ein Theologiestudium cool. Und merkte nicht, dass ich dabei war, genau das zu tun, was die Stasi von mir wollte.

9 DIE SACHE MIT JÖRG ODER WIE MICH DIE STASI TESTETE

»SIE HAT MIT DER STASI ZUSAMMENGEARBEITET«. Das ist von außen so leicht dahingesagt. Ich aber kann mit dem Begriff »Zusammenarbeit« nichts anfangen. Was mich betrifft, war es ein nahtloses Weiterführen von Kontakten, die für mich ja schon lange bestanden. Mit Menschen, die ich schon lange kannte. Insbesondere von dem Moment an, als ich allein in Greifswald war, erschien mir das völlig natürlich. Denn mir war ja sowohl von meiner Mutter und meinem Stiefvater gesagt worden, ich könne mich immer an ihre Freunde wenden. Wie auch von der Stasi selbst. *Du kannst uns jederzeit anrufen.* Natürlich waren die Umstände ungewöhnlich, z. B. dass ich meinen richtigen Namen nicht nennen sollte, sondern nur den Decknamen. Ich dachte nicht weiter darüber nach. Warum sollte ich auch? Ich hatte mich gerade mit großer Kraft und gegen alle Widerstände aus einer Situation des Missbrauchs befreit. Das war es, was mich damals beschäftige, weil ich fast daran zerbrochen wäre.

Meine Verweigerung bestand höchstens darin, dass ich nicht alle Fragen brav beantwortete. Wenn mir etwas komisch vorkam, wenn ich zu intensiv oder zu oft nach dem einen oder anderen Klassenkameraden gefragt wurde, reagierte ich genervt. Seit ich meine Akte kenne, habe ich oft darüber nachgedacht, an welchem Punkt ich die wahre Dimension dieser Gespräche hätte erkennen können oder sogar müssen. Ich war erschüttert über meine eigene Naivität. Hätte ich als 14-, 15- und 16-Jährige nicht weiter sein müssen?

Vieles, was ich in diesem Buch schildere, sind Schlussfolgerungen, die ich erst Jahre später gezogen habe. Es sind Ereignisse, die ich zum Zeitpunkt ihres Geschehens einfach so hingenommen habe. Erst als ich meine Akte las, erschien mir vieles plötzlich in einem anderen Licht. Ein Beispiel dafür ist die Sache mit Jörg.

Jörg tauchte nach dem Wegzug meiner Eltern in meinem Leben auf. Es ist ein kurioser Namenszufall, dass er neben den beiden Stasi-Freunden meiner Eltern der dritte Jörg war, der in dieser Zeit eine Rolle für mich spielen sollte. Ich lernte ihn bei einem Besuch bei meinen Eltern in Frankfurt/ Oder kennen. An die genauen Umstände der ersten Begegnung erinnere ich mich nicht mehr, wohl aber daran, dass er von Anfang an ein besonderes Interesse an mir zeigte.

Jörg war ein paar Jahre älter als ich und ein auffälliger Typ. Er trug die in der DDR so beliebten Tramper-Schuhe aus braunem Rauleder, einen Parka und einen selbst genähten Beutel mit Hirschmotiv und Fransen. Solche Beutel wurden aus Wandteppichen oder Kissenbezügen genäht, und sie waren – wie auch der Parka und die Schuhe – in der DDR Erkennungszeichen dafür, dass jemand sich der sogenannten Blueser-Szene zugehörig fühlte. Das war eine Jugendkultur in der DDR, die sich an der westlichen Hippie-Szene orientierte und schon deshalb dem System ein Dorn im Auge war.

Als Zeichen seiner Zuneigung fertigte Jörg mir auch einen »Hirschbeutel« an (wie die Tasche tatsächlich genannt wurde). Zurück in Greifswald trug ich ihn die ganze Zeit stolz mit mir herum, weil ich die Einzige an der Schule war, die ein solch cooles Accessoire besaß. Jörg zeigte offen, dass er das DDR-System ablehnte. Das faszinierte mich, denn so etwas war ich aus meinem Umfeld nicht gewöhnt.

Meine Eltern wohnten in Frankfurt direkt an der Oder mit Blick auf die Brücke nach Polen. Manchmal setzte ich mich mit Jörg auf eine Bank am Fluss, und wir führten tiefsinnige Gespräche über die DDR und unser Leben. Bei einem dieser Ausflüge erzählte er mir, dass er eigentlich über Ungarn in den Westen abhauen wollte. Er habe sich aber in mich verliebt und würde deshalb wohl doch noch nicht »rübermachen«. Ich wusste nicht so richtig, was ich sagen sollte. Seine Avancen schmeichelten mir natürlich, aber ich war nicht verliebt in ihn.

Überhaupt war mir die Heftigkeit, mit der er seine Gefühle für mich beteuerte, ein wenig suspekt. Es wunderte mich, dass ein Typ wie er auf mich stand. Aber ich dachte dann auch nicht weiter darüber nach. Einmal haben wir uns auch geküsst, aber das reichte mir schon. Ich hatte damals wegen der Geschichte mit meinem Stiefvater ohnehin Probleme mit körperlicher Nähe und fühlte mich durch seine Forschheit bedrängt. Ich entschied mich daher, ihn auf Abstand zu halten.

Umso befremdeter war ich, als er kurze Zeit später unangemeldet beim Internat in Greifswald auftauchte. Er wurde nicht hereingelassen, externer Besuch war nicht ohne Anmeldung erlaubt. Aber auch mir kam die Sache reichlich seltsam vor. Ich ging nicht vor die Tür, um mit ihm zu reden, und er musste unverrichteter Dinge wieder gehen. Wir hatten dann trotzdem noch einige Zeit Kontakt. Ich traf ihn ab und zu, wenn ich in Frankfurt zu Besuch war. Er schickte mir Briefe mit zwei Fotos von sich. Das war es aber auch schon.

So plötzlich, wie Jörg in meinem Leben aufgetaucht war, so plötzlich verschwand er auch wieder. Als die Mauer schon gefallen war, bekam ich einen Abschiedsbrief von ihm. Es zerreiße ihm das Herz, schrieb er, aber da ich seine Gefühle nicht erwidere, könne er keinen Kontakt mehr zu mir haben. Ich fand den Brief in seiner Theatralik lächerlich. In meinen Augen entsprach er überhaupt nicht dem Verhältnis, das wir gehabt hatten.

Mit seinem letzten Brief verschwand Jörg auch aus meinem Gedächtnis. Jahrelang dachte ich nicht über ihn nach. Das änderte sich 2002/2003, als ich meine Akte ein zweites Mal las. Dabei stieß ich auf einen Aktenvermerk vom 13. Juli 1989 über ein Treffen mit mir. Anlass war ein Aufenthalt bei meinen Eltern in Frankfurt/Oder, für den ich »instruiert« werden sollte. Ohne Einleitung wird dann aber geschildert, dass mir mittels »anschaulicher Beispiele« dargelegt worden sei, was ich gefälligst der Stasi zu melden hätte. Zum Beispiel die Kenntnis eines »ungesetzlichen Grenzübertritts«. Auch die »Folgen einer verzögerten Information« habe man mir vorgehalten. Laut Bericht reagierte ich sofort auf diese Ansage und erzählte, dass ich in Frankfurt/Oder jemanden kennengelernt hätte, der mir von Fluchtplänen berichtet habe. In dem Gesprächsprotokoll heißt es weiter, ich sei jedoch gleichzeitig »erstaunt« darüber gewesen, welch einen Stellenwert so ein Sachverhalt für die Stasi habe.

Seither frage ich mich, ob Jörg vielleicht in Wirklichkeit ein Lockvogel der Stasi war, der auf mich angesetzt wurde, um meine Loyalität zu testen. Es wäre typisch für die Stasi gewesen, die ein ständiges Netz der Kontrolle und Gegenkontrolle unterhielt. Auch wenn ich mich an vieles nicht erinnern kann, so weiß ich doch definitiv, dass ich zuvor weder der Stasi noch sonst irgendjemandem von Jörgs Fluchtplänen erzählt hatte.

Den Namen von Jörg wollte ich auch in dem im Ak-

KD Greifswald
Ref. 2

13.07.88

Aktenvermerk zum Treff mit dem IMS „Katrin Brandt"
vom 11.07.88

Während der Instruierung des IM für den Aufenthalt in
Frankfurt/O. werden nochmal anschauliche Beispiele
dargelegt, die in jedem Falle sofortmeldepflichtig sind
und dem IM die entsprechende Verfahrensweise erläutert. In diesem Zusammenhang werde auch als
Beispiel der angebliche Grenzübertritt zum § 213 StGB
angeführt und auch § auf Folgen einer verzögerten
Information hingewiesen. Der IM reagierte sofort auf
das Beispiel und gab an, in Frankfurt jemanden zu
kennen der beabsichtigt, die DDR zu verlassen – war
jedoch auch gleichzeitig erstaunt, welche Stellen auch solch
ein Sachverhalt hat. Dabei ginge sie davon aus, daß die
Ernsthaftigkeit solcher Äußerungen gerade bei Jugendlichen
doch sehr fraglich ist.
Ihr werde daraufhin die strafrechtliche Relevanz erläutert und auch darauf hingewiesen welche Aufgabe dem
MfS bei Bekanntwerden solcher Versuche zukommt. Insbesondere werde auf den Aspekt der vorbeugenden Ver-
hinderung solch einer Straftat sowie die Möglichkeit
der Beseitigung der Ursachen, also die begünstigenden Bedingungen
eingegangen. Auf die Frage um welche Person es sich handelt
und was dem IM zum Sachverhalt bekannt ist (Ursachen, Motive,
Wann und das Wie des geplanten Grenzübertritts) antwortete
der IM, daß er zur Person keine Angaben machen möchte. Im
weiteren Gesprächsverlauf werde dem IM, daß er sich um einen

Aktenvermerk vom 13.07.1989

96

tenvermerk vom Juli 1989 festgehaltenen Gespräch nicht verraten, obwohl mir die strafrechtliche Relevanz meines Schweigens bedeutet wurde. Ich begründete meine Weigerung damit, dass ich sein Vertrauen nicht missbrauchen wolle. Dem Bericht zufolge gab ich an, dass ich mehrfach versucht hätte, ihm »die Unsinnigkeit des Unternehmens auszureden«, in der doppelten Verneinung offenbar eine kleine Freud'sche Fehlleistung des Protokollanten.

Im Bericht ist deutlich die Enttäuschung zu spüren, dass der Name nicht aus mir herauszubekommen war. Mehrmals wurde nun versucht, mir mit verschiedenen Strategien zu entlocken, wer denn die Fluchtpläne geschmiedet hatte. So erzählte man mir, mit einer Aussage könnte ich dem Betreffenden unter Umständen helfen, aus einer schwierigen Situation wieder herauszufinden. Ich jedoch hätte angeblich nur versprochen, noch einmal darüber nachzudenken. »Der IM war betroffen und äußerte ›In was für eine Sache bin ich da reingeraten‹, ging aber nicht den letzten Schritt und offenbarte sich«, resümierte der Stasi-Mitarbeiter. Es könne nicht eingeschätzt werden, ob ich zu einem späteren Zeitpunkt aussagewillig sei.

Im Rückblick zeigt mir diese Begegnung mit der Stasi, dass sie mich doch noch nicht so weit hatte, wie sie es wünschte. Sie hatte meine Hemmschwellen eben noch nicht durchbrochen; ich berichtete offenkundig noch nicht »vorbehaltlos«, wie das bei denen hieß, die man bereits gebrochen hatte.

Unterschrieben ist der handschriftlich verfasste Bericht von »meinem« Führungsoffizier Jörg V. Ganz zum Schluss findet sich noch ein Zusatzvermerk in anderer Schrift. Darin heißt es: »Aus meiner Kenntnis zum IM besteht kein generelles Vertrauensverhältnis zum MfS, sondern nur eines auf ganz bestimmten Ebenen. Vielmehr hat der IM einiges noch lange nicht politisch und politisch operativ begriffen. Dort müsste der Schwerpunkt der Erziehung/Schulung/ Feindbildvermittlung ansetzen.«

Es sind solche Sätze in der Akte, die mich an meine Würde glauben lassen – auch als Minderjährige.

Dann versucht der Verfasser, Druck auf den Führungsoffizier V. aufzubauen, indem er eine Frist einfordert, bis zu der ich mich geäußert haben solle. Dazu solle V. Vorschläge erarbeiten. Das Kürzel unter diesem Zusatzvermerk stammt von einem gewissen Major Wieland H., der laut Akte auch schon die Pläne für meine Theologiekarriere entworfen hatte.

Mit Wieland H. verhält es sich ähnlich wie mit dem mir unbekannten Referatsleiter N. Im Gegensatz zu N. kannte ich Wieland H. zwar, allerdings gehörte er nicht zu den »Freunden« meiner Eltern. Vielmehr war H. der Vater des Freundes eines Freundes. Wir Kinder hatten öfter zusammen Fußball gespielt. Das Einzige, was ich mit H. verbinde, ist das Bild, wie er im Feinripphemd auf dem Balkon seiner Neubauwohnung stand und uns dabei zuschaute. Ich war ziemlich überrascht, 2002 seinen Namen in meiner Akte wiederzufinden. Offenbar war er der Vorgesetzte von Jörg V. und fand dessen Bericht zu positiv. Erst später habe ich aus den Akten erfahren, dass Wieland H. in der Zeit, in der mich die Stasi im Visier hatte, Leiter des für mich zuständigen Referats wurde.

Von Jörg mit dem Parka und dem Hirschbeutel habe ich nie wieder etwas gehört. Ich werde wahrscheinlich nie erfahren, ob er wirklich ein Spitzel war, der im Rahmen einer größeren Stasi-Planung als Test auf mich angesetzt worden war. Aber hätte das nicht auch in meiner Akte irgendwo stehen müssen? Vielleicht tue ich mit meiner Vermutung nachträglich einem jungen Mann unrecht, der sich einfach nur unsterblich in mich verliebt hatte.

10 DAS ENDE DER STASI

DIE PLANUNGEN FÜR MEINE KIRCHENKARRIERE liefen bereits auf Hochtouren, als im Sommer 1989 etwas geschah, was für das Stasi-Referat in Greifswald eine Katastrophe war: Mein Stiefvater plauderte laut Stasi-Akte aus, dass das MfS »Großes« mit mir vorhabe. Vermutlich im Suff erzählte er seinem Vater, dass ich für ein Theologiestudium vorgesehen war. »Dekonspiration« hieß das in der Sprache der Staatssicherheit. Diese erfuhr durch eine »zuverlässige Quelle« davon, wie sie später in meiner Akte notierte.

Michael wurde daraufhin zur Rede gestellt. Auch meine Mutter war dabei. Wie das Gespräch verlief, ist in meiner Akte nachzulesen. Die Dramatik der Situation lässt sich auch daran erkennen, dass der Bericht von einem Major Uwe B. unterschrieben ist, der in Frankfurt/Oder Leiter der Abteilung XX war, in deren Zuständigkeit unter anderem die Kirchen fielen.

Mein Stiefvater versuchte, sich herauszureden. Er behauptete laut Stasi-Aktenvermerk, dass er damals bei seiner Verpflichtung zur inoffiziellen Zusammenarbeit die Genehmigung erhalten habe, sich mit seinem Vater zu beraten. Dieser wisse also ohnehin Bescheid. Wahrscheinlicher ist die Version, die meine Mutter der Stasi erzählte: Das Verhalten ihres Partners sei eine »spontane Reaktion« auf eine Verärgerung gewesen, die sich im Familienkreis ergeben habe und die in keinem Zusammenhang mit dem MfS stehe. In der Tat waren die familiären Probleme zu diesem Zeitpunkt ja schon ziemlich groß. Ich hatte schon mehrfach den Nachbarn, einen Polizisten, rufen müssen, wenn ich in Frankfurt/Oder zu Besuch war.

Nach dieser Befragung, die auf mich wie ein Verhör wirkt, überlegte die Stasi, wie sie den Schaden begrenzen konnte. Mein Stiefvater musste sich verpflichten, seine Aussagen gegenüber seinem Vater »glaubhaft« zu dementieren. Offenbar gab es allerdings bei der Stasi Zweifel, ob er dazu in der Lage sein würde. Einige Wochen nach dem Vorfall wird in einem Vermerk notiert, Michael habe gegenüber seinem Vater die Aussagen über mich zurückgenommen. Es sei aber nicht nachprüfbar, ob der Vater das Dementi angenommen habe. Gefahr witterte man noch an anderer Stelle: Es könne nicht beurteilt werden, ob die Ehefrau des Vaters von den Vorgängen etwas mitbekommen habe. Sie war ohnehin verdächtig, unterhielt sie doch »aktive Westverbindungen«.

Ich hatte von all diesen Vorgängen, von der Dekonspiration der mir ohnehin nicht ganz klaren Pläne bis hin zur Befragung meines Stiefvaters, keine Ahnung. Das alles erfuhr ich erst im Sommer 2002, als ich meine Akte einsah.

Allerdings hatte der Vorfall damals auch für mich Folgen. Knapp einen Monat nach dem Gespräch mit meinen Eltern verfasste die Stasi zwei Aktenvermerke zur »EEK IMS ›Katrin Brandt‹« (also der »Einsatz- und Entwicklungskonzeption«). Dort steht noch einmal explizit: »Der IMS selbst hat noch keine Kenntnis von dieser Dekonspiration.« Dennoch war man der Ansicht, dass meine Konspiration verbessert werden müsse. So wurde vom Plan, mich Theologie studieren zu lassen, vorerst wieder Abstand genommen. Die Gefahr, dass ein solches Studium in meinem Umfeld Fragen aufwerfen und somit zu einer echten Enttarnung führen könnte, wurde als zu groß angesehen. Stattdessen solle ich erst einmal ein Pädagogikstudium aufnehmen. Darüber hinaus sollten »Maßnahmen zur glaubhaften Dokumentierung gegenüber der Umwelt einer zunehmenden Motivation für kirchliche Aktivitäten« getroffen werden. Ganz wollte die Stasi auf ihre Kirchenpläne nicht verzichten. Nach einem Jahr sollte ich dann doch dem ursprünglichen Plan folgen und zur Theologie wechseln. Auf der To-do-Liste der Stasi steht auch, »auf Wunsch der Mutter ein ernstes Gespräch« zu führen, in dem dargelegt werden sollte, »dass eine Orientierung auf Pädagogikstudium erfolgt, um bestehende Konflikte abzubauen«.

Ich erinnere mich, dass mich das ganze Hin und Her um meine Zukunft damals enorm genervt hat. Ich hatte mich irgendwann innerlich auf Theologie eingestellt und verstand nicht, warum mir nun von allen Seiten von diesem Studium wieder abgeraten wurde.

Einem weiteren Vermerk in meiner Akte vom 8. September 1989 zufolge brachte ich meinen Unmut in einem Gespräch auch sehr deutlich zum Ausdruck. »Der IM erschien pünktlich zum Treff, war aber völlig konfus, entnervt und ratlos«, heißt es darin. Und dass ich betont hätte, »den Kanal voll zu haben«, und in jedem Fall Theologie studieren wolle. Aufgeschrieben hat das Gespräch wieder einmal Major H., der Feinripp-Balkonvoyeur aus unserem Neubaugebiet. Ich bin mir aber sicher, dass ich das Gespräch mit dem für mich zuständigen Oberstleutnant V. geführt habe. Ich erinnere mich tatsächlich, dass ich mich von ihm verbal bedrängt fühlte und ihn anmotzte, er solle mich in Ruhe lassen. Gern wolle ich mich weiter mit ihm treffen, aber nur unter der Bedingung, dass wir das Gequatsche über meine Zukunft lassen würden. Zwischendurch drohte ich damit, alles hinzuschmeißen und einfach arbeiten zu gehen.

Daraufhin wurde mir vorgeworfen, selbst an der Situation schuld zu sein. Schließlich hätte ich absichtlich in der elften Klasse meine Leistungen nach unten gedrückt, um einer NVA-Laufbahn zu entgehen. Das war blanker Unsinn. In unserer Russischklasse war der Druck viel zu groß, als dass ich es gewagt hätte, absichtlich meine Noten zu verschlechtern. Der Leistungsabfall war vielmehr dem Mobbing durch meine Lehrer geschuldet, als sie mitbekamen, dass ich nicht mehr zur NVA wollte, worauf ich wiederum mit Totalverweigerung reagierte.

So ging es noch eine Weile hin und her. Ich erklärte V., dass ich mich außerstande sähe, plötzlich so zu tun, als hätte ich einen neuen Berufswunsch. V. lenkte offensichtlich schließlich ein: Ich solle mich erst mal beruhigen und gucken, dass ich die zwölfte Klasse mit guten Noten abschließe. Danach werde man weitersehen.

Die Stasi beschloss, niemanden sonst mehr in ihre Pläne einzuweihen, auch meinen Großvater nicht. Zu brenzlig erschien ihr die Angelegenheit. Auch mein Stiefvater sollte nicht mehr einbezogen werden. Die Stasi traute ihm nicht mehr, nachdem er das Vorhaben und somit »meine Zukunft« dekonspiriert hatte. Das geht aus einem Aktenvermerk vom 17. August 1989 hervor, der nach Absprache mit dem stellvertretenden Leiter der Kreisdienststelle niedergeschrieben wurde. Der Vizeleiter war kein anderer als der ehemalige Referatsleiter Hauptmann Egbert N., der angeblich bei meiner Werbung dabei gewesen war. Offenbar hatte der Mann inzwischen Karriere gemacht. Im Vermerk steht noch einmal, dass meine Mutter darum gebeten hatte, mit mir erneut ein Gespräch über die Aufnahme eines Pädagogikstudiums zu führen, um »bestehende Konflikte abzubauen«. Es sieht so aus, als ob die neuen Berufspläne weiterhin für Diskussionen in der Familie gesorgt hätten.

Als Verhaltenslinie für mich wird eine »Hinwendung zum Studium schöngeistiger Literatur« empfohlen sowie eine »massive Einflussnahme zur Verbesserung der Leistungen«. Wie die Stasi Letzteres erreichen wollte, ist mir schleierhaft. Hätte sie ihre Möglichkeiten genutzt, um meine Lehrer unter Druck zu setzen, damit sie mir bessere Noten gaben?

Außerdem war der Stasi noch eine Idee gekommen, wie ich mein plötzliches Interesse an der Kirche begründen sollte: »Eine Hinwendung zur Kirche ist durch den IM zu begründen mit den im Elternhaus bestehenden Konflikten – völlig allein gelassen in Greifswald – Suche nach Partnern, wo sie ihre Konflikte abbauen kann.« Wenn es noch eines Beweises bedurft hätte, dass die Stasi sehr wohl über die Missstände in meinem Elternhaus Bescheid wusste – hier stand er schwarz auf weiß. Denn es war ja letztlich allen bekannt, dass ich darum gekämpft hatte, in Greifswald bleiben zu dürfen. Aber das spielte der Stasi in die Hände. Schon vor Beginn des Studiums, so der Plan, sollte ich nun anfangen, mir ein »neues Umfeld« zu erarbeiten.

In dieser Zeit ging ich tatsächlich noch zu einer Einführungsveranstaltung für Theologie an die Universität Greifswald. Ich fühlte mich unwohl in der Runde, und mein Unbehagen wuchs, je mehr über die Anforderungen für dieses Studium gesprochen wurde. Die Aussicht, zwei Sprachen – Hebräisch und Latein – lernen zu müssen, schreckte mich ab. Ich hatte mich schon mit dem Russischen schwergetan. Und ich merkte auch, dass ich mit dem Thema »Gott/ Religion« jenseits der philosophischen Auseinandersetzung nichts anfangen konnte. Ich verließ die Veranstaltung mit dem Gefühl, dass ich ein solches Studium nicht packen würde. Ob meine Mutter und die Stasi da schon die Idee des Pädagogikstudiums ins Spiel gebrachten hatten, weiß ich aber nicht mehr.

KD Greifswald
IMS "Katrin Brandt"
i.V. Major Hille

27.9.89

Aktuelles

In der Klasse 12b der EOS gibt es zur Zeit nur ein Diskussionsthema.
Und zwar wird das von allen Schülern im gleichen Stil diskutiert.
Es ist das neue Forum aus Leipzig. Alle rätseln herum, was das eigentlich ist, aber keiner weiß es genau. Durch die Junge Welt-Notiz über
die Ablehnung des Gründungsantrages und durch das Westfernsehen kamen
die Fragen hoch. Fragen sind solche:
- Wieso wird das abgelehnt, wenn die echt begründete Reformen und Veränderungen von wirklichen gesellschaftlichen Unzulänglichkeiten wolle
- Wieso ist ein Eintreten für Veränderungen in der DDR, für das Wohl
  des Volkes staatsfeindlich?
- Wenn man nichtmal in der Zeitung schreibt, was die wollen, dann
  kann man nicht urteilen und ist entmündigt

Also generell findet das neue Forum in der Klasse Anklang, also keine
begründete Zustimmung, weil wir ja nicht wissen, was die wollen, sonder
mehr ein zustimmendes Interesse, eine Neugier, man will nur wissen,
wie es genau ist.

Der einzige, den ich kenne, der das neue Forum toll findet, ist
▒▒▒▒▒▒. Der arbeitet im ▒▒▒ und ist so 20,21 Jahre alt.
Er wohnt auf dem Dorf hier im Kreis. Ich habe ihn nicht selbst gesproch
aber mein Freund ▒▒▒▒▒▒, der ein Vertrauensverhältnis zu ihm
hat als ▒▒▒▒▒▒ in der ▒▒▒▒▒▒ Greifswald, hat mir das am
Wochenende erst gesagt. ▒▒▒▒▒▒ vertraute mir auch noch an, daß
▒▒▒▒▒▒ noch ein anderes Problem hat. ▒▒▒ war nämlich
im Sommer jetzt im Urlaub in Ungarn und sollte, ja sollte nicht wieder
kommen, er sollte also nach drüben gehen. ▒▒▒▒▒▒ sagte mir, daß
die Mutter von ▒▒▒ im Westen Verwandte hat und mit denen abgesprochen
haben soll, daß ▒▒▒ von Ungarn aus in die BRD geholt wird. Ein Auto
sollte da auch bereit stehen und drüben sollte schon Arbeit geregelt se
▒▒▒▒▒▒ sagte mir noch, daß sich die Mutter von ▒▒▒ echt empört
hat, daß er zurückgekommen ist und das das nun alles umsonst war.
▒▒▒ hatte wohl echt geschwankt, aber dann kalte Füße gekriegt.
Mehr weiß ich dazu nicht und kann auch den ▒▒▒▒▒▒ nicht dazu
fragen, ohne aufzufallen.

"Katrin Brandt"

H.z.R.

Aktenvermerk vom 27.09.89

Das letzte Schreiben in meiner Akte ist der Bericht über ein Gespräch mit mir, verfasst am 27. September 1989. 43 Tage später sollte Günter Schabowski bei der legendären Pressekonferenz in Ostberlin ein neues Reisegesetz ankündigen, das »unverzüglich« gelte, und damit ungewollt den Mauerfall auslösen. Aber die Stasi-Maschinerie funktionierte in Greifswald im September noch völlig reibungslos.

Laut Stasi-Bericht erzählte ich, dass das beherrschende Thema in meiner zwölften Klasse das Neue Forum war, jene Bürgerbewegung, die in der Wendezeit entstand und sie prägte. Es ist eine eher allgemeine Beobachtung, und in meiner Erinnerung gibt sie die Stimmung, die damals unter uns Schülern herrschte, treffend wieder. Mit Sicherheit habe ich über das Neue Forum auch in Gegenwart von Jörg V. geredet.

Problematisch ist der zweite Teil dieses Berichts. In ihm geht es um einen jungen Mann. Dieser arbeite im Kernkraftwerk Lubmin, sei »so 20, 21 Jahre alt« und der Einzige, den ich kenne, der das Neue Forum »toll« finde. Laut Bericht soll ich anschließend eingeschränkt haben, ich hätte ihn nicht selbst gesprochen, sondern nur über einen anderen von seiner Begeisterung für die neue oppositionelle Bewegung erfahren. Von diesem hätte ich auch gehört, dass der Genannte einen Fluchtversuch geplant haben solle. Über Ungarn habe er abhauen wollen, dann aber in letzter Minute kalte Füße bekommen. Seine Mutter sei »echt empört« gewesen, dass er zurückgekommen sei.

Das angebliche Gesprächsprotokoll ließ mich beim ersten Lesen 2002 sprach- und ratlos zurück. Es gab viele Schwärzungen, sodass ich nicht wusste, von wem und von welcher Situation die Rede sein sollte. Ich kannte niemanden, der fliehen wollte, mit Ausnahme des angeblich in mich verliebten Jörg. Der war zu diesem Zeitpunkt aber

schon nicht mehr in meinem Leben präsent und lebte außerdem nicht in Greifswald. Ich konnte auch nicht nachvollziehen, warum Major H. als Verfasser auftaucht (»in
Vertretung«), mit dem ich meiner Erinnerung zufolge nie
ein direktes Gespräch geführt hatte.

Ich fragte nach diesem Vermerk in meiner Akte Freunde
und Bekannte, ob sie wüssten, welcher junge Mann gemeint sein könnte. Aber niemand konnte mir helfen. Selbst
den für mich zuständigen Stasi-Mann Jörg V. habe ich bei
einem späteren Treffen darauf angesprochen. Aber auch er
konnte nichts zu dem Vermerk sagen. Es blieb ein Rätsel,
über wen ich in den letzten Tagen der DDR gesprochen haben sollte. Erst sehr viel später sollte ich etwas mehr Klarheit darüber bekommen, wie ich von diesem jungen Mann
offenbar gehört hatte.

Im Nachhinein kann man feststellen, dass im Spätsommer 1989 das Ende der DDR schon in der Luft lag. Wobei
ich mir darüber keine Gedanken machte. Im Internat gab
es festgelegte Fernsehzeiten, aber der Zugang war stark
reglementiert. Man durfte Sportsendungen, »Bildungs-
fernsehen« und die Nachrichtensendung »Aktuelle Kamera« sehen, aber natürlich keine Westsender. Ich spürte
die Aufbruchsstimmung, aber dass es mit diesem Staat
bald vorbei sein könnte, lag jenseits meines Vorstellungs-
vermögens.

Als die ersten Demonstrationen begannen (sie fanden in
Greifswald nicht montags, sondern mittwochs statt), ging
ich zu fast allen hin. Diese neue Form des Protestes fas-
zinierte mich, ich hatte das Gefühl, dass Schluss gemacht
wurde mit jahrelangem Schweigen und Duckmäusertum.
Einmal wurde in meiner Klasse gefragt, wer denn zu diesen
Demos ginge. Außer mir meldete sich nur ein Mitschüler.
Ich weiß noch, dass ich mich in diesem Moment irgendwie

schuldig fühlte wegen meiner Teilnahme, aber nicht wusste, warum eigentlich.

Am 10. November 1989 weckte mich meine Mitbewohnerin im Internat mit den Worten: »Die Mauer ist weg.« Wir könnten alle in den Westen fahren. Ich hatte meine Zweifel. Aber ich sollte mich schnell selbst davon überzeugen können. Denn für just den 10. November war ich nach langer Zeit mal wieder mit meinem leiblichen Vater in Berlin verabredet. Also quetschte ich mich nach der Schule in Greifswald in einen völlig überfüllten Zug.

Die ganze Stadt schien nach Berlin zu fahren, um zu sehen, was da passiert war. Dort angekommen, hatte ich zunächst Schwierigkeiten, meinen Vater im Gewühl zu finden. Er fragte mich dann, ob ich nicht Lust hätte, mit »rüber«-zugehen. Seine neue Frau habe dort Verwandte, die man besuchen könne. So machten wir es. Am Bahnhof Friedrichstraße überquerten wir die Grenze. Drüben angekommen, fielen wir uns erst einmal spontan in die Arme. Ich glaube, das wird für mich eine der stärksten Erinnerungen an diesen ersten Ausflug in den Westen bleiben: die Umarmung meines Vaters, mit dem mich sonst nicht viel – außer Angst vor ihm – verband.

Die Stunden danach erlebte ich wie einen surrealen Traum – wie so viele DDR-Bürger, die es an diesem Tag nach Westberlin zog. Wir liefen durch die Straßen, wurden bejubelt und bestaunten unsererseits die Auslagen in den Schaufenstern. Am Ku'damm drückte mir eine Frau einen Sticker in die Hand: »Ich bin frei«. Keine Ahnung, wo sie diesen so schnell herbekommen hatte; vielleicht hatte sie nach den Nachrichten am Vorabend eine kleine Nachtschicht eingelegt, um ihn herzustellen. Von einem Lkw warf man mir mit den Worten »Hier, haste mal was Jutes« eine Tafel Milka-Schokolade zu und einen Beutel Orangen gleich noch hinterher. Ich fand das demütigend und ärgerlich. Schokolade hatten wir im Osten ja selbst gehabt. Von meinem Begrüßungsgeld kaufte ich mir einen Walkman. Ich fühlte mich wie das glücklichste Kind auf Erden – wegen des Walkmans. Staunend lief ich mit meinem Vater, seiner Frau und meiner Halbschwester stundenlang durch die bunten Straßen.

So euphorisch die Stimmung war, so distanziert nahm ich das Hauptereignis wahr, den Fall der Mauer. Sie war in meinem 18-jährigen Leben nie präsent gewesen und hatte auch symbolisch keine große Rolle gespielt. Vielleicht war ich zu jung, vielleicht lag es daran, dass Greifswald so weit weg von Berlin war und ich wirklich andere Sorgen hatte, als mir über Reisefreiheit Gedanken zu machen. Mir war auch nicht bewusst, dass dieser Tag mein Leben, unser aller Leben, für immer verändern würde.

Nach einer aufregenden Nacht landeten wir frühmorgens bei den Verwandten der Frau meines Vaters. Während ich erschöpft auf einer Matte auf dem Fußboden wegdämmerte, bekam ich noch mit, dass die Erwachsenen die neue Zeit mit viel Alkohol und irgendeinem Sexfilm einleiteten. Am nächsten Tag fuhr ich wieder nach Greifswald zurück.

Anfang Dezember wurde dort wie in vielen Kreisstädten in der DDR das Stasi-Gebäude besetzt. Mein Kontakt zu ihren Mitarbeitern war schon vorher abgebrochen. Ich hatte mehrfach versucht, Jörg V. zu erreichen, aber niemand ging ans Telefon. Er war für mich immer noch eine der wenigen Bezugspersonen, die ich hatte. Da ich von meinen Besuchen her wusste, wo er wohnte, fuhr ich schließlich zu ihm nach Hause und klingelte. Er öffnete die Tür, ließ mich aber nicht hinein. »Es ist besser, wir sehen uns nicht mehr«, sagte er. Ich verstand nicht, was er meinte. Aber ich tat das, was ich immer in solchen Situationen tat:

Ich drehte mich wortlos um und ging. Was auch immer ich in diesem Moment fühlte, ich ließ es nicht an mich heran. Jörg V. war in meiner Wahrnehmung ein weiterer Mensch, der mich im Stich ließ, nur dass mir sein »Verrat« bei Weitem nicht so ungeheuerlich erschien wie das, was mir mein Stiefvater angetan hatte. Hinzu kam auch noch der Trotz, nicht jemandem nachlaufen zu wollen, der mich zurückwies. So schleichend die Stasi in mein Leben gekommen war, so abrupt verschwand sie daraus wieder. Vorerst.

11 WENDE

DAS EINZIGE, WAS NACH DEM FALL DER MAUER IN meinem Leben noch geregelt verlief, waren die Vorbereitungen aufs Abitur. Im Mai 1990 machte ich meinen Abschluss. Zur Abifeier ging ich nicht mehr. Jetzt stand mir die Welt offen, aber ich hatte nicht gelernt, mit dieser Freiheit umzugehen. Ich war völlig überfordert. Das politische System war dabei zu implodieren. 18 Jahre lang hatte ich in Strukturen gelebt, in denen nichts dem Zufall überlassen war. Nun fiel ich aus diesem streng geregelten Leben ins Nichts.

Im September 1990 begann ich eher halbherzig, an der Universität Greifswald Sport und Geschichte auf Lehramt zu studieren. Es schien mir in diesem Moment das Naheliegendste. Lehrerin wollte ich dabei nie werden, aber eine Karriere als Judotrainerin konnte ich mir durchaus vorstellen. Parallel dazu hing ich immer mehr in der linken Szene ab. Besonders in Mecklenburg-Vorpommern entstanden schnell und flächendeckend Neonazigruppen. So auch bei uns in Greifswald. Ständig gab es gewalttätige Angriffe. Wir, die Antifa-Gruppe, hielten dagegen und suchten in den leer stehenden Häusern der Stadt einen Ort zum Abhängen und Treffen. Wenn wir nicht Musik hörten, kifften oder über Anarchismus diskutierten, planten wir Aktionen gegen Nazis. Manchmal übten wir uns auch in Kapitalismus. So fuhren wir nach Hamburg und kauften dort Polaroid-Kameras oder Filzstiftpackungen ein, kurz: alles, was im Osten noch Mangelware war. Unsere »Beute« verkauften wir auf dem Markt in Greifswald mit deutlicher Gewinnspanne weiter. Das Geschäft lief gut, vor allem die Polaroid-Kameras fanden reißenden Absatz. So konnten wir uns finanziell einigermaßen über Wasser halten.

Aber die meiste Zeit waren wir damit beschäftigt, Nazis aufzulauern und uns mit ihnen Schlägereien zu liefern. Ich hatte ziemlich viel Angst, da sie mich zweimal auch erwischt und zusammengetreten hatten. Ausgerechnet Helmut Kohl verdanke ich in diesem Zusammenhang eine meiner brenzligsten Situationen. Der Kanzler war auf Tour durch die neuen Länder, um die dort bald »blühenden Landschaften« zu verkünden. Auch auf dem Greifswalder Marktplatz machte er Station. Für uns war das natürlich eine ideale Gelegenheit zu protestieren. Mit Trillerpfeifen mischten wir uns unter die Leute und pfiffen, so viel die Lungen hergaben. Nach Kohl sprach Günther Krause, zu DDR-Zeiten Kreisvorsitzender der CDU in Bad Doberan und nach der Wende im ersten gesamtdeutschen Kabinett Verkehrsminister. Unter dem Gejohle der Menge rief er uns zu, statt zu pfeifen sollten wir lieber die Ärmel hochkrempeln und den »Dreck der Kommunisten« wegräumen. Schon während der Reden, erst recht ermuntert durch Günther Krause, gingen einige Zuhörer, die um uns herum standen, mit Regenschirmen auf uns los. Auch mir wurde eine verpasst. Nach der Veranstaltung begannen dann einige stadtbekannte Nazis, die ebenfalls anwesend waren, Jagd auf uns zu machen. Ich bekam einen Stein an den Kopf und flüchtete zusammen mit ein paar anderen in eine nahe gelegene alternative Kneipe.

Eigentlich wollte der Wirt uns rausschmeißen, aber weil ich stark blutete und auch andere durch Reizgas verletzt waren, durften wir bleiben. Allerdings spitzte sich in der

Kneipe die Situation zu, weil vor der Tür ganz normale Bürger Greifswalds zusammen mit den Nazis »Linke raus« skandierten und eine Menge von rund 500 Menschen drauf und dran war, das Gebäude zu stürmen. Ich half die Tür zu verbarrikadieren und bekam von einem Nazi nun auch noch eine Ladung Reizgas ins Gesicht. Ich konnte vorübergehend nichts mehr sehen. Erst die Polizei beendete den Spuk. Das war für mich ein Schlüsselerlebnis: Zum ersten Mal hatte ich erlebt, dass sich Nazis, aber auch ganz normale Bürger in eine unkontrollierbare und lebensgefährliche Meute verwandelten.

Einer der Anführer der Nazis war Maik Spiegelmacher. Er war in meiner Parallelklasse gewesen und wir hatten gemeinsam Abitur gemacht. Schon vorher hatte er mit seinem Vater den örtlichen Verband der Partei Die Republikaner gegründet. Die waren ihm jedoch irgendwann nicht mehr radikal genug. Bald fingen auch Journalisten an, sich für unsere Auseinandersetzungen zu interessieren. Einmal nahm ich an einem Doppelinterview mit Spiegelmacher teil, er stand für rechts, ich für links. Durch dieses Gespräch wurde mir klar, dass es sinnlos ist, mit überzeugten Nazis Argumente auszutauschen. Ich würde jederzeit um jugendliche Mitläufer kämpfen, aber nicht mehr versuchen, mit überzeugten Neonazis zu diskutieren. Sie benutzen Andersdenkende nur für ihre Propaganda.

Seit dem Fall der Mauer interessierte ich mich für Politik. Noch in der Schule engagierte ich mich umgehend für eine Schülervertretung, und im Internat setzte ich mich für mehr Mitbestimmung der Schüler und Schülerinnen ein. Politik kam mir wie ein Versprechen vor, dass man die Gesellschaft verändern kann. Und ich hatte es selbst erlebt. Wir hatten einen Verein gegründet, um ein Jugendhaus zu schaffen. Allein ein Ort fehlte, und wir erwarteten von der

Mit meiner Freundin Manuela beim Judo

Mit Gregor Gysi auf dem PDS-Parteitag im Dezember 1991

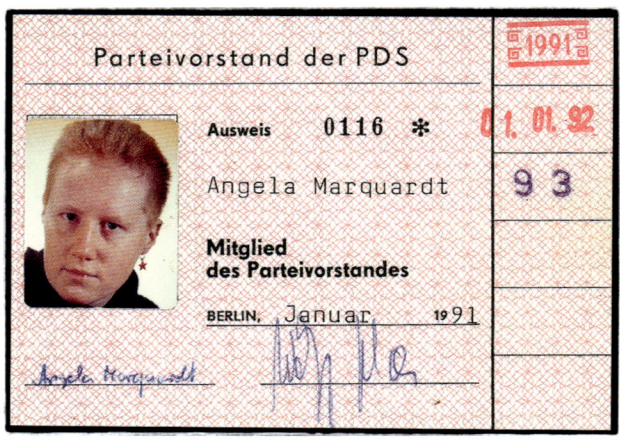

Das Transparent noch ein bisschen zuspitzen – PDS-Parteitag 1994

Mit Inge Meysel in der Talkshow 3 nach 9. © Frank Püsch, Bremen

Mit Hans-Dietrich Genscher in der Talkshow »Sabine Christiansen«,
Mai 1999. © ZEITBILD/Lars Reimann, Berlin

Mit dem Berliner Kulturstaatssekretär Tim Renner und dem Schauspieler Peter Bosse bei der Enthüllung der Gedenktafel für Inge Meysel an ihrem früheren Wohnhaus in Berlin-Schöneberg im Juli 2014. © dpa

Parteitag Oktober 2002

Interview im Reichstag. © Christina Kurby, Berlin

1. Mai-Kundgebung 1995

PDS-Jugendwahlkampf mit der „MS Socialist" auf der Elbe,
Juli/August 2002

Wer berichtet über wen? Als Reporterin des Hessischen Rundfunks
bei den Chaostagen in Hannover

Stadt, dass sie uns einen Anlaufpunkt zur Verfügung stellte. Nach monatelangem Kampf und vielen Diskussionen mit der Stadt hatten wir zwar viele Mitstreiter und Mitstreiterinnen verloren, die keinen Bock mehr auf die langwierigen Entscheidungsprozesse hatten. Aber schließlich bekamen wir im Herbst 1991 ein leer stehendes Haus in der Innenstadt überlassen. Das daraus entstandene Jugendzentrum »Klex« gibt es bis heute.

Aber Neonazis zu bekämpfen und Angebote für Jugendliche aufzubauen, reichte mir nicht. Ich wollte mehr machen. Doch was ging und was nicht? Von demokratischen Strukturen und Partizipation hatte ich wenig Ahnung. So etwas war ja nicht Teil der Schulausbildung in der DDR gewesen. Mein Verständnis davon war gewissermaßen kindlich-naiv, obwohl ich schon 18 war. Und vor allem: In welcher Partei sollte ich mich engagieren? Ohne dass ich bewusst darüber nachdachte, definierte ich mich als »links«. Ich war Punk, ich war Anarchistin, also irgendwie auch Sozialistin – auch wenn diese Begriffe eigentlich nichts miteinander zu tun haben.

Eine Weile interessierte ich mich für das Neue Forum. Ich schaute auch bei der SDP, der Ost-SPD, vorbei. Aber da saß ich fast als einzige Jugendliche. Dort sprach man nur darüber, dass man Deutschland sofort wiedervereinigen müsse, und mir rieten sie, eine Jusogruppe zu gründen. Mit beidem konnte ich nichts anfangen. Ich war vor allem der Ansicht, dass für eine Wiedervereinigung ein neuer Verfassungsvertrag Voraussetzung sein sollte.

In dieser Zeit fuhr ich gelegentlich zu meinen Großeltern nach Ludwigslust. Mein Opa erzählte mir dann ständig, überall würden nur Lügen über die DDR verbreitet. Auch von meinem Ausflug zur SDP war er wenig begeistert. Er nannte sie verächtlich »Verräter«. Überhaupt sei alles schlecht, was jetzt passiere. Aber so sei eben der Kapitalismus. Für meinen Opa war eine ganze Welt zusammengebrochen.

Ich bin oft gefragt worden, warum ich ausgerechnet zur PDS gegangen bin, die sich 1990 aus der SED entwickelt hatte. Ich hätte doch gewusst, dass meine Eltern für das MfS gearbeitet haben und welche zerstörerischen Folgen das hatte. Warum also ausgerechnet die Nachfolgepartei der SED, die dieses verbrecherische System von Spitzelei und Verfolgung geschaffen hatte? Die Antwort ist: Das Ausmaß war mir in den Jahren kurz nach der Wende noch nicht klar. Weder wusste ich, was Menschen alles im Namen der DDR angetan worden war, noch ahnte ich, wie weit meine Eltern in die Arbeit der Staatssicherheit verwickelt waren. Und dann suchte ich Anschluss, eine Zugehörigkeit, die ich in der von ständiger Fluktuation geprägten Antifa-Szene nicht fand.

Bereits 1990 hatte mich ein Freund in ein Sommercamp der PDS mitgeschleppt. Es waren entspannte Tage mit vielen politischen Diskussionen. Das Camp blieb nicht das einzige positive Erlebnis, das ich mit der PDS verband. Als ich mit einer Gruppe junger Leute ein leer stehendes Haus in Greifswald besetzt hatte, ließen sich als einzige politische Vertreter der Stadt die von der PDS bei uns blicken. Sie fragten uns, was wir eigentlich wollten. Alle anderen Parteien interessierten sich nicht für uns. Es ist dieses Konzept der »Kümmererpartei«, das bei den Menschen ankommt und mit der die PDS in den ostdeutschen Bundesländern erfolgreich wurde und es als Linke bis heute ist.

Eines Tages schlug der Freund, der mich bereits zum Sommercamp überredet hatte, vor, wir sollten in die PDS eintreten. Ich war aufgrund der Erfahrungen nicht abgeneigt. Außerdem suchte ich nach einer Möglichkeit, mich sowohl mit politischen Theorien als auch mit praktischen Aktionen auseinanderzusetzen. Die PDS bot beides. Sie war gerade in einer Phase, in der viele aus der Partei austraten. Mein Trotz war geweckt: Dann trete ich erst recht ein.

An die Uni ging ich kaum noch. Dafür verbrachte ich immer mehr Zeit auf der Straße und in der Arbeitsgemeinschaft Junge GenossInnen der PDS. Als im Oktober 1990 auf einer Sitzung in Greifswald gefragt wurde, wer Lust habe, zur Bundeskonferenz nach Berlin mitzufahren, meldete ich mich spontan.

Die Bundeskonferenz fand in Berlin-Mitte stand, rund 500 junge Leute waren gekommen. Sie diskutierten heftig über die Aufarbeitung der Vergangenheit, über die Stasi und darüber, welche Strategie man für die politische Zukunft entwerfen solle. Ich konnte kaum folgen. Zum einen war ich mit der parteiinternen Kultur noch nicht vertraut; ich kannte viele Namen nicht, die in der Diskussion als »Parteigrößen« zitiert wurden. Zum anderen war mir die Form des Debattierens, das ständige Hin und Her, das Brüllen, Beleidigen und Ins-Wort-Fallen ziemlich fremd. Viele Debatten waren mir egal, aber als es irgendwann um Jugendarbeit ging, meldete ich mich zu Wort. Mit erstaunlichem Ergebnis: Plötzlich schlug jemand vor, man solle mich doch zur Delegierten für den anstehenden PDS-Parteitag wählen. So geschah es auch. Ich fand die Vorstellung lustig, ganz offiziell an einem Parteitag teilzunehmen, ohne dass ich mir auch nur im Ansatz etwas darunter vorstellen konnte. Dass daraus einmal eine politische Karriere werden könnte, hätte ich zu diesem Zeitpunkt nicht einmal im Traum gedacht.

Der Parteitag war für mich ein ähnliches Spektakel wie die Bundeskonferenz der Jungen GenossInnen. Es wurde viel und hitzig debattiert, diesmal über das Scheitern des realen Sozialismus und welche Konsequenzen daraus zu ziehen seien. Die AG Junge GenossInnen bezog einen, wie ich fand, erfreulich klaren Standpunkt. In einem Papier kritisierten wir, dass in der PDS die Verhältnisse in der DDR »tendenziell falsch dargestellt« würden: »Ausgeblendet werden politische Haft, Bespitzelung, Abschiebung.« Auch die »Westausdehnung« der PDS und der gerade tobende Golfkrieg waren ein Thema – Letzterer natürlich als Anlass, um sich vehement von den USA und ihren Verbündeten zu distanzieren.

So spannend ich einerseits meinen ersten Parteitag fand, so dröge erschienen mir andererseits die stundenlangen Diskussionen. Aber dann passierte etwas, was die Ödnis für mich durchbrach. Die AG Junge GenossInnen hatte für die Parteivorstandswahlen acht Kandidaten und Kandidatinnen nominiert. Während des Parteitags zogen zwei Genossinnen ihre Kandidaturen überraschend zurück. Plötzlich richteten sich die Blicke auf mich: »Willst du das nicht machen? Wir wollen nicht auf Sitze verzichten. Wir unterstützen dich auch.« So kam es, dass ich am Ende eines 33-stündigen Parteitags Mitglied des Parteivorstands wurde, ohne recht zu wissen, wie mir geschah.

Konkret hieß das, dass ich von nun an regelmäßig nach Berlin reiste. Ende 1991 sollte der Parteivorstand von über 100 Mitgliedern auf 18 verkleinert werden. In diesem Zuge wurde ich zum Parteivorsitzenden Gregor Gysi bestellt, den ich damals nur flüchtig aus den Vorstandssitzungen kannte. Er sagte mir, ich sei ihm von einem anderen Genossen als Nachwuchstalent empfohlen worden und solle doch für den neuen, kleineren Vorstand kandidieren. Ich war überrascht und verunsichert. Nach langem Grübeln entschied ich mich zu diesem Schritt, auch wenn ich mich eigentlich viel zu unerfahren für eine solche Position fühlte. Mitte

Dezember 1991 wurde ich auf dem Berliner Parteitag in den Vorstand gewählt, mit den meisten Stimmen von allen. Mit mir wurde auch die damals 22-jährige Germanistikstudentin Sahra Wagenknecht gewählt. Die Arbeit in diesem kleinen Vorstand ließ sich von Greifswald aus nicht mehr bewältigen. Deshalb bot mir der Parteivorstand eine Stelle als hauptamtliche Jugendreferentin der PDS parallel zu meinem Vorstandsjob an. Zum Studium ging ich ohnehin nicht mehr. Und so kam es, dass ich im Februar 1992 nach Berlin umzog. Ich hatte das Gefühl, als ob ich nicht nur Greifswald, sondern auch meine schreckliche Familiengeschichte zurücklassen würde. Ich freute mich auf das Leben in Berlin.

Auch wenn es sich verrückt anhört: Auf gewisse Weise hat mich die Politik gerettet. In einer Zeit, in der mein Leben völlig durcheinander war, mir jeder Halt fehlte, gab sie mir eine feste Alltagsstruktur. Zum ersten Mal in meinem Leben hatte ich das Gefühl, anerkannt und etwas wert zu sein. Mehr noch: Durch die Politik lernte ich, die niemandem mehr vertraute, zumindest auf politischer Ebene wieder Vertrauen zu entwickeln. Denn ohne den Glauben, dass man sich auf Menschen verlassen kann, ist es nicht möglich, Politik zu machen. Die Politik wurde der Anker, der mir zufällig hingeworfen worden war und den ich festhielt.

In der Partei wurde derweil das Thema Stasi debattiert. Vor allem die Anfangsjahre der PDS waren von Enthüllungen geprägt, wer in den eigenen Reihen IM gewesen war. Ich hatte jedoch wie viele andere junge Leute in der PDS das Gefühl, dass das uns Jüngere nicht direkt betraf. Meine persönlichen Erfahrungen mit der Stasi hatte ich komplett verdrängt. Wenn ich an die Vergangenheit dachte, dann ohnehin nur an die kaputte Familiengeschichte, die für mich alles dominierte.

Bei den Stasi-Debatten in der Partei waren insbesondere zwei Fälle für uns Jüngere prägend, die unterschiedlicher nicht sein konnten. Einerseits hatten wir Rainer Börner vor Augen, der sich als Abgeordneter der letzten Volkskammer eines Tages im Plenum erhoben und zugegeben hatte, dass er bei der Stasi gewesen war. Von diesem Moment an kämpfte er dafür, dass in der PDS jeder, der ein politisches Mandat anstrebte, seine Biografie offenlegen musste. Vor dem Mauerfall hatte er ein Konzert von Rio Reiser in Ostberlin organisiert; nach der Wende hat er mit dafür geworben, dass der Sänger in die PDS eintrat. Er war für uns ein Beispiel, wie man ehrlich mit seiner Biografie in der DDR umgehen konnte. Später trat er aus der PDS aus, was für uns Jüngere damals ein sehr großer Verlust war.

Andererseits gab es die schockierende Geschichte des PDS-Bundestagsabgeordneten Gerhard Riege. Riege war Jurist und vor dem Mauerfall Dekan der Gesellschaftswissenschaftlichen Fakultät an der Friedrich-Schiller-Universität in Jena – und SED-Mitglied der ersten Stunde. Nach der Wende blieb er in der Partei, zog 1990 für die PDS in die erste frei gewählte Volkskammer ein und im selben Jahr über die thüringische Landesliste in den Bundestag. Ich hatte ihn ein paar Mal auf Parteitagen erlebt, er war ein netter älterer Herr mit ähnlicher Ausstrahlung wie Lothar Bisky. Anfang 1992 wurde bekannt, dass er von 1954 bis 1960 dem MfS als »Kontaktperson« gedient hatte. Anders als in vielen anderen Fällen war es die Partei selbst gewesen, die seine Stasi-Kontakte publik gemacht hatte. Sie hatte davon im Zuge einer freiwilligen Überprüfung der Abgeordneten durch die Gauck-Behörde erfahren. Insgesamt ging es um vier Dokumente. In einer außerordentlichen Parteisitzung versuchte Riege, sich zu verteidigen. Er gab an, sich nicht an seine Verpflichtungserklärung erinnern zu können. Einige glaubten ihm, andere hielten an ihrer Kritik fest.

In einer Presseerklärung rügte die PDS, dass Riege seine Stasi-Kontakte verschwiegen hatte. Kurz danach, am 15. Februar 1991, nahm sich Riege das Leben. In einem Abschiedsbrief an seine Frau begründete er seinen Freitod mit der »Angst vor der Öffentlichkeit, wie sie von Medien geschaffen wird«. Auch fürchte er den »Hass«, der ihm aus dem Bundestag entgegenschlage und gegen den er sich nicht wehren könne.

Sein Selbstmord löste eine große Diskussion über den Umgang mit der Vergangenheit aus. In der PDS nutzen einige die Gelegenheit, um »die Medien« und »die Siegerjustiz« für den Tod Rieges verantwortlich zu machen, und versuchten so, die lästigen Vergangenheitsdebatten zu beenden. Tatsächlich hatten die Medien aber kaum über die Stasi-Enttarnung von Riege berichtet – er war einfach nicht prominent genug für die Enthüllungsjournalisten. Erst sein Freitod erregte dann auch mediales Aufsehen.

Ich war damals Mitglied des Parteivorstands und fuhr zur Beerdigung nach Jena. Rieges Tod erschütterte mich persönlich. Bis dahin hatte ich eher erlebt, dass die Leute in meiner Partei solche Geschichten mit großem Selbstbewusstsein wegschoben und auch eher fragwürdige Biografien verteidigten. »Das war eben in der DDR so«, war der meistgehörte Satz in solchen Verteidigungsreden. Nun bekam ich zum ersten Mal mit, dass ein Mensch daran zerbrochen war. Einer, dem man es nie zugetraut hätte und der ein feiner Mensch gewesen war.

Ich selbst war in dieser Zeit stark damit beschäftigt, mich von meinen Eltern und letztlich der ganzen Familiengeschichte gedanklich zu lösen. Das erwies sich als schwierig. Denn nach meinem Umzug nach Berlin begann mein

Stiefvater mich zu stalken. Irgendwie hatte er meine Telefonnummern herausgefunden und rief mich regelmäßig an. Meist war er betrunken. Oft drohte er mir: »Ich will mit dir reden, und wenn du mir kein Geld gibst, erzähl ich alles.« Ich stellte mir immer wieder vor, er würde meinen Freunden und Genossen erzählen, was er mit mir gemacht hatte. Vielleicht hatte er Angst, dass ich über ihn »auspacken« könnte, und versuchte, mich auf diese Weise einzuschüchtern. Und er schüchterte mich ein, denn zu tief saß noch die Scham über das, was er getan hatte, und die Angst, das könnte jemand erfahren.

Einmal tauchte er ungeladen auf meiner Geburtstagsfeier in Berlin auf. Ich feierte in einer Kneipe. Auch Gregor Gysi war gekommen. Zu späterer Stunde nach reichlich Alkohol ging mein Stiefvater auf ihn los: »Die Angela nimmt mir keiner weg.« Was auch immer Gregor in diesem Augenblick dachte, er blieb ruhig, ließ die Situation nicht eskalieren und meinen Stiefvater auflaufen. Mir war das total peinlich. Jahrelang ging das so mit den Anrufen und den Drohungen.

Von Berlin aus bekam ich nur am Rande mit, dass auch zwischen meiner Mutter und meinem Stiefvater die Situation eskalierte. Michael war inzwischen völlig dem Alkohol verfallen. Eines Tages floh meine Mutter mit meinen Geschwistern aus der Wohnung. Dass sie dabei praktisch alle Habseligkeiten zurückließen, darunter auch viele persönliche Dinge von mir wie all meine Zeugnisse, fast alle Fotos und überhaupt alles aus meinem Leben bis dahin, erfuhr ich erst viel später. Da war die Wohnung schon von der Stadt zwangsgeräumt worden. Alles war verschwunden. Sicher nicht nur für mich war das ein schwerer Schlag. Es fühlte sich an, als ob mir ein großer Teil meiner Vergangenheit geraubt worden war. Leider der, den ich gern behalten hätte.

Am Ende war es der Alkohol, der meinen Stiefvater das Leben kostete. Er starb am 15. Juni 2004 in einem Obdachlosenheim in Frankfurt/Oder. Es war meine Schwester, die mir von seinem Tod berichtete. Er hatte alles verloren und krepierte jämmerlich, verursacht durch den jahrelangen schweren Alkoholmissbrauch. Doch ich verspürte nur Gleichgültigkeit, als ich von seinem Tod hörte.

Schon für die Bundestagswahlen 1994 fragten mich Gregor Gysi und der damalige PDS-Chef Lothar Bisky, ob ich mir nicht vorstellen könnte, für das Parlament zu kandidieren. Ich fühlte mich nicht reif genug. Aber ich hatte auch Angst, dass meine Familiengeschichte publik werden könnte. Dass es ein Problem geben könnte, weil meine Eltern »was mit der Stasi zu tun gehabt hatten«, war mir bewusst. Ich entschloss mich, Gysi und Bisky darüber zu informieren: »Meine Eltern haben für die Stasi gearbeitet, und unsere Wohnung hat als konspirativer Treff gedient«, sagte ich. Sie reagierten gelassen. »Das betrifft doch nur deine Eltern.« Keinem von uns war damals klar, wie sehr wir uns täuschten. Nach kurzem Überlegen lehnte ich eine Kandidatur dennoch ab.

Auch wenn ich mich für den Bundestag noch nicht weit genug fühlte, mischte ich mich sonst oft in die politischen Debatten ein. Mein Selbstbewusstsein war in Berlin enorm gewachsen. Das lag auch an den Fernsehauftritten, zu denen mich meine Partei schickte. Hatte mir meine erste Livesendung (die Talkshow »Alex« vom Sender Freies Berlin) noch eine schlaflose Nacht beschert, so fühlte ich mich zunehmend sicherer vor der Kamera und begann, die medial inszenierte Form der Auseinandersetzung zu genießen. Bei »Sabine Christiansen« diskutierte ich einmal sogar mit Ex-Außenminister Hans-Dietrich Genscher. Ich provozierte auch gern und so marschierte ich beispielsweise einmal in die Redaktion der PDS-eigenen Zeitung *Neues Deutschland* und verkündete, ich wolle einen Artikel schreiben. Das durfte ich auch. Der Beitrag hatte die Überschrift »Wir haben nichts verloren außer unseren Ketten ...« und setzte sich kritisch mit der DDR-Nostalgie auseinander. Das löste eine Flut von Leserbriefen aus. Die meisten Leser regten sich wahnsinnig über mich auf. Was ich mir einbilden würde, mit meinen 24 Jahren derart abfällig über die DDR und die für den Sozialismus erbrachten Opfer zu urteilen. »Du kommst mir vor wie ein Zwanzigjähriger, der in der DDR ›40 Jahre unterdrückt wurde‹«, giftete einer. Einige wenige fanden hingegen, »das Mädchen« habe recht.

Anfang 1997 beschloss ich, ein Jahr »Politpause« einzulegen. Ich hatte das Gefühl, immer mehr zu einer Getriebenen zu werden, aufgerieben zwischen Terminen, Ereignissen und TV-Auftritten. Insgeheim hatte ich es auch satt, die Vorzeige-Punkerin der PDS zu sein. Die Sehnsucht, mal innezuhalten und Dinge zu vertiefen, wurde immer größer. Also gab ich alle Parteiämter ab und kümmerte mich um mein Studium der Politikwissenschaft, das ich 1995 an der Freien Universität in Berlin begonnen hatte.

Es geschah noch etwas. Im Juni erfuhr ich, dass mein leiblicher Vater plötzlich verstorben war und im August beerdigt werden sollte. Unser Kontakt, ohnehin nicht sehr intensiv, war nach der Wende abgerissen. Trotzdem nahm ich mir vor, an der Beerdigung teilzunehmen. Ich wusste nicht einmal, woran er gestorben war. Kurze Zeit später erfuhr ich es: Mein Vater hatte sich im Keller seines Hauses erhängt, mit gerade einmal 46 Jahren. Und noch etwas erfuhr ich: In seinem Nachlass war ein Archiv gefunden worden, das er über mich angelegt hatte. Er, der sich nie besonders für mich zu interessieren schien, hatte alles über mich gesammelt, Zeitungsartikel, Fernsehaufzeichnungen. Man fragte mich, ob ich das Archiv haben wolle. Ich wollte nicht.

Anfang 1998 schlug mir Gregor Gysi erneut vor, für den Bundestag zu kandidieren. Diesmal sagte ich zu. Nach einem Jahr Auszeit, in dem ich viel gelesen hatte, ins Kino gegangen war, als freie PR-Beraterin gejobbt und mir andere »Freiheiten« genommen hatte, wollte ich wieder in die aktive Politik zurück.

Während Gysi sich auch einen anderen Landesverband vorstellen konnte, kam für mich nur eine Kandidatur in meinem eigenen in Mecklenburg-Vorpommern infrage. Der Nominierungsparteitag fand in Kühlungsborn an der Ostsee statt. Dort kam es zu einer bizarren Begegnung. Ich sah Jörg S., einen »meiner« Führungsoffiziere, wieder. Ich wusste, dass er in der PDS war, hatte ihn auch schon ein-, zweimal auf Veranstaltungen getroffen, wie zum Beispiel im Januar 1997 beim jährlichen Gedenken für Rosa Luxemburg und Karl Liebknecht auf dem Friedhof in Berlin-Friedrichsfelde. Um Abstand bemüht, ließ ich mir jedoch bei diesen Begegnungen nie etwas anmerken. Er auch nicht. Diese Geheimnistuerei hinterließ bei mir immer einen faden Beigeschmack, ohne dass ich mich aus der schweigenden Umklammerung befreien konnte.

Als nun der Parteitag zu Ende war und ich auf Listenplatz drei nominiert worden war, wartete S. am Ausgang auf mich. »Ich nehm dich mit nach Greifswald, steig ein«, sagte er in exakt demselben Ton, in dem er schon früher mit mir geredet hatte. Ich wagte nicht zu widersprechen. Auf der Fahrt schlug er mir zu meiner Überraschung vor, ich könne ihn ja im Wahlkreis als Mitarbeiter anstellen, wenn ich in den Bundestag gewählt würde. Ich war sprachlos. Wie kam er auf diese absurde Idee? Glaubte er allen

Ernstes, ich würde ausgerechnet mit ihm zusammenarbeiten wollen? Zugleich merkte ich, wie ich Angst bekam. Was, wenn S. meine Familiengeschichte öffentlich machen würde?

Rückblickend denke ich, dass Jörg S. mit dieser Angst auch spekuliert hatte. Vermutlich fühlte er sich dabei absolut im Recht. Schließlich war ich doch seine Kreatur. Aus seiner Sicht hatte mich wohl erst die »Erziehung« der Stasi in die Lage versetzt, eine solche politische Karriere zu machen, wenngleich im falschen System. Nun wollte er die Früchte seiner Arbeit ernten. Ich diente immer noch als Projektionsfläche der Stasi.

Aber Jörg S. hatte etwas übersehen. Er hatte keine Gewalt mehr über mich. Seine Macht hatte sich mit dem Fall der Mauer in Nichts aufgelöst. Zwar konnte ich ihm im Auto nicht entkommen. Aber ich konnte mich zur Wehr setzen – indem ich seine Anfrage mit Schweigen beantwortete. Natürlich wäre mir nicht im Traum eingefallen, darauf ernsthaft einzugehen. Viel später erfuhr ich, dass er kurz nach unserer Begegnung aus der Partei ausgetreten war. Er soll diesen Schritt damit begründet haben, dass ich ihn nicht als Mitarbeiter anstellen wollte.

12 IM BUNDESTAG

IM SEPTEMBER 1998 WURDE ICH IN DEN BUNDES-
tag gewählt. Zum ersten Mal zog die PDS nach dieser Wahl
mit fünf Prozent und somit in Fraktionsstärke in den Deutschen Bundestag ein. Ich moderierte die Party am Wahl-
abend in einer alten Fabrikhalle in der Saarbrücker Straße
in Berlin. Wir feierten ausgelassen mit fast 3000 Leuten die
ganze Nacht hindurch. Für mich persönlich war der Abend
eine ziemliche Zitterpartie. Ich war in Mecklenburg-Vorpommern ja auf dem dritten Listenplatz, als sicher galten
aber nur die ersten beiden. Aber ich stand zu sehr unter
Strom, um mir wirklich darüber Gedanken zu machen.

Gegen Mitternacht winkte mich Stefan, der meinen ganzen Wahlkampf organisiert sowie begleitet hatte, an den
Bühnenrand und sagte mir, dass auch ich den Sprung ins
Parlament geschafft hatte. Ich fiel ihm um den Hals und
war für einen Moment sprachlos. Abgeordnete hatte ich
immer mit Skepsis betrachtet, weil ich sie für abgehoben
und realitätsfern hielt. Nun war ich selbst eine und dann
auch noch gleich im Bundestag. Jetzt geht es nach Bonn,
dachte ich an diesem Abend. Ich ahnte nicht, was dieses
Mandat alles nach sich ziehen würde. Zwei Tage später
kam der Brief aus dem Bundestag mit der schriftlichen Be-
stätigung: Ich sei nun ein gewähltes Mitglied der 14. Wahl-
periode des Deutschen Bundestages.

Zwei Monate später fuhr ich zu einem Treffen meiner
ehemaligen Schulklasse nach Greifswald. Wir hatten fast

zehn Jahre miteinander verbracht, was uns ziemlich zusammengeschweißt hatte. Irgendwann im Laufe des Abends stand ich mit meinen einstigen Mitschülern Silke und David draußen vor der Tür. Wir redeten über die gemeinsame Vergangenheit. Plötzlich sagte Silke fast beiläufig zu mir: »Meine Mutter wusste übrigens immer, dass deine Eltern bei der Stasi waren.« Die Bemerkung traf mich völlig unvermittelt. Ich ließ mir aber nichts anmerken, sondern antwortete: »Das dachte ich mir schon.«

Ehrlicherweise hätte ich in diesem Augenblick sagen müssen, dass ich es all die Jahre nach der Wende wusste, mich aber nicht weiter damit auseinandergesetzt hatte. Ich hatte während der gemeinsamen Schulzeit mit Silke durchaus mitbekommen, dass meine Eltern über alle möglichen Leute am Theater redeten. Einmal konnte ich mit anhören, dass die »Freunde« meiner Eltern für Silke eine Ausbildung planten, die in der DDR sehr begehrt war: die zur Krankenschwester. Das war zu einem Zeitpunkt, als ihre Mutter bereits einen Ausreiseantrag für die Familie gestellt hatte. Erst rückblickend ist mir klar geworden, dass es ein Versuch war, wenigstens Silke an die DDR zu binden. Damals war es üblich, Eltern, die Ausreiseanträge gestellt hatten, über ihre Kinder unter Druck zu setzen. Ich dachte nur: Aha, die können also sogar Berufswünsche erfüllen.

Ich bekam auch mal mit, wie meine Eltern und ihre Freunde sich über einen anderen Kollegen vom Theater unterhielten, der ebenfalls die DDR verlassen wollte. Meine Eltern erzählten der Stasi, dass er Schulden habe und man ihm mit der Begründung, er müsse erst seine Schulden begleichen, vorerst die Ausreise verweigern könne. Für mich war das Mithören solcher Geschichten fast Alltag. Ich dachte nicht darüber nach, ahnte lediglich, dass dies nicht unbedingt auch der Alltag meiner Mitschülerinnen und

126

Mitschüler war. Ich war oft mit mir selbst, den Übergriffen meines Stiefvaters und mit meinem Sport beschäftigt. Das war zudem in einer Zeit, in der man mir nun regelmäßig eintrichterte, dass ich über all das nie reden dürfe und immer zu schweigen hätte. Und schweigen, das konnte ich, wie mein Stiefvater wusste.

In welchem Ausmaß meine Mutter und insbesondere mein Stiefvater gezielt Informationen an die Stasi weitergegeben und möglicherweise Leute in Schwierigkeiten gebracht hatten, war mir zu DDR-Zeiten und in den Jahren direkt nach der Wende trotz allem, was ich zu Hause mitbekommen hatte, nicht wirklich klar. Ich weiß, wie unglaublich sich das anhört. Ich habe mich oft genug selbst gefragt, warum mir nicht bewusst war, was da wirklich in meiner Kindheit und Jugend gelaufen ist. Aber für mich war das MfS eben keine Ausnahmeerscheinung, keine Bedrohung, sondern ein ständiger und damit normaler Begleiter in meinem Leben. Ich kann nicht einmal behaupten, dass ich die Stasi ausgeblendet hätte. Ich habe sie damals einfach nicht infrage gestellt oder weiter über sie nachgedacht.

Damals, beim Klassentreffen, war meine Antwort Silke gegenüber ein kläglicher Versuch, nicht die Kontrolle über die Situation zu verlieren. In Wirklichkeit schämte ich mich in Grund und Boden. Silke und ich redeten dann gemeinsam mit David noch eine Weile über die Stasi. Auf mich haben wir alle die ganze Geschichte an diesem Abend nicht bezogen. Ich selbst ließ den Gedanken nicht eine Sekunde lang zu, dass das, was ich meinen Eltern und ihren Freunden über die beiden erzählt hatte, vielleicht mehr gewesen war als harmlose Gespräche.

Nach der Wende wollte ich mein altes Leben hinter mir lassen. Ich brach den Kontakt zu meinen Eltern, so weit es ging, ab und fing in Berlin ein neues Leben an. Durch Begegnungen wie die mit Silke an jenem Abend unseres Klassentreffens wurde ich wieder in Erinnerungen katapultiert, die ich so konsequent wie möglich loswerden wollte. Der Abend ging mir lange nicht aus dem Sinn. Nicht zuletzt wusste ich durch die vielen öffentlichen Diskussionen zu diesem Thema ja nun inzwischen, was die Stasi Menschen angetan hatte. Wie tief sie in das Leben von Menschen eingedrungen war, um sie zu zerstören. Natürlich dämmerte mir langsam, was da zwischen meinen Eltern und der Stasi gelaufen war und was sie wahrscheinlich getan hatten. Ich wollte damit jedoch nichts mehr zu tun haben und verdrängte jedes Nachdenken. Und auf seltsame Weise empfand ich es später als ein Zeichen, dass dieses Gespräch mit Silke, die ich schon einige Male zuvor bei Klassentreffen wiedergesehen hatte, ausgerechnet kurz nach meiner Wahl in den Bundestag stattfand.

Aber ich hatte schließlich genug andere Dinge, die mich beschäftigten. Der Bundestag saß bis Herbst 1999 noch in Bonn. Ich musste mir eine Wohnung in der Stadt suchen und regeln, wie ich nebenher in Berlin das Studium fortsetzen konnte. Außerdem musste ich mich für Mitarbeiterinnen und Mitarbeiter in meinem Bundestags- und im Wahlkreisbüro in Greifswald entscheiden. Mein Alltag änderte sich von einem Tag auf den anderen. Ich pendelte zwischen meinem Wahlkreis, Bonn sowie Berlin und war kaum noch irgendwo zu Hause. Mit einem Mal hatte ich Verantwortung für »meine« Angestellten.

Der Bundestag kam mir oft wie eine Wichtigtuerblase vor. Mit dem politischen Alltagsgeschäft, das ich als Jugendreferentin von der Parteizentrale her kannte, hatte diese kleine abgeschottete Welt wenig zu tun. Ich fiel in den Bonner Institutionen schon rein äußerlich vollkommen aus dem Rahmen und wurde oft schief angesehen. Einmal beschwerten sich sogar die Saaldiener bei Gregor Gysi über mich: Ich würde mit meinem Aussehen die Würde des Parlaments beschädigen.

Wolfgang Thierse wiederum nahm einen meiner Mitarbeiter ins Visier. So musste ich, kurz nachdem ich ihn eingestellt hatte, mit ihm zu Gregor Gysi. Dieser teilte uns mit, dem Bundestagspräsidenten würden Erkenntnisse vorliegen, nach denen mein Mitarbeiter sich in linksextremen Kreisen bewege und sich darüber hinaus nicht eindeutig von gewalttätigen Aktionen distanziere. Als Beispiel wurde eine Veranstaltung im Berliner Mehringhof genannt, an der er teilgenommen und wo er mitdiskutiert hatte – was offensichtlich V-Leute dem Verfassungsschutz berichtet hatten. Thierse verlangte nun von uns bzw. dem Fraktionsvorsitzenden Gregor Gysi eine Stellungnahme und gegebenenfalls die Entlassung des Mitarbeiters. Wir waren beide völlig überrascht und ehrlich gesagt konsterniert. Mein Mitarbeiter berichtete von dem Abend im Mehringhof, und wir alle waren uns schnell einig, dass hier natürlich keine Gründe für eine Entlassung vorlagen. Nach der Stellungnahme von Gregor Gysi durfte ich meinen Mitarbeiter behalten, aber mir wurde erneut schlagartig klar, dass nicht nur ich unter Beobachtung der Öffentlichkeit stand, sondern mein Umfeld auch unter der des Verfassungsschutzes.

Nachdem der Bundestag im November 1999 nach Berlin gezogen war, hing ich spätabends in den Sitzungswochen nach den vielen Terminen manchmal noch in meiner Stammkneipe im Stadtteil Prenzlauer Berg ab. Der »Torpedokäfer« war ein bekannter Treffpunkt von Bürgerrechtlern, Künstlern und sonst allerlei interessanten Menschen. Ich lernte viele ehemalige Bürgerrechtler kennen, und wir haben nächtelang diskutiert über die DDR, die Stasi, die PDS oder einfach auch nur allgemein über die Politik. Dabei hatten einige von ihnen mich, die PDS-Politikerin, anfangs gar nicht hereinlassen wollen. Aber da baute sich Lothar Feix, ein Schriftsteller und Faktotum des »Torpedokäfer«, auf und sagte: »Hier bestimme immer noch ich, wer reingelassen wird.« So durfte ich bleiben.

Ich weiß nicht, wie oft ich morgens um vier Uhr nach Hause ging und doch pünktlich um acht wieder im Bundestag sein musste. Irgendwie war es im »Torpedokäfer« wie in einer großen Familie. Manchmal stand ich selbst hinter dem Tresen und schenkte das Bier aus. Das Geld, inklusive Trinkgeld, legte ich samt und sonders in die Kneipenkasse. Was selbst eine linksliberale Zeitung nicht davon abhielt, süffisant zu schreiben, offenbar müssten Bundestagsabgeordnete noch einen Zweitjob annehmen. Das könne man daran sehen, dass ich in einer bekannten Berliner Kneipe hinter dem Tresen stände und Getränke servierte.

Ich brauchte und genoss diese gegensätzliche Welt des »Torpedokäfers« nach den langen Tagen im Parlament. Hier saßen die Enttäuschten, die Abgestürzten, die Träumer, aber eben auch Leute, die wie ich im neuen System angekommen waren. Wir alle vergaßen nach dem Schritt durch die Tür das Draußen, bis wir wieder dorthin zurückkehren mussten.

Kurz nach dem Umzug nach Berlin erschütterte eine neue Stasi-Debatte unsere Fraktion: Es war herausgekommen, dass in der Pressestelle der PDS ein ehemaliges DDR-Agentenpaar arbeitete. George Pumphrey war gebürtiger US-Amerikaner, seine Frau Doris stammte aus Bayern. Jahrelang hatten sie aus der westdeutschen Friedensbewegung und später aus der Bundestagsfraktion der Grünen, für die sie von 1987 bis 1990 in Absprache mit der Stasi arbeiteten, unter den Decknamen »Dagmar« und »Faber« Interna an das MfS weitergegeben. 1994 flogen sie auf. Vier Jahre später verurteilte sie das Oberlandesgericht Düsseldorf wegen »geheimdienstlicher Tätigkeit für eine fremde Macht« zu einer siebenmonatigen Haftstrafe, die zur Bewährung ausgesetzt wurde, sowie zu einer Geldzahlung von je 3000 Mark. Das hielt sie aber nicht davon ab, in den Bundestag zurückzukehren, diesmal für die PDS.

Im Herbst 1999 forderte der damalige Präsident des Deutschen Bundestags, Wolfgang Thierse, die PDS auf, beide umgehend zu entlassen. Sie gefährdeten »Ansehen und Funktionsfähigkeit des Parlaments«, so Thierse. Außerdem ordnete er ein Hausverbot für die beiden an. An den Eingängen des Bundestags wurden ihre Bilder verteilt, damit der Sicherheitsdienst sie am Zugang hindern konnte. Die Pumphreys gingen in die Gegenoffensive. In einem Brief an alle Abgeordneten des Parlaments stilisierten sie sich zu Opfern. Thierses »Willkürerlass« schaffe einen Präzedenzfall, um künftig alle politisch missliebigen Fraktionsmitarbeiter zu verfolgen und zu diskriminieren, schrieben sie darin.

Die Geschichte verursachte einigen Wirbel im Parlament. Auch in meiner Partei wurde heftig über den Umgang mit den Pumphreys gestritten. Es gab Solidaritätsadressen, aber auch massive Kritik. Nach außen tat die PDS aber, was sie fast immer in solchen Situationen tat: Sie ließ die Kritik abperlen und hielt an den Pumphreys fest. Ich fand das Hausverbot ziemlich krass. Krass fand ich aber auch, wie die Pumphreys mit ihrer Spitzeltätigkeit umgingen. Das sei eben damals so gewesen, sagten sie achselzuckend. Dieser Umgang mit der Vergangenheit stieß mich ab. Wir hatten ohnehin mehr als einmal bei politischen Diskussionen gegensätzliche Standpunkte vertreten. Sie nahmen mich nicht besonders ernst. Die Diskussion klang irgendwann wieder ab. Nach einem juristischen Hin und Her blieben die

Pumphreys und mussten erst drei Jahre später gehen, als die PDS den Wiedereinzug in den Bundestag verpasste.

Ich war in dieser Zeit stark mit meinen eigenen Themen beschäftigt und reiste noch mehr umher, als ich es ohnehin schon getan hatte. Vorher hatte sich meine Arbeit viel um Rechtsextremismus, das Organisieren von Demonstrationen und Jugendpolitik gedreht. Im Bundestag hatte ich nun aber mehrere neue Funktionen bekommen, die mich mit Themen in Kontakt brachten, von denen ich vorher wenig bis keine Ahnung gehabt hatte. Als medienpolitische Sprecherin meiner Fraktion beschäftigte ich mich mit den öffentlichen Rundfunkanstalten und ihrer Programmpolitik. Als technologiepolitische Sprecherin saß ich unter anderem auch im Bildungsausschuss und musste mich mit Fragen wie der Technikfolgenabschätzung auseinandersetzen.

Von Anfang an war mir bewusst, dass die neuen Ämter eine besondere Verantwortung mit sich brachten, der ich gerecht werden musste und wollte. Durch die vielen Termine wurde mein Leben noch reglementierter und geordneter. Die sitzungsfreien Wochen verbrachte ich in meinem Wahlkreis in Greifswald oder bei anderen Terminen in der ganzen Bundesrepublik, besuchte Jugendclubs, informierte mich zum Beispiel im Kernkraftwerk Lubmin, wie Atommüll gelagert wurde, oder hielt Vorträge.

Dass ausgerechnet ich, die ich die eingefahrenen Strukturen der politischen Praxis immer scharf kritisiert hatte, mich nun auf der anderen Seite wiederfand, wurde mir nicht nur in der Antifa-Szene von einigen vorgeworfen. Es kam mir auch selbst manchmal merkwürdig vor. Aber die Arbeit als Parlamentarierin hat mir auch sehr viel Spaß gemacht. Schnell habe ich gelernt, das eigene Weltbild – hier die angeblich so abgezockten und skrupellosen Bundestagsabgeordneten und dort die edlen außerparlamentarischen

Aktivisten – zu hinterfragen. Denn so einfach ist es eben nicht. Und die Vorteile meines Mandates konnte ich zugleich auch ganz praktisch nutzen: Wenn man nämlich als Abgeordnete eine Demonstration anmeldete, konnte diese nicht so leicht verboten werden. Diese Aktivitäten brachten mir regelmäßige Einträge in den Verfassungsschutzbericht. An die neue Aufmerksamkeit musste ich mich erst gewöhnen. Früher war es ganz normal gewesen, dass ich Demonstrationen anmeldete. Jetzt sorgte es immer gleich für Aufregung.

Auch sonst führte das Leben im Scheinwerferlicht manchmal zu skurrilen Geschichten. Einmal machte ein Fotograf von der Reichstagskuppel aus ein Bild von mir, wie ich während einer Plenarsitzung in einer Zeitung las. Prompt wurde das Foto veröffentlicht mit der Behauptung, ich lese lieber den Zeitungscomic, anstatt mich für die Debatte zu interessieren. Abgesehen davon, dass man manchmal den ganzen Tag im Plenum sitzt und natürlich auch nebenher mal in einer Zeitung blättert, hatte ich nicht den Comic von den Abrafaxen gelesen, der auf der Zeitungsseite abgedruckt war, sondern den darüber stehenden Artikel. Aber immerhin bekam ich nach diesem öffentlichen »Skandal« eine Ehrenmitgliedschaft im Mosaik- und Comic-Club, wo sich die Fans der Abrafaxe versammeln.

Für die Partei blieb ich, obwohl nun Abgeordnete, der »Politpunk«, der zu jedem Termin eingeladen wurde, in dem es um Jugend ging. Ich war immer hin- und hergerissen zwischen der parlamentarischen Welt und meinen außerparlamentarischen Aktivitäten. Einerseits war ich stolz darauf, dass ich am 1. Juli 1999 in der letzten Sitzung des Parlaments im Bonner Wasserwerk für die PDS eine Rede zu »50 Jahre Demokratie – danke an Bonn« halten durfte. Es war eine erste parlamentarische Visitenkarte meinerseits. Als ich an einer Stelle von allen Fraktionen Beifall erhielt, war ich fast irritiert. Andererseits reiste ich ins Wendland, um gegen Castortransporte zu demonstrieren. Dass ich als Abgeordnete nicht mehr der Willkür der Polizei ausgesetzt war, die ich früher gelegentlich auf Demonstrationen erlebt hatte, bescherte mir ein neues Lebensgefühl.

Anfang 2002 bekam ich noch eine neue Funktion: Ich wurde stellvertretende Parlamentarische Geschäftsführerin. Jede Fraktion hat einen sogenannten ersten Parlamentarischen Geschäftsführer sowie dessen Stellvertreter und Stellvertreterinnen. Sie managen interfraktionell den parlamentarischen Alltag und sorgen dafür, dass die Plenumssitzungen reibungslos laufen. In dieser Funktion musste ich beispielsweise regelmäßig den sogenannten Plenumsdienst machen und die Präsenz sowie die Abstimmungen unserer Fraktion sichern, also dafür sorgen, dass die Abgeordneten so votierten, wie es in der Fraktion zuvor besprochen worden war.

Auch musste ich die Anwesenheit der Rednerinnen und Redner koordinieren und diese dem Bundestagspräsidium zum jeweiligen Tagesordnungspunkt melden. Dies bedeutete oft Nachtschichten. Mein längster Tag im Plenum dauerte einmal mal von neun Uhr morgens bis 2.30 Uhr in der Nacht.

Wie schwer mitunter nicht nur ich, sondern auch meine Umwelt sich mit meinem Status als Parlamentarierin tat, zeigte sich an anderer Stelle. So war ich als Vertreterin meiner Partei in den Beirat des »Bündnisses für Demokratie und Toleranz« berufen worden, um Projekte gegen Rechtsextremismus zu stärken. Das Bündnis war von der Bundesregierung gegründet worden, der Beirat war sein politisches Steuerungsgremium. Genau deshalb liefen aber Vertreter der Union gegen meine Berufung zunächst Sturm. Sie warfen mir vor, einseitig nur gegen Rechtsextremismus zu kämpfen und selbst eine Linksextremistin zu sein. Und dass ich aus diesem Grund ja wohl kaum die Richtige sei, um sich mit diesem Bündnis gegen Extremismus zu engagieren. Meine Fraktion hielt aber an mir fest, und spätestens als wir dann in den Beiratssitzungen gemeinsam diskutierten, ebbten die Widerstände gegen meine Person wieder ab.

Trotz aller Widersprüche und Selbstzweifel in dieser Phase hatte ich das Gefühl, in meinem Job als Parlamentarierin angekommen zu sein. Auch von anderen bekam ich positive Rückmeldungen, und es war für mich klar, dass ich mich wieder für den Bundestag aufstellen lassen wollte. Ich wollte auch für den nächsten Fraktionsvorstand kandidieren. Ich wünschte mir, von meiner Partei noch ernster genommen zu werden und endlich das Image von Gysis Ziehkind hinter mir zu lassen. Gleichzeitig nahm ich mir vor, mich endlich um mein Studium zu kümmern, denn mir war klar, dass ich auch wegen des fehlenden Abschlusses oft infrage gestellt wurde. In dieser Situation kam der Anruf von Roland Claus, damals Fraktionsvorsitzender, in dem er mitteilte, dass eine Stasi-Akte von mir gefunden worden sei. Der Anruf, der alles änderte.

13 AUSSER KONTROLLE

»ENTTARNT! PDS-STAR MARQUARDT WAR STASI-IM«, titelte *Bild* am 12. Juni 2002. Daneben stand mein Konterfei. Die Neuigkeit toppte sogar die Meldung, dass dem Radprofi Jan Ulrich nach einer Porsche-Fahrt mit 1,5 Promille der Führerschein entzogen worden war. Nur das Fußball-WM-Duell zwischen dem deutschen Trainer der Kameruner Nationalmannschaft, Winnie Schäfer, und Deutschlands Teamchef Rudi Völler war der *Bild*-Redaktion, was die Größe der Schlagzeile anging, doch noch wichtiger gewesen.

Im Innenteil legte die Zeitung nach: Unter einem noch viel größeren Foto von mir stand die Zeile: »Schon mit 15 Jahren war sie IM.« Der Artikel selbst war erstaunlich nüchtern, wiederholte die Fakten, die zuvor *Spiegel Online* verbreitet hatte. Zitiert wurde aus der Verpflichtungserklärung und jenem Dokument, in dem ich angeblich über das Fluchtvorhaben eines jungen Mannes berichte. Von einem Sprecher der Stasi-Unterlagenbehörde hatte sich *Bild* noch die Echtheit der Erklärung bestätigen lassen.

Zwei Tage später setzte das Blatt noch eins drauf: »Wie wird eine 15-Jährige zum Stasi-Spitzel?« Eine der Aufnahmen zeigte mich während des Wehrunterrichts in einer Zivilverteidigungsuniform und war mit dem Hinweis versehen, im selben Jahr hätte ich mich bei der Stasi verpflichtet. Da passte die Uniform natürlich prima ins Bild, auch wenn alle Schüler und Schülerinnen am Wehrunterricht teilnehmen mussten. Ich hatte den Artikel bereits erwartet, denn kurz vorher hatte mich meine frühere Klassenlehrerin angerufen und am Telefon fast geweint. Ein Journalist habe überraschend vor ihrer Tür gestanden. Natürlich hatte meine ehemalige Klassenlehrerin keine Erfahrungen mit Medien, und in der Annahme, dass sie mir im bevorstehenden Wahlkampf helfen könne, hatte sie ihm alte Fotos von mir gegeben. Erst hinterher wurde ihr klar, dass das keine so kluge Idee gewesen war. Auch hatte er ihr nicht gesagt, dass er von der *Bild* sei, sondern lediglich, dass er einen Artikel über mich schreiben werde.

Schlimmer als *Bild* war für mich persönlich jedoch *Spiegel Online,* wo die Neuigkeit zuvor publik gemacht worden war. Der Autor des Artikels war erkennbar hoch erfreut darüber, dass er exklusiv Auszüge aus meiner Akte in den Händen hielt. Unter der Überschrift »PDS-Punkerin war Stasi-Informantin« beschrieb er nicht nur ausführlich, was in den Berichten stand, sondern verlor sich auch in allerlei Mutmaßungen. So behauptete er, ich hätte mich über meine politische Karriere bislang »eher geheimnisvoll« geäußert. Als Beleg zitierte er einen Absatz von meiner Homepage, auf der ich geschrieben hatte: »Ich glaube nicht, dass sich irgendjemand auch nur annähernd vorstellen kann, wie ich mich gefühlt habe, als ich aus einer Kleinstadt in eine Funktion katapultiert wurde, von der ich kurz zuvor noch nicht einmal gewusst habe, dass es sie gibt. Und das in einer Partei, die staatstragend und diktatorisch gewesen war. Manche haben mich auch deswegen gewählt, weil Gregor Gysi mich vorgeschlagen hatte. Mit der Wahl wurden Erwartungen in mich gesetzt. Aber welche? Ich glaube, ich habe es bis heute nicht herausfinden können.«

Was daran geheimnisvoll sein soll, ist mir ein Rätsel. Aber wahrscheinlich galt für ihn der Leitsatz: Was nicht passend ist, wird passend interpretiert. Mangelnde Recherche wollte sich der *Spiegel Online*-Redakteur offenbar nicht vorwerfen lassen. Und so hatte er auch tatsächlich in das Buch geguckt, das ich 1999 als Neu-Abgeordnete veröffentlicht hatte. Ich hatte darin meine Kindheit, meine Jugend und meine politische Karriere beschrieben, aber nichts über die familiäre Verwicklung mit dem MfS.

Ganz absurd wurde der Artikel am Ende. Dort wird allen Ernstes spekuliert, dass ich Teil einer politischen Elite gewesen sei, die die »DDR-Reformfraktion« innerhalb der Stasi habe aufbauen wollen, um ihr das Schicksal der SED anzuvertrauen. Folgt man der Logik dieser Argumentation, so hätte die Stasi also einer politisch nicht eben zuverlässigen 15-Jährigen ihre Zukunft anvertrauen wollen. Das kann selbst der *Spiegel Online*-Redakteur nicht ernsthaft geglaubt haben.

Heute schreibe ich dies mit einer Mischung aus Ärger, Befremden und Belustigung. Damals waren die Spekulationen eine meiner geringsten Sorgen. Während meine Person tagelang Thema in den Medien war, saß ich wie betäubt zu Hause und bekam von alledem nur wenig mit. Seit meinem 15. Lebensjahr hatte ich mir ein eigenes, von der Familie unabhängiges Leben aufgebaut. Hatte die Vergangenheit ferngehalten. Jetzt brach auf einen Schlag alles zusammen.

Auf meiner Homepage veröffentlichte ich eine persönliche Erklärung. Darin schilderte ich in Kurzform, wie die Stasi-Leute bei uns ein- und ausgegangen waren. Wie ich ins Internat kam und, als sich meine NVA-Pläne zerschlugen, nach Alternativen gesucht hatte. In der Erklärung hieß es, dass ich »zu keinem Zeitpunkt wissentlich mit der Stasi zusammengearbeitet« und bis zum Aktenfund keine Ahnung von einer inoffiziellen Tätigkeit für das MfS gehabt hatte. Ich erwähnte auch noch, dass ich das Spitzelsystem der Stasi nach der Wende immer entschieden kritisiert hatte: »Durch diesen mich betreffenden Vorgang, von dem ich erst jetzt Kenntnis bekam, fühle ich mich in dieser Kritik bestätigt. Er zeigt aber auch, dass die individuellen Biografien nicht außer Acht gelassen werden können, wenn über einen Menschen und seine MfS-Verbindungen geurteilt werden soll.«

Das meiste in der Erklärung entsprach der Wahrheit. Ich hatte sie nicht allein verfasst, sondern mit meinen Mitarbeitern. Ich war damals überhaupt nicht in der Lage, einen klaren Gedanken zu fassen. Ich war vollauf damit beschäftigt, emotional zu überleben. Aber natürlich hatte ich, nicht zuletzt durch das Gespräch mit Silke bei unserem Schultreffen, die ganzen Diskussionen innerhalb der PDS und den langen Nächten im »Torpedokäfer«, wo ich von vielen schlimmen Stasi-Geschichten erfahren hatte, mir längst mehr Gedanken über die Verwicklungen meiner Familie gemacht. Und natürlich dämmerte mir, dass die Kumpel meiner Eltern nicht nur harmlose Freunde gewesen waren.

Über die Idee, Theologie zu studieren, stand in der Erklärung, dass sie im Gespräch mit meinen Eltern entstanden sei. Es habe »keine Absprachen und keinen Auftrag« gegeben, dass ich Theologie studieren sollte, um dem MfS Informationen zu liefern. Schon damals mit meiner lückenhaften Erinnerung wusste ich aber, dass auch Jörg V. und Jörg S. mit mir über das Studium geredet hatten. Wie gesagt, wann auch immer es zum ersten Mal im Raum stand – alle um mich herum haben ja damals mit mir darüber geredet.

Warum habe ich nicht schon damals reinen Tisch gemacht, alles aufgeschrieben, was ich zum damaligen Zeitpunkt wusste oder zumindest ahnte? Das hat verschiedene Gründe. Zum einen kannte ich meine Akte noch gar nicht, ich sollte sie erst Tage später das erste Mal sehen und erst

Wochen später das erste Mal richtig lesen und erst da begreifen, was damals geschehen war. Zum anderen wusste ich selbst nicht, wie ich mit den Informationen, die ich aus den Medien kannte, umgehen sollte. Zum Teil stimmten sie ja, zum Teil waren sie komplett neu für mich. Ich musste mein Leben rekonstruieren, und das auf der Grundlage von Berichten, die die Stasi über mich geschrieben hatte. Ich war nicht mehr Herrin über meine Biografie, und ich wusste auch nicht mehr, welcher meiner Erinnerungen ich trauen konnte und welcher nicht. Menschen, die ich für meine (väterlichen) Freunde gehalten hatte, waren zu Feinden geworden. Aber ehrlicherweise muss ich auch zugeben, dass ich nichts gesagt habe, um meine Mutter zu schützen.

Hinzu kam, dass ich mich in einem emotionalen Ausnahmezustand befand, den ich allein bewältigen musste und der mich lähmte. Alle wollten plötzlich von mir eine Erklärung, von mir, der Erwachsenen. Ich selbst aber fühlte mich total auf das zurückgeworfen, was ich als Kind und Jugendliche erlebt und erlitten hatte. Ich hatte weder die Kraft noch den Willen noch die Überzeugung, dass ich meine ganze Geschichte erzählen konnte. Ich fühlte mich hilflos. Also tat ich das, was ich gelernt hatte. Ich schwieg. Und ahnte, dass ich damit weiter die schützen würde, die von meinem Schweigen schon lange profitierten. Und dass ich denen unrecht tat, die mein Schweigen nicht verdient hatten.

Sehr viel schlimmer hätte es zu diesem Zeitpunkt nicht kommen können. Ich war an einem absoluten Tiefpunkt angelangt. Tagelang saß ich in meinem Zimmer. Ausgerechnet ich, die ich in Berlin immer die Taffe, Selbstbewusste gewesen war, war nur noch ein hilfloses Häufchen Elend. Ich traute mich nicht rauszugehen und hatte zugleich Angst davor, allein zu Hause zu bleiben.

Von meinen Freundinnen und Freunden aus der PDS

meldete sich in dieser Zeit niemand. Später habe ich mal einen gefragt, warum. Er antwortete: »Dass jemand, mit der ich jahrelang in der Partei gegen die Stasi gekämpft hatte, nun selbst bei der Stasi gewesen sein soll, machte mich einfach sprachlos.« Aus heutiger Sicht muss ich sagen, dass ich damals in all diesen einsamen Momenten nicht wirklich über meine abwesenden Freunde nachgedacht habe. Aber sie fehlten mir. In meinem Gemütszustand von Angst und Scham war für Gefühle wie Wut genauso wenig Platz wie für klare Gedanken.

Auf formaler Ebene reagierte meine Partei routiniert. Sie hatte ja schon genügend Stasi-Enthüllungen erlebt. Der damalige Sprecher der Bundestagsfraktion, Reiner Oschmann, erklärte, ich sei keine aktive Mitarbeiterin der Stasi gewesen: »Marquardt war offenbar mehr Objekt als Subjekt.« Auch der Vorsitzende meines Wahlkreises in Ostvorpommern/Greifswald, Arnold Schoenenburg, sagte einem Journalisten des *Nordkurier,* er sehe in den Neuigkeiten keinen Grund, warum ich nicht mehr für den Wahlkreis kandidieren könne. Ein 15-jähriges Mädchen, das in seiner Gutgläubigkeit missbraucht worden sei, müsse anders betrachtet werden als ein Erwachsener. Eine kritische Bemerkung konnte er sich dann aber doch nicht verkneifen: Man müsse hinterfragen, warum ich mich nicht früher geäußert habe. Ich kann darauf immer nur dieselbe Antwort geben: weil mir dieses Ausmaß nicht bekannt war. Oder vielmehr: weil es mir nicht bewusst war.

Erst später erfuhr ich, wie mein Fall parteiintern diskutiert worden war. Wie schon erwähnt, gab es jene, die mir, Gysis Ziehkind mit der großen Klappe, den Absturz aus ganzem Herzen gönnten. Eine andere Gruppe reagierte so, wie sie immer auf solche Enthüllungen reagierte: Das sei alles ein Komplott der bösen bürgerlichen Presse und der westdeutschen Siegerjustiz. Mit beiden Positionen konnte ich wenig anfangen. Unter denjenigen, die die DDR immer noch für das bessere System hielten, gab es manche, die die Vorwürfe gegen mich für schlicht erfunden hielten. Ihre Begründung: Niemals hätte die Stasi Kinder und Jugendliche für Spitzeldienste missbraucht. Unterstützung bekamen sie von selbst ernannten »Experten«, die sich in der *Jungen Welt* mit den Worten zitieren ließen, so etwas habe es nie gegeben.

Ich wusste es besser.

Trotz allem gab es auch positive Erlebnisse in dieser Zeit. Nachdem ich das erste Mal einen längeren Blick in meine Akte geworfen hatte, beschloss ich, mich mit meinem ehemaligen Schulkameraden David zu verabreden. Wir trafen uns im »Torpedokäfer«. »David, ich habe in meiner Akte einen Bericht gefunden, den ich über dich verfasst habe«, sagte ich zu ihm, voller Sorge, wie er reagieren würde. Zu meiner Überraschung lachte er. Dann sagte er ernst: »Ach Gela, da sieht man mal, wie pervers die drauf waren. Wenn sie Kinder auf Kinder angesetzt haben.« In der Flut an Hass und Verurteilungen in dieser Zeit waren diese Worte eines Freundes, der allen Grund gehabt hätte, anders zu reagieren, wie ein kleiner Rettungsanker für mich.

Nachdem die erste Betäubung vorbei war, beschloss ich, auch in meinem Kreisverband das Gespräch zu suchen. Ich spürte für mich, dass ich diesen Schritt gehen musste. Schließlich hatte ich jahrelang einen offenen Umgang mit der eigenen politischen Biografie gefordert. Wenn ich meinen eigenen Ansprüchen gerecht werden wollte, durfte ich jetzt nicht schweigen.

Im Juni nahm ich erstmals nach der Enthüllung in meinem Wahlkreis in Greifswald an einer Mitgliederversammlung der PDS teil. Rund 60 Genossinnen und Genossen waren gekommen. Zwei Stunden lang diskutierten sie über

Hochschulpolitik und Abfallwirtschaft, während ich in der letzten Reihe saß. Über mich wurde nicht gesprochen. Zum Schluss ging ich nach vorne und sagte: »Ihr habt ja auch in den letzten Wochen die Schlagzeilen gesehen. Ich wollte mal dazu etwas sagen.« Dann erzählte ich – dass meine Mutter und mein Stiefvater für das MfS gearbeitet hatten, dass die Stasi bei uns ein- und ausgegangen war und dass ich von der Akte bis zur Enthüllung keine Ahnung gehabt hatte. Als ich geendet hatte, herrschte Stille im Saal. Ich sagte ihnen, sie könnten ruhig Fragen stellen. Aber niemand sagte etwas. Die meisten schauten mich nicht einmal an. Aus heutiger Perspektive vermute ich, dass eine Mischung aus Mitleid und Schock der Grund dafür war. Die meisten, die dort saßen, kannte ich schon lange. Ich glaube, viele fühlten sich ein bisschen wie meine Mütter und Väter. Manche werden auch meine Eltern gekannt haben. Sie wollten einfach nicht darüber reden. Lieber schwiegen sie betreten. Nur beim Hinausgehen sagte eine ältere Genossin zu mir: »Kind, iss doch mal etwas. Du siehst so abgemagert aus.«

Als ich mich wieder häufiger aus dem Haus und nach Greifswald traute, beschloss ich, auch Jörg V. zu kontaktieren. Jenen Freund meiner Eltern, von dem ich nach Akteneinsicht erfahren hatte, dass er »mein« Führungsoffizier gewesen war.

Es war nicht schwer, seine Handynummer herauszufinden. Ich rief ihn an und bat um ein Treffen. Er sagte sofort zu. Als ich ihn sah, war zu meiner Bestürzung sofort das alte Gefühl von Vertrautheit wieder da. Auf eine absurde Art und Weise hoffte ich, er würde mich freisprechen und sagen: »Du kannst nichts dafür.« In einer Situation, in der ich jeden Halt verloren hatte, suchte ich ausgerechnet das Gespräch mit jenem Menschen, der mich doch genau in diese Situation gebracht hatte.

Wir hatten uns bei Freunden von mir verabredet und setzten uns dort in den Garten. Ich hatte Kaffee gekocht, genauso wie ich auch als Kind ab und zu Kaffee vorbereitet hatte, wenn er und die anderen »Freunde« von der Stasi in der elterlichen Wohnung zu Besuch waren. Ich gab ihm die Akte. »Aber wir haben doch alles vernichtet«, entfuhr es ihm – genau das, was der zweite »Führungsoffizier« Jörg S. über ein Jahrzehnt später auf der Geburtstagsfeier zu mir sagen würde.

Nachdem er in der Akte geblättert hatte, sagte V. mir, dass geplant gewesen war, mich im Januar 1990 zu verpflichten. Ich verstand nicht gleich. Aber es stellte sich heraus, dass auch nach DDR-Maßstäben Unterschriften von Minderjährigen unter Verpflichtungserklärungen juristisch nicht gültig waren. Das war der Stasi auch vollkommen bewusst. Der einzige Sinn, Minderjährige unterschreiben zu lassen, war, den psychischen Druck auf die Betroffenen zu erhöhen. Sie sollten das Gefühl haben, sie stünden mit ihrer Unterschrift schon in der Pflicht.

V. sagte mir noch, ich sei eine »groß angelegte Sache« gewesen. Für ihn selbst sei ich die Aussicht auf einen Karrieresprung gewesen. Im Stasi-Jargon hieß das »operative Perspektive des IM«. Ziel sei gewesen, mich nach einem von der Stasi gelenkten Theologiestudium in eine »Führungsposition« zu bringen. In diesem Moment dachte ich: Irgendwie habe ich mit meinem gesamten Betreuungspersonal ziemlich Pech gehabt.

Als Kind hatte mich der Wunsch angetrieben, etwas Besonderes zu sein. Aber ich hatte dabei eher an Judoweltmeisterin gedacht. Jetzt stellte ich mir wiederholt die quälende Frage, was wohl aus mir geworden wäre, wenn 1989 nicht die Mauer gefallen wäre. Und ob ich vielleicht auf ganz andere Weise etwas »Besonderes« geworden wäre. Da war sie wieder, meine Vergangenheit, die ich doch jahrelang scheinbar erfolgreich verbannt hatte.

Am Ende des Gespräches sagte Jörg V. tatsächlich: »Es tut mir leid.« Und dass er jetzt zu seiner Frau fahren müsse. Ich war froh, dass ich ein paar Antworten bekommen hatte, und fühlte mich zugleich schlecht, weil ich mich erneut mit einem ehemaligen Stasi-Offizier getroffen hatte. Was mich selbst am meisten überraschte, war, dass ich keinerlei Groll gegen ihn verspürte.

14 VOR DEM
   IMMUNITÄTSAUSSCHUSS

ABGEORDNETE DES DEUTSCHEN BUNDESTAGS, die mit dem Vorwurf konfrontiert werden, mit dem Ministerium für Staatssicherheit zusammengearbeitet zu haben, können vor dem Immunitätsausschuss Stellung dazu nehmen. Es muss aber niemand. Für mich war von Anfang an klar, dass ich es tun würde. Jahrelang hatte ich in meiner Partei jene kritisiert, die nicht zu ihrer Stasi-Vergangenheit standen. Hätte ich nun die Aussage verweigert, hätte ich mich mit ihnen auf eine Stufe gestellt.

Am 29. August 2002 um 14 Uhr kam der Immunitätsausschuss in der parlamentarischen Sommerpause zu einer Sondersitzung zusammen, um mich anzuhören. Dreizehn Wochen waren seit jenem Tag vergangen, an dem ich durch unseren Fraktionschef Roland Claus von der Existenz meiner Akte erfahren hatte. Dreizehn Wochen, in denen sich mein Leben vor meinen Augen aufgelöst und nicht wieder zusammengesetzt hatte.

Je näher die Anhörung kam, desto nervöser wurde ich. Aus der PDS-Fraktion hatten mir viele von einer Aussage abgeraten. »Die« seien doch sowieso alle gegen die PDS und hätten beim Thema Stasi eine vorgefasste Meinung. An meinem Entschluss, selbst auszusagen, änderte das jedoch nichts.

Ohnehin angeschlagen, gab mir ein Anruf am Tag vor der Anhörung den Rest. Mein Anwalt Volker Ratzmann teilte mir mit, dass er meinen Fall an einen Kollegen abgegeben habe. Ich erinnere mich nicht mehr an die Begründung, ich glaube, er sagte, er habe zu viel zu tun. Ich fühlte mich im Stich gelassen, schließlich kannte er die Akte, denn er hatte mich ja zur Birthler-Behörde begleitet.

Der Immunitätsausschuss hatte, wie erwähnt, nur vier Dokumente mit insgesamt fünf Seiten aus meiner Akte sowie eine Einschätzung von Marianne Birthler, der Bundesbeauftragten für die Stasi-Unterlagen. Bei den Auszügen aus meiner Akte handelte es sich, neben der Verpflichtung, um einen Vermerk vom 8. September 1989, in dem es um meine Zukunft ging und der »Auftrag« festgehalten wurde, ich solle kirchliche Kontakte aufbauen. Der zweite Bericht war der letzte aus meiner Akte, also jenes angebliche Gespräch, in dem ich vom Neuen Forum und von dem jungen Mann erzählt haben soll, der eine Republikflucht über Ungarn plante. Marianne Birthler hatte dem Ausschuss mitgeteilt, dass der junge Mann identifiziert worden sei, sich aber keine weiteren Unterlagen bei der Stasi über ihn gefunden hätten. Das letzte Formular aus meiner Akte war schließlich eine »Aufstellung über ausgezahlte Beträge und geleistete Sachwerte« vom 9. Oktober 1989.

Was der Ausschuss außerdem hatte, war die Erklärung meiner Mutter. Sie hatte auch angeboten, persönlich auszusagen. Daran hatte das Gremium jedoch kein Interesse. Es war nicht üblich, dass Angehörige von Abgeordneten vor dem Ausschuss erschienen. Schon die Tatsache, dass er die Erklärung eines Elternteils akzeptierte, war ungewöhnlich. Aber schließlich war mein Fall ja auch ungewöhnlich. Und so ließ das Gremium die schriftliche Stellungnahme meiner Mutter zu.

In ihrer Erklärung schrieb sie, sie habe als Lehrerin und Pressedramaturgin seit 1974 »zwangsläufig« Kontakte zum MfS gehabt. 1979 sei sie von der Stasi in der Schule aufgesucht und zur Zusammenarbeit gedrängt worden, habe dies jedoch abgelehnt. Anfang der Achtzigerjahre habe sie meinen späteren Stiefvater kennengelernt, der damals schon Inoffizieller Mitarbeiter des MfS gewesen sei und unsere Wohnung nach dem Zusammenziehen zu konspirativen Treffen genutzt habe. Dadurch habe sie Mitarbeiter des MfS kennengelernt, die ihr »sympathisch« gewesen seien und mit denen sie intensive Gespräche über die Entwicklung der DDR geführt habe. In ihrer Stellungnahme betont meine Mutter, dass sich entgegen jeder Dienstvorschrift sehr persönliche und »freundschaftliche« Kontakte zu diesen Mitarbeitern entwickelt hätten. Auch deshalb seien diese für uns Kinder nur »Freunde und Kumpels« gewesen, die zu Geburtstagen und Weihnachten vorbeischauten und Geschenke brachten.

Ihr selbst sei klar gewesen, dass diese Freunde auch schriftliche Berichte über Personen und politische Ereignisse verfassten. Trotzdem habe sie an den mit ihrem Lebenspartner geführten konspirativen Gesprächen teilgenommen und dabei auch über mich berichtet. Es sei aber immer komplizierter geworden, der Heranwachsenden den wahren Hintergrund der »Freunde« zu verhüllen. In diesem Zusammenhang schrieb meine Mutter auch über die Szene im Bus, in der ich den Stasi-Freund meiner Eltern gegrüßt hatte und dafür von ihr hektisch aus dem Bus gezerrt worden war. Jene Szene, die ich selbst noch so eindrücklich in Erinnerung habe. »In einem Gespräch mit den Genossen wurde deshalb beschlossen, um sie zukünftig davon abzuhalten, so eine Art Verpflichtungserklärung schreiben und unterschreiben zu lassen. Aus heutiger Sicht ist mir durchaus bewusst, dass dieser Schritt, ein fast noch Kind in unsere Tätigkeit einzubinden und Druck auszuüben, unverantwortlich war.«

Sie habe nach ihrem Wegzug aus Greifswald gewusst, dass ich bei Freunden und Bekannten, die zum Teil für das MfS gearbeitet hätten, »gut aufgehoben gewesen« sei: »Auf meine Bitte hin kümmerten sich diese um sie, in diesem Fall aber aus meiner Sicht als Freunde.« Sie habe mir auch nahegelegt, mich bei Schwierigkeiten an diese Freunde zu halten.

Auch auf das Theologiestudium kam meine Mutter in ihrer Stellungnahme zu sprechen. Ich hätte damals beruflich völlig die Orientierung verloren. Sie habe deshalb in meiner Abwesenheit intensive Gespräche mit den Vertretern des MfS geführt. Während sie selbst für mich eher an eine Karriere als Sportlehrerin gedacht habe, hätten diese für sie überraschend ein Theologiestudium vorgeschlagen. Meiner Mutter war damals wohl nicht klar, dass sich dahinter etwas anderes als ein gut gemeinter Ratschlag verbarg. Sie habe gedacht, schreibt sie in ihrer Stellungnahme, dass man sich »mit Freunden« einfach nur Gedanken über meine Zukunft gemacht habe. Ich selbst hätte positiv auf den Vorschlag reagiert, weil ich in diesem Studium eine willkommene Provokation gesehen hätte.

Im letzten Teil der Stellungnahme kam meine Mutter, schließlich auf die Geldzahlungen des MfS zu sprechen. Sie habe das Geld an mich zur Aufbesserung meines Taschengelds weitergegeben, ohne mir zu sagen, woher es kam.

Ich weiß, dass meine Mutter die Stellungnahme als Wiedergutmachung ihrerseits ansah. In diesem Moment hat sie Verantwortung für Dinge übernommen, die mir auch deshalb passiert waren, weil sie es zugelassen hatte. Ich denke, dass sie mir in diesem Moment wirklich helfen wollte, indem sie aufschrieb, was damals passiert war. Aber all das beruhigte mich nicht. Ich hasste das Gefühl, mich wieder in einer Art Abhängigkeit von meiner Mutter zu befinden, aus der ich mich längst gelöst hatte. Und ich ahnte bereits in diesem Moment, dass das noch nicht die ganze Geschichte war.

Was den Immunitätsausschuss betraf, so wusste ich, dass ich ihm mehr erzählen musste als das, was ohnehin schon vorlag. Mein Fall war nicht vergleichbar mit den anderen, mit denen der Ausschuss zu tun gehabt hatte. Wenn ich meine Geschichte auch nur im Ansatz begreifbar machen wollte, musste ich auch über meine Familie sprechen. Zugleich wusste ich, dass es etwas gab, etwas sehr Wichtiges, was ich, wie ich mir sicher war, verschweigen musste. Mein Geheimnis.

Grundsätzlich war mein Vertrauen in das Gremium nicht allzu groß. Das lag nicht nur an den vielen Geschichten, die in der PDS über seine Arbeit kursierten, sondern an einer ganz persönlichen Erfahrung. Sie lag schon einige Zeit zurück: Damals hatte die Staatsanwaltschaft Berlin gegen mich ermittelt, weil ich angeblich getankt hatte, ohne zu bezahlen. Ich konnte aber nachweisen, dass ich an der Kasse eine Zeitschrift mit Kreditkarte bezahlt hatte. Ich war davon ausgegangen, dass der Tankwart auch das Benzin abgerechnet hatte. Das hatte er aber offenbar vergessen, und ich hatte nicht darauf geachtet, weil ich in Gedanken schon woanders war. Die Ermittlungen wurden schließlich eingestellt.

Zunächst hatte die Staatsanwaltschaft aber die Aufhebung meiner Immunität beantragt, der der Ausschuss auch zugestimmt hatte. So weit ein ganz normaler Vorgang. Weniger normal war, dass ich diese Information kurz danach in der Presse lesen konnte. Die Information wurde aus dem Immunitätsausschuss an die *Bild*-Zeitung »durchgestochen«.

Am 29. August ging ich deshalb nach einer Nacht ohne

Schlaf und wie in Trance in die Anhörung. Als ich den Saal 4800 im Paul-Löbe-Haus des Bundestags betrat, konnte ich zunächst fast niemanden erkennen. Es war eine gespenstische Atmosphäre. Der Saal war dunkel, und während ich hinten Platz nahm, saßen die Mitglieder des Ausschusses ganz vorne. Es waren Eckart von Klaeden von der CDU, die Grünen-Abgeordnete Steffi Lemke, Evelyn Kenzler von der PDS und der inzwischen verstorbene FDP-Abgeordnete Max Stadler. Den Vorsitz hatte die SPD-Politikerin Erika Simm inne.

Ich erhielt die Anweisung, immer ins Mikrofon zu sprechen. Ich fühlte mich ausgeliefert, wie vor einem Tribunal – auch wenn ich natürlich keine Angeklagte war, sondern hier als Zeugin meines eigenen Lebens aussagte. Der Fairness halber muss ich sagen, dass bei den Mitgliedern des Gremiums schon eine besondere Vorsicht zu spüren war. Wahrscheinlich hatten die meisten von ihnen bis zu meiner Anhörung gar nicht gewusst, dass es so etwas wie minderjährige IM überhaupt gegeben hatte.

Als Erstes las ich eine Erklärung vor, die ich handschriftlich vorbereitet hatte. Ich beschrieb darin, dass »die Stasi« für mich Freunde meiner Eltern gewesen und jahrelang bei uns ein- und ausgegangen waren. Ich erwähnte auch die Situation im Bus und versuchte zu erklären, warum ich mich daran so viel besser erinnern konnte als an den Moment der Verpflichtungserklärung.

Nach etwa zwanzig Minuten war ich mit meiner Erklärung fertig. Dann begann die Befragung. Steffi Lemke erzählte von ihrer eigenen Biografie. Ihr war in der DDR trotz guter Noten zunächst der Zugang zum Abitur verweigert worden. Sie habe sehr genau gewusst, wer die Stasi war, sagte sie. Unverhohlen warf sie mir Naivität vor. Ich dachte: Wenn ich mit Eltern wie den ihren aufgewachsen wäre, hätte ich es wahrscheinlich auch gewusst. Aber für mich war die Stasi ein Beruf wie jeder andere in der DDR gewesen.

Am schärfsten im Ton war Eckart von Klaeden. Warum ich nicht gemerkt hätte, was meine Eltern machten? Je länger er fragte, desto mehr hatte ich das Gefühl, dass er nur die 31-Jährige sah, die da vor ihm saß, und nicht die Jugendliche, die ich damals gewesen war. Drei Stunden lang legte ich meinen familiären Hintergrund offen, um verständlich zu machen, in welcher Situation ich mich damals befunden hatte. Irgendwann stand Max Stadler auf und verließ wortlos den Raum. Erst einige Zeit später erfuhr ich, warum. Er habe es nicht mehr ertragen, wie ich meine Familiengeschichte ausbreiten musste, sagte er zu einer anderen Bundestagsabgeordneten, die es wiederum mir erzählte. Ich sei doch noch ein Kind gewesen. Mehr müsse man dazu nicht sagen. Ich habe ihm das im Nachhinein immer hoch angerechnet und sein Verhalten in dieser Situation nie vergessen.

Die Stellungnahme meiner Mutter hatten die Mitglieder des Ausschusses vorab zugeschickt bekommen. Mein Eindruck war, dass sie mit verhaltenem Interesse zur Kenntnis genommen wurde. Es war nicht so, dass das Gremium nicht von diesem Dokument beeindruckt gewesen wäre. Tatsächlich finden sich im Abschlussbericht zahlreiche Passagen, in denen explizit auf das Bezug genommen wird, was meine Mutter über meine Unkenntnis der Situation geschrieben hatte. Es reichte allerdings nicht aus, um von der Überprüfung meiner Person Abstand zu nehmen.

In der Rückschau glaube ich: Alle Beteiligten waren überfordert. Da war Steffi Lemke, die mit ihrer Biografie auf das Thema MfS aus verständlichen Gründen allergisch reagierte. Eckart von Klaeden ist nur sieben Jahre älter als ich und doch als Pfarrerssohn aus Hannover in einem anderen Universum aufgewachsen. Allein auf die Tatsache, dass ich seit der dritten Klasse den Berufswunsch »NVA-Sportsoldatin« gehegt hatte, reagierte er mit völliger Verständnislosigkeit. Ihm zu erklären, dass mein Vorbild, der erste deutsche Judoweltmeister Detlef Ultsch, seine Karriere unter anderem der NVA verdankte, hätte den Rahmen der Anhörung gesprengt.

Evelyn Kenzler schien die ganze Zeit besorgt, ich könne zusammenbrechen. Eine nicht ganz unberechtigte Sorge, versagte mir doch regelmäßig die ohnehin bereits zitternde Stimme. Und dann war da noch Max Stadler, der die ganze Zeit schwieg – bis er aufstand und ging. Nur Erika Simm, die Ausschussvorsitzende, war Kummer gewohnt. Sie war im bürgerlichen Beruf Richterin und hörte meinen Ausführungen mit jenem Profiblick zu, mit dem sie vermutlich auch den Aussagen krimineller Jugendlicher lauschte.

Mehrfach wird im Abschlussbericht[42] erwähnt, dass ich alle Fragen nach den Schwierigkeiten mit meiner Familie und dem daraus resultierenden Bruch konsequent abgeblockt hätte. Dass hier etwas Schlimmes vorgefallen sein musste, schien aber niemandem in den Sinn zu kommen. Oder es traute sich niemand, danach zu fragen. Und noch etwas darf man nicht vergessen: den damaligen politischen Hintergrund. Es ging auf die heiße Phase des Wahlkampfes 2002 zu. Dass hier eine Spitzenpolitikerin der PDS am Pranger stand, dürfte die Haltung der Ausschussmitglieder mitgeprägt haben.[43]

Am 12. September erhielt ich ein Schreiben des Immunitätsausschusses. Zwölf Seiten lang wurde noch einmal mein Fall rekapituliert, angefangen vom Aktenfund bis hin zur Anhörung. Auf Seite neun stand das »Prüfergebnis«: Eine wissentliche Zusammenarbeit mit der Stasi könne mir

»nicht zweifelsfrei« nachgewiesen werden. Im ersten Moment war ich enorm erleichtert. Erst später sollte ich begreifen, dass ich jenseits des formalen Aktes trotzdem »lebenslänglich« hatte.

15 KEIN ZURÜCK MEHR

ICH BIN MIR SICHER: WENN DER AUSSCHUSS DAMALS die gesamte Akte gehabt hätte, wäre er zu einem anderem Ergebnis gekommen. Zu dem Schluss, dass eine Zusammenarbeit mit der Stasi vorlag. Denn obwohl dem Abschlussbericht anzumerken war, dass sich die Verfasser um ein differenziertes Urteil bemüht hatten, so war es bei genauerem Hinsehen doch ein »Freispruch zweiter Klasse«. Einerseits sah das Gremium Anhaltspunkte für eine Zusammenarbeit mit dem MfS. Andererseits reichten ihm diese Hinweise nicht aus, um eine Kooperation mit der Staatssicherheit als erwiesen anzusehen. Wörtlich heißt es in dem Bericht: »Im Gesamtergebnis konnte der Ausschuss keine so sichere Überzeugung von einer willentlichen und wissentlichen Zusammenarbeit der Abgeordneten Angela Marquardt mit dem Staatssicherheitsdienst gewinnen, dass auch angesichts der beschränkten Beweismöglichkeiten vernünftige Zweifel an der Richtigkeit der Feststellung einer IM-Tätigkeit ausgeschlossen blieben.«[44]

Ich mache niemandem einen Vorwurf. Aber es war eine von jenen Situationen, in denen ich mir gewünscht hätte, dass andere begreifen, dass ich noch ein Kind war, als die Stasi mich vereinnahmte, und eine Jugendliche, als sie mich zu ihrem Instrument zu machen versuchte.

In den Tagen nach der Enthüllung konnte ich mir nicht vorstellen, dass ich jemals wieder in der Lage wäre, zum Alltag zurückzukehren. Doch kam er fast schneller zurück als gedacht. Meiner Partei und insbesondere der Bundestagsfraktion war daran gelegen, wieder möglichst rasch zur Normalität überzugehen. Schließlich befanden wir uns im Wahlkampf. Im Herbst 2002 sollte ein neuer Bundestag gewählt werden. Ausgerechnet ein schrecklicher Vorfall brachte mich in den Parlamentsalltag zurück.

Am 26. April 2002 hatte in Erfurt ein 19-Jähriger an seiner ehemaligen Schule 16 Menschen erschossen, bevor er Selbstmord beging. Da es der erste Schulamoklauf in Deutschland seit Jahrzehnten gewesen war, beherrschte das Ereignis wochenlang die Medien und die politische Debatte. Rund zwei Monate nach dem Attentat wollte der Bundestag darüber diskutieren, wie Politik und Gesellschaft solche Formen der Gewalt besser erkennen und ihnen vorbeugen könnten.

Unser Fraktionsvorsitzender Roland Claus bat mich, neben Petra Pau, der stellvertretenden Parteivorsitzenden, eine der beiden Reden für die PDS zu diesem Tagesordnungspunkt zu halten. Es war bei diesem Thema naheliegend, dass eine der Jüngeren in der Fraktion sprach. Aber es war auch eindeutig ein Versuch, mich wieder ins politische Geschäft zu holen. Ich nahm Claus' Angebot dankbar an.

Mit meinem Mitarbeiter Ivo bereitete ich die Rede vor. Natürlich war ich sehr nervös. Schließlich war es meine erste Rede im Plenum des Bundestages nach der Stasi-Enthüllung. Ich hatte Angst vor Zwischenrufen. Ich malte mir aus, dass jemand, wenn ich über die Themen Gewalt, Werte und Jugendliche sprechen würde, aus dem Plenum rufen würde: »In dem Alter hast du doch schon für die Stasi gespitzelt.« Und so ging ich ziemlich aufgeregt an diesem 3. Juli ans Rednerpult. Anfänglich zitterte meine Stimme, aber meine Befürchtungen bewahrheiteten sich nicht. Während der Rede gab es nur einen einzigen Zwischenruf. Als ich von der Gewalt sprach, die aus Rassismus, Nationalismus und Intoleranz entsteht, rief Wolfgang Dehnel von der CDU/CSU-Fraktion: »Wo ist denn die linke Gewalt? Sie sind doch auf einem Auge blind!« Für mich war das einer dieser stereotypen Einwürfe, die ich schon aus zahlreichen politischen Auseinandersetzungen gewohnt war. Hier fühlte ich mich sicher. Und so antwortete ich ihm scharf, er sei gewiss noch nie für sein Aussehen von Rechten verprügelt worden.

Diese Rede war für mich wie ein kleiner Befreiungsschlag. In den Wochen danach gab es nicht viel Zeit, sich hängen zu lassen. Zwar war der Bundestag in die Sommerpause gegangen, aber die PDS hatte beschlossen, ihren Jugendwahlkampf mit einer Schiffstour auf der Elbe zu beginnen. Am 16. Juli 2002 stieg ich in Königsstein auf die »MS Socialist«, ein Fahrgastschiff, das die Partei für den Wahlkampf gechartert hatte. Zusammen mit einem Kapitän sollten der damalige Jugendwahlkampfleiter und ich nun bis zum 6. August die Elbe entlang Wahlkampf machen.

Diese ungewöhnliche Art der Politwerbung war zu diesem Zeitpunkt für mich die richtige Mischung aus Arbeit, Ablenkung und Auszeit, um mich auf andere Gedanken zu bringen. Unser Schiff ankerte beispielsweise in Dresden, Magdeburg, Hitzacker und Lübeck. An den Stationen boten wir Diskussionen auf dem Schiff an, oft auch zu jugendspezifischen Themen wie Drogenpolitik und Rechtsextremismus. Dazu holten wir uns verschiedene Gäste an Bord. Einmal war Florian Havemann, der Sohn des bekannten DDR-Regimekritikers Robert Havemann, zu Gast. Mehrmals berichteten lokale Zeitungen über unsere Sommertour. Nur in einem einzigen Bericht wurde die Stasi-Debatte erwähnt. Und so wurde die Schiffsfahrt trotz Terminstress,

Stasi-Enthüllung und des Rücktritts von Gregor Gysi als Berliner Wirtschaftssenator zu einem der schönsten Wahlkampferlebnisse.

Die gelöste Stimmung fand ein jähes Ende: In Lübeck erreichte mich die Nachricht, dass einer meiner engsten Freunde im Sterben lag. Er war anderthalb Jahre zuvor schwer verunglückt und lag seither im Wachkoma. Nun hatte sich sein Zustand dramatisch verschlechtert. Ich brach die Schiffstour sofort ab und fuhr zu ihm. Ein paar Tage später starb er. Sein Tod brachte mich erneut in einen Ausnahmezustand. Aber irgendwann fasste ich den Entschluss, auf Wahlkampfmodus umzuschalten. Von da an funktionierte ich wie eine Maschine und vergrub meine Gefühle in mir selbst.

Dann kam der 22. September 2002, der Tag der Bundestagswahl. Ich war zu Hause, als mich um 16 Uhr ein Anruf von Dietmar Bartsch erreichte. Er war damals Bundesgeschäftsführer sowie Wahlkampfleiter und einer der vier Spitzenkandidaten für diese Bundestagswahl. »Wir sind raus«, sagte er kurz. Er hatte die ersten Prognosen bekommen. Es war klar, dass wir bis 18 Uhr keine fünf Prozent mehr erreichen würden. Am Ende kam die PDS auf nur vier Prozent, mehr als einen Prozentpunkt weniger als bei der Wahl zuvor. Lediglich Gesine Lötzsch und Petra Pau schafften über ein Direktmandat in ihren Wahlkreisen noch einmal den Einzug ins Parlament.

Ich hatte meinen Schulfreund David zu Besuch, und wir entschieden uns, trotzdem zur Wahlparty zu gehen, die in der »Arena« in Berlin-Treptow stattfand. Als wir dort ankamen, standen viele Genossinnen und Genossen bereits mit betretenen Mienen herum. Einer sagte, man müsse die Niederlage »aufrechten Ganges« überstehen. Ich selbst war ziemlich ruhig, wie unter Schock.

Die nächsten Tage waren mit ganz praktischen Aufgaben angefüllt. Wir hatten knapp drei Wochen Zeit, unsere Abgeordnetenbüros zu räumen. Einen großen Teil der Zeit verbrachte ich nun mit der Archivierung meiner Unterlagen und dem Ausräumen von Schreibtisch und Schränken. Ich wusste nicht wirklich, wie es weitergehen sollte. Es gab keinen Plan B. Erst einmal bekam ich das sogenannte Übergangsgeld: Für jedes Jahr im Bundestag gab es eine Monatsdiät in voller Höhe. In meinem Fall waren dies also vier weitere Diäten. Ich halbierte die Summe und ließ sie mir acht Monate lang auszahlen, um finanziell länger über die Runden zu kommen. Durch die neuen Ereignisse verschwand die Stasi-Geschichte komplett aus meinem Fokus. Und nicht nur aus meinem: Nach der Bundestagswahl meldete sich kein einziger Journalist bei mir, um noch einmal nach der Sache mit der Stasi zu fragen. Das war nach der wochenlangen Belagerung doch erstaunlich. Doch mit mir war auch das Thema aus dem Bundestag und damit aus dem öffentlichen Leben verschwunden.

Die Wahlniederlage stürzte die PDS in eine tiefe Krise. Tatsächlich stand sie aber schon länger an einem Scheideweg. Sie musste ihre Existenzberechtigung als gesamtdeutsche Partei beweisen, aber die regelmäßigen Rufe nach einer reinen Ostpartei waren in der PDS unüberhörbar, erst recht zu diesem Zeitpunkt. Nicht nur diese immer wiederkehrende Debatte hatte mich in den letzten Jahren immer mehr abgestoßen. Eine reine Ostpartei war für mich komplett überflüssig.

Und es gab noch etwas anderes, was mich befremdete. Der Cottbuser Parteitag 2000 hatte unter dem Motto »… dass ein gutes Deutschland blühe!« gestanden. Es wäre untertrieben zu sagen, dass ich mit diesem Parteitagsslogan haderte – ich lehnte ihn schlichtweg ab. Die PDS wollte ihr

Verhältnis zur Nation klären. Ich sah keinen Klärungsbedarf. Gabi Zimmer bekannte in Interviews ihre »Liebe zu Deutschland«. In meinen Augen war das Deutschtümelei. Doch jeder Widerspruch in der PDS dagegen brachte nur neue entschiedenere Bekenntnisse zur Nation hervor. Insbesondere wir Jüngeren kritisierten die Partei und den Vorstand. Ich sprach damals von einem »Schlag ins Gesicht aller Linken« und machte in den Debatten deutlich, dass Gabi Zimmer mit dieser Position nicht meine Vorsitzende sei. Erschwerend kam für mich hinzu, dass einige in der Partei der Ansicht waren, dass wir auch die Mitläufer der NPD einsammeln sollten. Deshalb gab es Forderungen, die PDS solle »Heimat« für sich definieren. Ich konnte beim besten Willen nicht verstehen, was eine Diskussion um die Nation vor dem Hintergrund wachsender rechtsextremer Gewalt und der damaligen Kontroverse um eine deutsche Leitkultur außer Missverständnissen bringen konnte.

Mich befremdete dieser neue Geist zutiefst. Als jemand, der aus der Punk- und Antifa-Szene kam, stand ich und stehe ich allen Patriotismusgedanken ablehnend gegenüber. Auch weil ich die gewalttätige Kehrseite patriotischer Euphorie aus eigener Erfahrung kenne. Für Menschen, die erkennbar »linksalternativ« sind, kann es durchaus gefährlich sein, sich nach großen Sportereignissen im öffentlichen Raum zu bewegen.

Diese zum Teil sehr harten Auseinandersetzungen in der PDS hatten von anderen unbemerkt Spuren in mir hinterlassen. All meine politischen Grundsätze wurden infrage gestellt. Die zweite Bruchstelle zwischen mir und meiner Partei war die ewige Geschichtsdebatte. Für mich war die Wende eine innere wie äußere Befreiung gewesen. Ich wollte in der neuen Bundesrepublik leben und auf gar keinen Fall die DDR zurück. Ich wollte nicht mehr ständig über sie dis-

kutieren und darüber, was sie doch alles an Gutem gebo-
ten habe. Mein politisches Verhältnis zum untergegangenen
SED-Regime war immer klar. In meinen Anfangsjahren in
der PDS waren diese Debatten für mich noch nachvollziehbar gewesen. Als AG Junge GenossInnen hatten wir uns
daran auch beteiligt. Bereits 1996 hatten Halina Wawzyniak, damals Mitglied des Parteivorstandes, und ich in dem
Papier »Rückwärts immer. Vorwärts nimmer« geschrieben,
dass breite Teile der Mitgliedschaft in dieser Debatte nicht
erreicht würden, »was zu dem Ergebnis führte, dass radi-
kale, d. h. an die Wurzel gehende Kritik an der SED und der
DDR in letzter Zeit kaum noch zu vernehmen war«. Für
uns war der klare Bruch mit der SED-Diktatur und dem
Staatssozialismus immer die notwendige Grundlage für
eine glaubwürdige PDS.

Dennoch hatte ich immer wieder miterleben müssen, dass Debatten um die Vergangenheit nur auf äuße-
ren Druck hin und immer seltener aufgenommen wurden.
Unsere Argumente in den innerparteilichen Diskussionen
zu den Verbrechen der Staatssicherheit wurden meist mit
dem Hinweis gekontert, jedes Land habe eben seine Geheimdienste. Einen ihrer Höhepunkte hatte diese Diskussion im Jahr 1998 erreicht, als der frühere DDR-Agent
Rainer Rupp, der unter dem Decknamen »Topas« für die
HVA (Hauptverwaltung Aufklärung), also den Auslands-
geheimdienst, tätig gewesen war, während der Verbüßung
seiner Haftstrafe einen Honorarvertrag in unserer Fraktion
erhalten sollte, um ihm die »Resozialisierung« zu erleich-
tern. Mit acht anderen Abgeordneten erklärte ich, dass dieser Honorarvertrag das Signal aussende, »dass die PDS unter ihren eigenen Anspruch auf Vergangenheitsbewältigung
einen Schlussstrich ziehen will«. Auch hier war eine Flut
von wütenden Zuschriften von PDS-Anhängern die Folge.

Ich beteiligte mich lautstark an all diesen Diskussionen. Ich musste dabei immer auch an meine Eltern denken und daran, dass sie vermutlich andere ans Messer geliefert hatten. Wie sehr auch ich davon betroffen war, war mir zu diesem Zeitpunkt noch gar nicht klar.

Noch heute rege ich mich darüber auf, wenn im Zusammenhang mit der amerikanischen NSA, der National Security Agency, von der »Stasi 2.0« gesprochen wird. Wer andere Geheimdienste mit der Stasi vergleicht, relativiert, was sie getan hat. Anfang der Neunzigerjahre hätte ich nie gedacht, dass DDR-Nostalgie, Verklärung und Verherrlichung der DDR ständige politische Begleiter in der PDS sein würden. Ich wollte über die Zukunft diskutieren, und das mit einer Partei, die aus ihrer Geschichte gelernt hatte. Die Vergangenheitsdebatten und meine Rolle darin waren natürlich einer der Gründe, warum viele in meiner Partei mit unverhohlener Schadenfreude auf die Stasi-Enthüllung reagierten. »Vielleicht hätte sich die Angela nicht ganz so sehr zur Vorreiterin in der innerparteilichen Debatte zur Stasi-Aufarbeitung machen sollen«, sagte Christine Ostrowski, die wie ich PDS-Bundestagsabgeordnete war, damals dem Berliner *Tagesspiegel*.

Jenseits der politischen Richtungsdebatten hatte ich persönlich schon seit Längerem das Gefühl, auf der Stelle zu treten. Als Abgeordnete hatte ich Hunderte von Positionspapieren, Gesetzentwürfen, Vorlagen gelesen oder mitverfasst, aber kein einziges Thema hatte ich wirklich so vertiefen können, wie es angemessen gewesen wäre. Viele verbanden mit mir nur die Rolle der coolen Politpunkerin. Neben dem Bundestagsmandat mein Studium zu beenden, das hatte ich nicht gepackt. Ich zehrte von dem inhaltlichen Proviant, den ich mir in den Neunzigerjahren angeeignet hatte, und von den Initiativen mit der AG Junge Genoss-

Innen. Ich spürte, dass ich mich durch den Bundestagsjob und seine tagespolitischen Anforderungen inhaltlich wenig weiterentwickelte. Ich kam nicht zum Lesen, brachte wenig eigene Ideen ein und reagierte meist nur noch auf Dinge, die mich störten. Ständig war ich bundesweit unterwegs und nahm mir kaum Zeit innezuhalten. Mir dämmerte, dass man mit auffällig gefärbten Haaren zwar eine Weile gut durch die Politik schwimmen konnte, aber nicht dauerhaft. Ich hatte immer geflachst, dass ich Parteivorsitzende werden wollte. Aber mir war klar, dass ich das auf dieser Grundlage nie erreichen würde.

Am 12. und 13. Oktober 2002 fand der legendäre PDS-Parteitag in Gera statt. Bereits in seinem Vorfeld wurde über die Ursachen des Wahldesasters sowie über die Frage gestritten, wer dafür die Verantwortung trug. Mit anderen forderte ich eine schonungslose Bilanz und personelle Konsequenzen. Vor allem die angebliche Anbiederung der PDS an Rot-Grün und die Beteiligung an der »neoliberalen« Politik in drei Bundesländern wurden von vielen als Gründe für das Scheitern bei der Bundestagswahl gesehen. Der Parteitag ist bis heute den meisten Beteiligten wegen der hoch emotionalen Generaldebatte, den Parteivorstandswahlen sowie der allgemein angespannten Stimmung in Erinnerung geblieben. Die Stimmung und der Parteitag selbst hatten etwas von Parteitagen der Grünen, als diese noch lebendig waren.

Auch für mich war es einerseits einer der emotionalsten Parteitage, den ich je erlebt habe, und andererseits einer der enttäuschendsten. Ich musste mir viele Vorwürfe anhören: Mitglieder wie ich seien schuld am Niedergang der Partei. Mit der radikalen Ablehnung der DDR hätte auch ich Menschen wie zum Beispiel ehemalige NVA-Offiziere verprellt, denen die PDS eine Heimat bieten müsse. Nach langen Auseinandersetzungen um die zukünftige Ausrichtung der PDS nach der Wahlniederlage wurde Gabi Zimmer trotz aller Kritik wieder zur Parteivorsitzenden gewählt.

Gera war für mich der berühmte Tropfen, der das Fass zum Überlaufen brachte. Aber natürlich steckte ich in einem Dilemma. Was sich in Gera abspielte, passte für mich nicht mehr zu »meiner« Partei. Sollte ich einfach gehen? Seit ich 1992 nach Berlin gekommen bin, war die Partei mein Leben gewesen. Ich verdankte ihr alles. Fast alle meine Freunde waren in der PDS, und letztlich war sie meine soziale Basis. Ein letztes Mal kündigte ich an, die Partei zu verlassen. Mehrmals hatte ich den Satz schon zuvor fallen lassen, dass ich über einen Austritt nachdächte. Aber niemand reagierte. Doch diesmal meinte ich es ernst.

Ich ging noch zu einem Treffen auf Bundesebene, auf dem wir erneut über die gegenwärtige Krise und Lösungsvorschläge diskutieren wollten. Aber für mich war klar, dass dafür eine personelle Erneuerung an der Spitze notwendig war. Immer wieder musste ich mir anhören, dass wir das Ergebnis von Gera nun mal akzeptieren müssten. Nach dieser Kapitulation war ich weg. Meine Beitragszahlung hatte ich bereits direkt nach Gera eingestellt. Der Austritt selbst verlief unspektakulär. Ich gab noch ein Interview, in dem ich meine Entscheidung publik machte. In der Partei hatte es sich ohnehin schon herumgesprochen.

Es wurde nicht um mich gekämpft. Die Partei war viel zu sehr mit sich selbst beschäftigt. Ich gehörte für alle irgendwie immer zur PDS, sodass es gar keiner richtig ernst nahm, dass ich gegangen war. Leicht fiel mir dieser Schritt nicht. Mein bisheriges Leben war von heute auf morgen komplett weg. Über Nacht war ich arbeitslos. Ich beschloss, das zu tun, was ich die ganze Zeit vermisst hatte: zu studieren und meine Jugend nachzuholen. Politische Kontakte pflegte ich fortan nur noch spärlich. Damit brach quasi mein ganzes soziales Umfeld weg.

Ende 2003 gab es dann doch noch den von mir und vielen anderen geforderten außerordentlichen Parteitag mit Neuwahlen, nachdem die PDS inzwischen in den Umfragen auf zwei bis vier Prozent abgestürzt war und neben mir noch andere prominente Mitglieder die Partei verlassen hatten. Erst jetzt wurde Gabi Zimmer abgewählt. Ihr Nachfolger wurde Lothar Bisky, der schon einmal die Partei geführt hatte. Nach seiner Wahl bat man mich zum ersten Mal, doch zurückzukommen. Doch meine Entscheidung war gefallen. Es gab kein Zurück mehr.

16 EINE NEUE PARTEI

NACHDEM ICH MEIN STUDIUM DER POLITIKWIS-senschaften im Frühjahr 2005 als Diplom-Politologin beendet hatte, ging ich auf Jobsuche. Niemand in meinem Umfeld kam auch nur im Ansatz auf die Idee, dass ich dabei Schwierigkeiten haben könnte. Schließlich hatte ich nicht nur politische Erfahrungen, sondern nun auch noch einen Einserabschluss in der Tasche. Ich bewarb mich vor allem auf Stellenangebote in Projekten, die sich dem Kampf gegen Rechtsextremismus widmeten. In meiner Diplomarbeit hatte ich mich mit dem NPD-Verbotsverfahren auseinandergesetzt. Ich war mir sicher, dass ich mit meinen theoretischen wie praktischen Kenntnissen auf diesem Gebiet sowie meinen Kontakten eine passende Stelle finden würde. Andererseits schaute ich mich auch bei verschiedenen Medien um. Kurz nach dem Studium hatte ich Praktika bei »Fritz«, einem Jugendradiosender, bei »Radio Eins« in Potsdam sowie bei der Wochenzeitung *Die Zeit* absolviert, da ich mir auch vorstellen konnte, zukünftig als Journalistin zu arbeiten. Schließlich hatte ich schon in meiner politischen Zeit in mehrfacher Hinsicht Medienerfahrungen sammeln können, nicht nur als Objekt der Berichterstattung, sondern auch als Reporterin. 1996 hatte ich beispielsweise für die Jugendsendung »Karacho«, die im Hessischen Rundfunk gezeigt wurde, von den »Chaostagen« in Hannover berichtet.

Doch all meine Zukunftsvorstellungen sollten sich als

großer, naiver Irrtum erweisen. Ich erhielt eine Absage nach der anderen. Es waren immer die gleichen drei Gründe, die mir genannt wurden: »Sie sind zu bekannt.« – »Wenn wir Sie einstellen, unterstellt uns jeder eine Nähe zur PDS, das können wir uns nicht leisten.« – »Sie haben keine Joberfahrungen, waren ja nur in der Politik tätig.«

Ich erlebte ein Paradox, wie es vermutlich mancher Politiker erlebt hat, der völlig aus der Politik ausgestiegen ist. Auf der einen Seite wird immer beklagt, Politiker hätten keinen Schimmer vom »echten Leben«, da sie ja nur in ihrer politischen Blase lebten. Auf der anderen Seite wird es ihnen schwer gemacht, wenn sie jenseits des parteipolitischen Spektrums in einem anderen Beruf tätig sein wollen. Verschärfend kam in meinem Fall sicherlich hinzu, dass ich von einer Partei kam, die im parlamentarischen System immer noch nicht als »normal« angesehen wurde.

Bei der *Zeit* wurde mir sehr schnell klargemacht, dass ich zwar durchaus talentiert sei, aber viel zu bekannt für den Job. Ich solle noch mindestens zehn Jahre warten und es dann noch einmal versuchen. Man könne mich ja beispielsweise nie zu einer CDU-Pressekonferenz schicken, da mir alle parteiischen Journalismus unterstellen würden. Der Rat war gut gemeint, aber ich fand ihn absurd. In zehn Jahren wäre ich 44 gewesen. Damals, mit 34, musste ich feststellen, dass in einem Alter, in denen andere in ihrer Karriere richtig durchstarteten, meine eigene beendet war.

So hangelte ich mich von Praktikum zu Praktikum, hatte am Ende immer gute Beurteilungen in der Tasche, aber weder eine Arbeit noch eine Perspektive. Eine Freundin gab mir einen Aushilfsjob in ihrer Rechtsanwaltskanzlei. Für einen anderen Freund gestaltete ich auf 400-Euro-Basis seine Homepage. Mit diesen kleinen Jobs hielt ich mich eine ganze Weile über Wasser.

Durch eine gemeinsame Diskussionsrunde war ich im Kontakt mit Andrea Nahles. Wir hatten uns während unserer gemeinsamen Zeit im Bundestag kennen- und schätzen gelernt. Ich bewunderte, wie sie als Juso-Vorsitzende die Jüngeren in der SPD sichtbar gemacht hatte. Als mich ein befreundeter Journalist 2002 ansprach, ob ich an einem Gedankenaustausch zwischen Gewerkschaften, SPD, PDS und den Grünen teilnehmen wolle, sagte ich zu. An eben dieser Runde nahm auch Andrea teil. Wir trafen uns zwei- bis dreimal im Jahr und diskutierten sowohl über Tagespolitik als auch über »die großen Linien«. Es war eine Art rot-rot-grüne Runde der ersten Stunde, lange bevor das Thema salonfähig wurde.

Gegen Ende meines Studiums bekam Nahles bei einem dieser Treffen mit, dass ich eine Arbeit suchte. Von da ab fragte sie mich immer, wenn wir uns trafen, ob ich denn nun schon etwas gefunden hätte. Ich musste das immer verneinen.

Eines Tages im Spätsommer 2006 klingelte mein Telefon: Es war Andrea. Sie fragte, ob ich mir vorstellen könnte, für sie im Bundestagsbüro zu arbeiten. Der Bundestag hatte die Pauschale für Mitarbeiterinnen und Mitarbeiter erhöht. Das hieß, dass sie noch eine weitere Stelle zur Verfügung hatte. Im Oktober sollte es losgehen, und so hatte ich nicht viel Zeit, mich zu entscheiden. Ich wusste, dass ich diese Chance nach über einem Jahr der beruflichen Perspektivlosigkeit nicht verstreichen lassen sollte. Gleichzeitig dachte ich an die Reaktionen in meinem Freundeskreis. Ausgerechnet ich bei der SPD, die ich als PDS-Politikerin die Sozialdemokraten oft scharf attackiert und meine eigene Partei davor gewarnt hatte, so »angepasst« zu werden wie diese. Nach reichlich Bedenkzeit und einem längeren Gespräch mit Andrea sagte ich zu. Aber noch während ich mit ihr telefonierte, musste ich schlagartig an 2002 denken. Sofort war die Sorge da, meine Personalie könnte in den Medien mit dem Tenor aufgegriffen werden, Andrea Nahles habe einen Stasi-Spitzel eingestellt. Auch hatte ich Angst, in der SPD schon allein wegen dieser Geschichte auf massive Vorurteile zu stoßen. Ich beschloss, offen mit dem Problem umzugehen. Bei einem Treffen mit Andrea Nahles in ihrem Bundestagsbüro erzählte ich von meiner Akte und von den Ängsten, diese könne sowohl mir als auch ihr zum Nachteil ausgelegt werden.

Zu meiner Erleichterung blieb sie gelassen. Sie sagte mir, dass ich ja schließlich damals quasi noch ein Kind gewesen sei und sie mich trotz der eventuellen Schwierigkeiten gern als Mitarbeiterin haben wolle. Ihre Haltung beeindruckte mich. Ich wusste, dass viele Spitzenpolitikerinnen oder Spitzenpolitiker allein die Gefahr eines medialen Gegenwinds sofort dazu gebracht hätte, meine Mitarbeit zu verwerfen.

Ich sagte Andrea auch, dass ich mir nicht vorstellen könne, wegen des Jobs in die SPD einzutreten. Ich hätte das als einen opportunistischen Akt empfunden, der für mich nicht infrage kam. Andrea respektierte meine Entscheidung voll und ganz. In den Medien tauchte die Personalie nur kurz auf.

Als ich bei Andrea im Büro anfing, befand sich die SPD mitten in der Debatte über ein neues Parteiprogramm. Parallel zu ihrer Arbeit als Abgeordnete war sie mitverantwortlich für diesen Diskussionsprozess innerhalb der SPD. Auch die SPD-Parteilinke diskutierte intensiv. Von Anfang an fühlte ich mich der Parteilinken zugehörig und wurde 2007 Mitglied im Forum Demokratische Linke 21 (DL21), da dies auch ohne ein Parteibuch der SPD möglich war.

Es war ein seltsames Gefühl, in den Bundestag zurückzukehren. Einerseits war es ungewohnt, weil ich ja nun keine Abgeordnete mehr war. Das Plenum, in dem ich früher ganze Tage und halbe Nächte gesessen hatte, durfte ich als einfache Mitarbeiterin nicht mehr betreten. Andererseits waren vier Jahre vergangen, seit ich aus dem Bundestag ausgeschieden war. Deshalb war mein Job bei Andrea Rückkehr und Neuanfang zugleich.

Neben meinen Aufgaben im MdB-Büro war schnell klar, dass ich sie vor dem Hintergrund meiner politischen Erfahrungen gerade in der Programmdebatte unterstützen konnte. Quasi ins kalte Wasser geworfen, arbeitete ich mich als Nicht-SPD-Mitglied in den Stand der Debatte ein und lernte die Partei so relativ schnell in all ihren Facetten kennen. Die Parteilinke wollte ihren Beitrag zur Programmdebatte als Buch herausbringen. So lernte ich Detlev Albers kennen. Er war ein Urgestein der SPD. Im öffentlichen Gedächtnis ist er durch eine Aktion geblieben, die bundesweit Aufsehen erregt hatte. Als 23-Jähriger hatte er gemeinsam mit anderen Kommilitonen am 9. November 1967 bei der feierlichen Rektoratsübergabe an der Universität Hamburg das Transparent »Unter den Talaren – Muff von 1000 Jahren« entrollt, um auf die Nachkriegskarrieren von Professoren mit NS-Vergangenheit aufmerksam zu machen. Später wurde er Professor für Politikwissenschaft und Vorsitzender der SPD Bremen.

Detlev nahm sich stundenlang Zeit für mich, hörte mir zu, was ich zu erzählen hatte, und erklärte mir wiederum die SPD. Es war wie ein Crashkurs zu Geschichte und Charakter der Sozialdemokratie. Gemeinsam erarbeiteten wir das geplante Buch der Parteilinken.

Im März 2007 brachten Detlev Albers und Andrea Nahles dann das Buch »Linke Programmbausteine: Denkanstöße zum Hamburger Programm der SPD« heraus. Ich war stolz auf meine Mitarbeit, auf die Zusammenarbeit mit Detlev, hatte viel über die SPD gelernt und konnte gleichzeitig Andrea unterstützen. Den Entwurf des Parteiprogramms kannte ich irgendwann auswendig, denn ich diskutierte und formulierte gleichberechtigt mit. Nach achtjähriger Diskussion, wovon ich ein Jahr lang intensiv die finalen Auseinandersetzungen begleiten durfte, verabschiedete die SPD das »Hamburger Programm« am 28. Oktober 2007 in Hamburg.

Schon am Tag der Abstimmung dachte ich, dass ich jetzt auch in die SPD eintreten könne. Ich hatte das Programm mitgestaltet, hinter den meisten Inhalten konnte ich stehen. Aber von diesen Überlegungen erzählte ich zunächst niemandem. Immer wieder musste ich mir ja von alten Parteifreunden anhören, dass ich jetzt bei den »Verrätern« arbeitete. Mal davon abgesehen, dass diese Vorwürfe immer von den üblichen Verdächtigen kamen, hinterließen sie trotzdem Wirkung bei mir. Der Vorwurf des Verrats hätte vermutlich jeden getroffen. Aber genau das wollten die Kritiker aus der Linkspartei ja auch.

Jedoch musste ich meinen eigenen Weg gehen. Dass ich Politik über Parteipolitik aktiv mitgestalten wollte, war für mich immer klar. Im Februar 2008 entschied ich mich endgültig, in die SPD einzutreten. Im Willy-Brandt-Haus, der Parteizentrale, übergab ich dem damaligen SPD-Vorsitzenden Kurt Beck persönlich meinen Aufnahmeantrag. Obwohl ich mir extra für den Anlass einen Anzug angezogen hatte, hatte ich den Eindruck, dass er mit mir, der Ex-Punkerin, wenig anfangen konnte. Es war ein Gefühl, das ich bei der SPD nie so ganz verloren habe. Dennoch: Ich bin in dieser Partei angekommen.

17 IM SCHATTEN DER STASI

MANCHMAL DACHTE ICH: SO KANN ES JETZT WEI-
tergehen. Ich hatte wieder einen Job, in dem ich das tun
konnte, was meine große Leidenschaft war: Politik gestalten. Ich konnte wieder auf bundespolitischer Ebene arbeiten, die mich immer am meisten interessiert hatte, und
lernte sie auch noch aus Sicht einer Regierungspartei kennen. Ich konnte meine Erfahrungen, Analysen und Meinungen wieder einbringen. Die ganzen Ereignisse von 2002
hatte ich scheinbar hinter mir gelassen, und ich glaube,
dass die meisten, denen ich begegne, sie auch nicht im Hin-
terkopf oder überhaupt je mitbekommen haben.

Aber bald merkte ich, dass die Stasi – unsichtbar – ein
Begleiter meines Lebens blieb. Es war nicht so, dass ich
ständig darauf angesprochen wurde oder jemand Fragen
zu dieser Geschichte stellte. Aber oft genug wurde ich daran erinnert, dass das Thema nicht verschwunden war. Einmal spielte ein Fraktionsmitarbeiter auf einem SPD-Par-
teitag mit der spöttischen Bemerkung »Na, schon einen
Bericht über den Parteitag geschrieben?« auf meine Sta-
si-Verwicklung an. Er meinte das nicht böse, wir verstan-
den uns gut. Aber für ihn war es ein Thema, über das man
kleine Scherze machen konnte. Für mich nicht. Ein anderes Mal kam ein befreundeter Mitarbeiter ins Büro, als ich
gerade telefonierte. »Na, telefonierst du mit deinem Führungsoffizier?«, flachste er. Mir war nicht nach Lachen zumute. Auf einem Parteifest sprach mich einer an und sagte,

er habe meinen Wikipedia-Eintrag gelesen: »Krass.« Ich wusste, was er meinte. Laut Wikipedia bin ich eine Antideutsche mit Stasi-Vergangenheit, die früher bei der PDS war und jetzt für die SPD arbeitet. Das ist meine Biografie im Internet. Ich gehöre nicht zu denen, die ihre Wikipedia-Einträge ändern. Aber ich habe und nehme mir das Recht, nicht auf dieses Bild reduziert zu werden.

Aber auch für mich persönlich blieb die Stasi ein Thema. Bei jedem politischen Schritt, der öffentlich wahrnehmbar war, dachte ich darüber nach, ob ich wieder mit der Vergangenheit konfrontiert werden würde. Ich wollte mir nicht noch einmal von anderen erklären lassen, wie mein Leben angeblich gewesen war. Ich wollte die Hoheit über meine Biografie wieder zurück, die mir 2002 in doppelter Weise weggenommen worden war. Zum einen durch die Enthüllung, zum andern aber durch die Stasi, die mir durch ihre Berichte eine Interpretation meiner Jugend im Nachhinein aufzwang.

»Warum schreibst du nicht ein Buch darüber?«, fragte mich eine befreundete Journalistin, als wir einmal länger über mein Leben sprachen. Ich hatte den Gedanken schon selbst gehabt, aber immer wieder verworfen. Ich wusste, dass ein solcher Schritt nur sinnvoll wäre, wenn ich auch meine ganze Familiengeschichte schildern würde. Dazu war ich aber nicht bereit. Schon 2002 war ich so viel Unverständnis begegnet, das ich nicht entkräften konnte, weil ich aus Angst schwieg. Wer möchte schon eine solche Geschichte in der Öffentlichkeit haben?

Deswegen lehnte ich auch alle Anfragen zum Thema, sei es von Dokumentarfilmern oder von Universitäten, die Studien über jugendliche IM machen wollten, konsequent ab. Nur einmal, 2013, ging ich auf eine Anfrage der Universität Zürich ein. Ich schrieb dem Wissenschaftler, dass ich bereit sei, ihn zu treffen, da ich die wissenschaftliche Aufarbeitung durchaus für notwendig erachtete. Ich könne ihm meine Sicht, geprägt durch meine intensiven persönlichen Erfahrungen, schildern. Aber ich wolle kein »Fallbeispiel« werden und würde mir eine Zustimmung zu einer Veröffentlichung daher vorbehalten.

Er ging auf meine Bedingungen ein, und so trafen wir uns im Oktober 2013 in Berlin. Es war ein schwieriges Gespräch für mich, da mir schon durch den Mailaustausch mit ihm und erst recht während unseres Treffens bewusst wurde, wie tief mich manche Erfahrungen in Kindheit und Jugend verletzt hatten. Und weil mir wieder klar wurde, wie viel Angst ich in mir trug, wieder öffentlich an den Pranger gestellt zu werden.

Der Wissenschaftler wiederum erzählte mir, dass es schwierig sei, Betroffene zu finden, die bereit seien, ihr Schweigen zu brechen.

Das Gespräch mit ihm brachte den Gedanken zurück, meine Geschichte aufzuschreiben. Er hatte ja recht: Wenn keiner redete, blieb diese Seite der SED-Diktatur weitgehend im Dunkeln. Vielleicht habe ich mich auch mit ihm getroffen, weil ich innerlich spürte, dass sich eine Entscheidung anbahnte, die nur noch den richtigen Anstoß brauchte.

Am Ende war es die Stasi selbst, die mich dazu brachte, den Schritt wirklich zu gehen. Oder um genauer zu sein: das schicksalhafte Wiedersehen mit Jörg S. bei jener Geburtstagsfeier im November 2013. Es konfrontierte mich direkt und brutal mit der Tatsache, dass Leute wie er ein ruhiges Leben führen können, während ich mir eingestehen musste, dass ich in ständiger Angst lebte, das Ganze könnte wieder hochkommen. Es kostete mich eine weitere schlaflose Nacht, dann war die Entscheidung gefallen. Als ich am

174

Morgen danach den Ostseestrand entlanglief, wurde mir zum ersten Mal klar, was für eine Last ich jahrzehntelang mit mir rumgeschleppt hatte.

Kurz danach entschloss ich mich, mit Roland Jahn Kontakt aufzunehmen, der inzwischen die Bundesbehörde für die Stasi-Unterlagen leitete. Von allen Leitern dieser Behörde war er derjenige, in dessen eigene Biografie die Stasi am massivsten eingegriffen hatte. Weil er die oppositionelle Friedensgemeinschaft Jena mitgegründet hatte, wurde er 1983 aus der DDR geworfen. Nach seiner Ausbürgerung war er zunächst als Journalist tätig, produzierte fürs Fernsehen zahlreiche Beiträge über die Menschenrechtsverletzungen in der DDR. Im Januar 2011 wurde er vom Deutschen Bundestag zum Bundesbeauftragten für die Unterlagen des Staatssicherheitsdienstes der ehemaligen DDR gewählt.

Ich kannte ihn nicht näher. Einmal war ich ihm zuvor begegnet. Seit 2009 treffen sich regelmäßig Parlamentarier und Parlamentarierinnen von SPD, Grünen und der Linken zu einem regelmäßigen Austausch. Als Geschäftsführerin eines Zusammenschlusses namens »Denkfabrik« in der SPD-Bundestagsfraktion, die diese rot-rot-grüne Runde (#r2g) mit ins Leben gerufen hat, war ich von Anfang an dabei. Im September 2011 konnte ich Roland Jahn für ein Gespräch im Rahmen unserer r2g-Runde gewinnen. Wir haben damals mit ihm über das Thema Vergangenheitsaufarbeitung, SED-Diktatur und den Umgang damit gesprochen. Genau diese Erinnerungen an unsere Gesprächsrunde waren auch ein Grund, dass ich ihn um einen Austausch über mein geplantes Buch bat. Einer der ersten Sätze von Roland Jahn während unseres r2g-Gespräches war mir nachhaltig im Gedächtnis geblieben: »Je besser wir die Diktatur begreifen, umso besser können wir Gegenwart und Zukunft gestalten.«

Damit brachte er auf den Punkt, was ich immer dachte. Nur wenn wir wissen, was war, können wir differenzieren, können wir differenziert über Biografien oder Lebensentscheidungen urteilen. Ich erinnere mich, dass Roland Jahn in der damaligen Runde auch vom Verzeihen sprach – und dass ich damals schon dachte, dass das nicht immer möglich ist. Ich musste dabei an meine eigene Familiengeschichte denken.

Wir vereinbarten ein Treffen, zu dem ich viel zu früh erschien. Ich setze mich noch eine Weile auf eine Bank in der Nähe der Behörde. Wieder kamen, wie so oft seit meiner Entscheidung, Zweifel in mir hoch: Was mache ich hier eigentlich? Denn mit dem Buchprojekt kehrten auch viele Erinnerungen zurück, die ich doch jahrelang nach Kräften verdrängt hatte. Oder vielmehr: Sie überrannten mich, machten sich in meinem Alltag breit und suchten mich nachts in meinen Träumen heim. Auf einen Schlag war alles wieder da – die Häme, die Beschimpfungen, die Akte, die Schuldgefühle, das sich Schämen für die Eltern. Und nun saß ich da und hatte in wenigen Minuten einen Termin mit dem Mann, der durch seine eigene Biografie und seine Arbeit als Beauftragter für die Stasi-Unterlagen wie kein anderer wusste, was die Stasi vielen Menschen angetan hatte. Einerseits wollte ich diesen Termin, und andererseits wäre ich am liebsten aufgestanden und gegangen. Es kam mir vor, als ob ich schon wieder Verantwortung übernehmen musste für etwas, was meine Eltern und die Stasi angerichtet hatten. In diesem Moment fühlte ich mich unglaublich müde und einsam.

Am Eingang der Stasi-Unterlagen-Behörde musste ich einen Passierschein unterschreiben, wurde dann abgeholt und in ein Wartezimmer gebracht. Ich konnte nicht still sitzen und trat ans Fenster. Ich schaute direkt in den Innenhof des Karl-Liebknecht-Hauses, die Parteizentrale der Linkspartei. Ich dachte: Welche Ironie, ausgerechnet jetzt diesen Ausblick zu haben. Unzählige Stunden hatte ich zwischen 1991 und 2003 dort verbracht.

Was würden wohl ehemalige PDS/Linkspartei-Freunde zu diesem Buch sagen? Nicht wenige waren ja 2002 der Meinung, so etwas habe es in der DDR nicht gegeben. Natürlich sei die Stasi schlimm gewesen, aber an Kindern und Jugendlichen habe sie sich nicht vergriffen. Ich dachte darüber nach, was ich seit meinem Austritt aus der PDS geschafft hatte, aber auch über das, was mir nicht gelungen war. Die Vergangenheit, die mich hemmte, war in diesen Räumen plötzlich präsenter denn je. Ich wusste, dass meine Entscheidung richtig war, und war gleichzeitig so voller Zweifel, als ich zu Roland Jahn ins Büro gebeten wurde.

Wir unterhielten uns sehr lange über Täter, Opfer, Akten und die Möglichkeiten wie Grenzen von Aufarbeitung. Ich erzählte ihm von meiner Begegnung im November mit Jörg S. und von dem, was ich über die Zusammenarbeit meiner Eltern wusste. Ich sprach davon, wie ich als Kind und Jugendliche die Dinge wahrgenommen hatte und dass ich mich in den vergangenen Jahren so oft dafür geschämt hatte, eine »Täterakte« zu haben. Er wies diesen Begriff zurück. Ich war überrascht. Aber genauso lese sich meine Akte, sagte ich ihm. Doch er blieb dabei. Ich könne doch nicht allen Ernstes von mir als Täterin sprechen. Seine Worte waren für mich eine kleine Befreiung, weil sie mir einen anderen Blick auf meine Akte erlaubten.

Vom ersten Moment an unterstützte er mein Projekt. Es sei wichtig zu erzählen, wie die Stasi bereits Kinder und Jugendliche für den Erhalt eines menschenverachtenden Systems missbraucht hätten. Die Verantwortlichen müssten damit konfrontiert werden. Wieder musste ich an die

Begegnung mit Jörg S. denken. Und daran, dass es mir schwerfällt zu glauben, dass es auf der anderen Seite so etwas wie Reue und Einsicht gibt.

So landeten wir auch an diesem Tag bei den ihm wichtigen Themen Versöhnung und Verzeihen. Ich habe bis heute großen Respekt vor Menschen, die mit einer ähnlichen Geschichte versöhnen und verzeihen können. Ich kann es nicht. Am Ende sprach mir Roland Jahn Mut zu und die Unterstützung seiner Behörde. In diesem Moment ahnte ich noch nicht, wie oft ich diese in den folgenden Monaten in Anspruch nehmen würde. Und dass ich durch sie noch einmal Dinge erfahren würde, von denen ich nichts gewusst hatte.

In den nächsten Wochen begab ich mich auf die Suche nach meinem Leben. Wie eine Detektivin in eigener Sache durchforstete ich alte Ordner, las Briefe und Zeitungsartikel, stellte gemeinsam mit meiner Koautorin einen Forschungsantrag zur eigenen Person beim Bundesbeauftragten. Anhand meiner eigenen Biografie wollte ich herausfinden und darstellen, wie die Stasi in das Leben von Jugendlichen eingegriffen und sie für ihre Interessen benutzt hatte.

Im Rahmen dieses Forschungsvorhabens konnte ich weitere Dokumente einsehen, auszugweise unter anderem auch die Kaderakten »meiner« Führungsoffiziere. Ich rief meinen Schulkameraden David an, mit dem der Kontakt nie abgebrochen war, und sprach mit ihm über das, was ich fand. Mit ehemaligen Parteigefährten, mit denen ich noch in Verbindung war, rekonstruierte ich politische Details, die mir entfallen waren. Ich kontaktierte meine ehemalige Klassenlehrerin und bat sie, mir von der Zeit damals zu erzählen. Manchmal saß ich aber einfach nur da und versuchte, meine Erinnerung zu erforschen. Was hatte ich vergessen, wo hatte ich etwas übersehen?

Um einen Anruf aber drückte ich mich lange. Eines Tages rang ich mich aber dann doch durch und rief Silke an, meine frühere Klassenkameradin, deren Mutter einen Ausreiseantrag gestellt hatte. Die Szene auf dem Klassentreffen, wo sie mir gesagt hatte, dass ihre Mutter über meine Eltern Bescheid gewusst habe, erfüllte mich immer noch mit Scham. Aber Silke klang freundlich am Telefon. Ich hatte meinen Anruf per E-Mail angekündigt, und sie hatte sich bereit erklärt, mit mir zu reden.

Silke war im zweiten Halbjahr der dritten Klasse zu uns gekommen, weil ihre Mutter nach der Scheidung von Silkes leiblichem Vater nach Greifswald umgezogen war. Bis zur zehnten Klasse gingen wir gemeinsam zur Schule, aber dann lockerte sich der Kontakt wieder. Ich sei als Kind immer »aufgedreht und lustig« gewesen, sagte Silke am Telefon. Aber dann habe sich mein Wesen verändert. Immer stiller und ruppiger sei ich geworden: »Du wirktest wie jemand, der dauerhaft angepisst ist.« Sie habe das auf die Pubertät zurückgeführt. Ich konnte mich nicht durchringen, ihr zu erzählen, dass nicht die Pubertät an meinem Verhalten Schuld war, sondern mein Stiefvater und das, was er mit mir tat und mir antat.

Meinen Stiefvater kannte Silke flüchtig vom Theater. Ihre Mutter hatte zu Hause von ihm erzählt: Er sitze immer betrunken in der Theaterkantine und mache Andeutungen, denen man entnehmen könne, dass er für die Stasi arbeite. Ein saufender kleiner Wichtigtuer. Jedenfalls machte Silkes Mutter einen Bogen um ihn und empfahl ihrer Tochter, dies ebenfalls zu tun. Gleiches galt für meine Mutter. »Für mich war klar, dass sie auch für die Stasi arbeitete und dass ich bei euch zu Hause nichts erzählen durfte«, sagte Silke.

Aber ihre Mutter warnte Silke auch vor mir. Ich hätte eine Zeit lang auffällig ihren Kontakt gesucht und sogar bei ihr übernachten wollen. Das habe die Mutter ihr aber untersagt. Es beruhigte mich etwas, dass sich auch Silke nicht an diese »Kontaktversuche« erinnern konnte. Denn ganz ehrlich fühlt sich – obwohl Gedächtnislücken meines Erachtens völlig normal sind – für mich jede fehlende Erinnerung inzwischen wie ein Vorwurf an, wie etwas, wofür ich mich zu rechtfertigen habe.

Als mich Silke einmal mit David in der Wohnung meiner Eltern besuchte, nachdem diese weggezogen waren, flippte ihre Mutter hinterher aus. Die Wohnung sei bestimmt verwanzt gewesen und ich nur ein Lockvogel, um sie auszuhorchen, sagte sie ihrer Tochter. Es schockierte und verletzte mich, dass sie Silke vor mir »gewarnt« hatte. Dabei glaube ich nicht, dass wir an diesem Abend über Politik gesprochen haben.

Aber vielleicht war ich ja unwissentlich tatsächlich ein Lockvogel der Stasi gewesen? Wäre es so, dann wären unsere Familien quasi Spiegelbilder gewesen: Meine Eltern bespitzeln ihre Mutter; ich werde auf die Tochter angesetzt. Eine erschreckende Vorstellung – die wohl letztlich Realität war.

Erst durch die Recherche für dieses Buch erfuhr ich, dass Silke – im Gegensatz zu mir – als Jugendliche sehr genau gewusst hat, wer oder was die Stasi war. Regelmäßig wurden sie und ihre Mutter in die örtliche Kreisdienststelle einbestellt und »bearbeitet«. Sie sollten den Ausreiseantrag zurückziehen, das würde ohnehin nicht klappen, sie bekämen nur Schwierigkeiten. Aber ihre Mutter ließ sich nicht beeindrucken. Einmal sei sie selbst nach einem solchen Besuch zu Hause heulend zusammengebrochen, erzählte Silke am Telefon. Es war ein Tag, an dem die Stasi-Mitarbeiter – meist waren es vier – besonders heftig auf sie eingeredet hatten.

180

Sie war überrascht, als ich ihr erzählte, wie ich zu Hause die Diskussionen über ihren Berufswunsch mitbekommen hatte. Tatsächlich war sie Krankenschwester geworden. Während ihrer Ausbildung wurde sie einmal im Monat zum Direktor der Krankenschwesternschule gerufen, der ihr kleine Vorträge hielt: Ihre Noten in Marxismus-Leninismus seien doch gut, warum sie nicht von diesen dummen Ausreiseplänen lassen wolle?

Als Silkes Mutter nur wenige Tage vor dem Mauerfall endlich ihre Ausreisegenehmigung erhielt, wollte die Tochter nicht mehr mit. Sie wolle lieber ihre Ausbildung fertig machen, sagte sie der Mutter.

Bis heute haben weder Silke noch ihre Mutter Antrag auf Einsicht in ihre Stasi-Akten gestellt. Ich fragte sie, warum. Sie antwortete: »Und dann findet man heraus, dass einen Kinder bespitzelt haben. Ich will das nicht wissen. Und erst recht will ich nicht deswegen wütend auf jemanden werden.«

Ich hingegen bin inzwischen wütend.

18 IM »AHORNBLATT« UND ANDERE ENTDECKUNGEN

AN EINEM TAG IM JULI 2014 STAND ICH NACH einer schlaflosen Nacht erneut vor dem Gebäude der Stasi-Unterlagenbehörde. Die Mitarbeiterin, die sich mit den Unterlagen zu mir und den weiteren Recherchen zu meiner Familie beschäftigt hatte, hatte mir gesagt, dass sie weitere Dokumente gefunden habe. Es gehe dabei auch um die IM, die auf mich angesetzt werden sollten. Mehr sagte sie nicht.

In meinem Kopf begann ein Film zu laufen. Wer könnte sich hinter IM »Ahornblatt«, IM »Falco« und IM »Olga« verbergen, jenen Decknamen, die ich in meiner Akte gefunden hatte? Eine Lehrerin, ein Mitschüler, jemand, mit dem ich Judo gemacht hatte? Ich hatte Angst, dass es einer meiner Freunde aus der damaligen Zeit gewesen sein könnte. Inzwischen hielt ich alles für möglich. Auch deshalb bekam ich in der Nacht vor dem Termin kein Auge zu.

In der Behörde empfing mich die Mitarbeiterin freundlich, und man merkte ihr an, dass sie nicht zum ersten Mal Menschen begrüßte, für die persönlich viel auf dem Spiel stand. »Nervös?«, fragte sie mich und führte mich in einen Vorraum, wo ich meine Sachen ablegen konnte. Dann brachte sie mich nach einem kurzen Gespräch in einen Lesesaal und legte mir zwei Ordner hin. Im ersten war meine eigene Akte. Da ich sie bereits kannte, hielt sie für mich keine großen Überraschungen parat. Nur auf einem Dokument war nun der Name meines Mitschülers David erkennbar, da er mir erlaubt hatte, mögliche Informationen zu ihm in meiner Akte ungeschwärzt zu lesen. Ich hatte aber schon 2002 beim ersten Lesen der Akte schlussfolgern können, dass es sich mindestens an einer Stelle um ihn handeln musste.

Verschwunden bzw. wohl vernichtet ist die Akte meiner Mutter. Als mir die Mitarbeiterin der Behörde des Bundesbeauftragten dies am Telefon mitteilte, war ich deprimiert, obwohl ich zuvor Angst vor dieser Akte gehabt hatte. Ich hatte nach allem fest damit gerechnet, dass zumindest Teile der Unterlagen noch vorhanden waren. Ich hatte befürchtet, dass ich dort Dinge lesen würde, die mich noch tiefer verletzen würden. Nun, da ich wusste, dass es sie nicht mehr gab, war ich eben doch nicht erleichtert, sondern enttäuscht. Auch empfand ich es als ungerecht, dass ich mich für meine Akte öffentlich hatte verantworten müssen, von ihrer hingegen kaum noch Spuren vorhanden waren.

Mir war klar, dass mir die Akte meiner Mutter, so bitter die Lektüre vielleicht auch gewesen wäre, geholfen hätte, einiges besser zu verstehen. Wer hatte die Idee, mich zu verpflichten? Was hatten meine Eltern an die Stasi weitergegeben? Hatte meine Mutter irgendwann Zweifel? Gab es Gründe, dass meine Eltern diesen Weg gegangen waren und es zugelassen hatten, dass ich so jung und mit dieser Konsequenz hineingezogen wurde? War meiner Mutter klar, dass ich die Tragweite dieser Stasi-Kontakte noch nicht begreifen konnte? Hat die Stasi die Naivität aller ausgenutzt oder Druck ausgeübt?

Gefunden hat sich immerhin ein »Auskunftsbericht« über meine Mutter vom 9. Juni 1981. Darin stand: »Der IM hat eine positive politische Grundeinstellung. Tritt in Versammlungen progressiv in Erscheinung.« Und weiter unten über die Gründe für die Zusammenarbeit mit dem MfS: »politische Überzeugung, Bestreben, Missstände und Mängel beseitigen zu helfen«. Außerdem war vermerkt, der IM sei »zuverlässig und ehrlich« und habe als Interessengebiete »Kultur, (Theater) insbesondere Dramaturgie«. Als »mögliche Einsatzrichtung des IM« wurden »Sicherung Volksbildung sowie Kunst/Kultur (Theater) Greifswald« angegeben. Mit einer Einschränkung. In der Kategorie »Wesentliche Umstände, die die Einsatzmöglichkeiten des IM beeinflussen« stand: »Der IM hat zwei Kleinkinder.« Damit waren mein Bruder und ich gemeint.

Außerdem gab es Belege, dass meine Mutter und mein Stiefvater Geld von der Stasi erhalten hatten, sogenannte Operativgeldzahlungen. So hatten beide im Februar 1985 100 Ostmark für »Ausgaben bei der Realisierung von Aufträgen« bekommen. Im November 1985 beantragte Führungsoffizier Thomas M. 50 Mark für ein »Präsent zum Ehrentag« für IM »Barbara« – einen Tag vor dem Geburtstag meiner Mutter. Im Dezember gab es noch einmal sowohl für sie als auch für meinen Stiefvater eine kleinere Geldsumme.

Auf einem Dokument standen außerdem noch andere Geldbeträge, die der Führungsoffizier für weitere von ihm »betreute« IM angefordert hatte. Auch dort war stets der Verwendungszweck notiert. Und der war in manchen Fällen durchaus bemerkenswert. Bei einem der IM hatte M. teilweise die Miete übernommen, einem anderen finanzierte er Eintrittskarten für eine Veranstaltung. Was meine Eltern betrifft, so ist es bestimmt Zufall, dass alle Geldprämien aus dem Jahr stammen, in dem ich an die Stasi herangeführt wurde.

An die Sachgeschenke, die die Stasi-Leute gelegentlich mitbrachten, kann ich mich selbst noch erinnern; beispielsweise eine Flasche Metaxa, die einer der Stasi-Mitarbeiter einmal mit dabeihatte, wurde demonstrativ in die Schrankwand gestellt und zu besonderen Anlässen herausgeholt.

In den Ordnern, die mir die Mitarbeiterin zusammengestellt hatte, waren außerdem sogenannte Vorgangshefte in Kopie abgeheftet: In ihnen listeten Führungsoffiziere ihre Inoffiziellen Mitarbeiter mit dem Decknamen und der Registriernummer auf, gaben an, wann der Vorgang angelegt wurde, ob er von einem Führungsoffizier an einen anderen (oder an eine andere Hauptabteilung mit anderen Aufgaben) übergeben wurde oder nach Abschluss ins Archiv zur Ablage kam. Und noch etwas stand in diesen Heften, nämlich: wann die inoffizielle Tätigkeit als IM begann.

Dabei machte ich eine irritierende Entdeckung. In einem dieser Vorgangshefte war der Umzug meiner Eltern festgehalten. Dort stand, dass IMS »Ulf Meißner« am 14. April 1987 vom Greifswalder Führungsoffizier Thomas M. an die Kollegen in Frankfurt/Oder übergeben wurde, IMS »Barbara« am 8. Oktober 1987. Der zeitliche Unterschied erklärt sich damit, dass meine Mutter mit meinen beiden Geschwistern erst ein paar Monate später nachgezogen war.

Seltsam aber war etwas anderes. Meine Mutter hatte stets erzählt, dass Michael bereits bei der Stasi gewesen sei, als sie ihn kennenlernte, und sie erst über ihn wegen der Nutzung unserer Wohnung als konspirativer Treff in die Zusammenarbeit »hineingerutscht« sei. Laut Vorgangsheft war sie allerdings im Jahr 1980 bei der Stasi registriert worden, mein Stiefvater hingegen erst 1982 – zwei Jahre nach meiner Mutter. »Registriert« heißt noch nicht, dass jemand für die Stasi arbeitete, sondern dass er in ihren Fokus geraten war. So wurde meine Mutter laut Auskunftsbericht (»Datum der Werbung«) erst am 5. Juni 1981 verpflichtet.

Zu diesem Zeitpunkt war Michael zwar schon in unser Leben getreten, aber seine Erfassung begann erst 1982.

Und noch etwas befand sich in einem der Ordner: Auszüge der Akte von IM »Ahornblatt«, die Miriam Hollstein im Rahmen unseres Forschungsantrages angefordert hatte, um die Situation minderjähriger IM am Beispiel meiner Biografie umfassender darzustellen. Wir konnten uns die Unterlagen gemeinsam ansehen, ohne dass dabei die Identität von IM »Ahornblatt« enthüllt wurde. Er war wie ich zum Zeitpunkt der Verpflichtung minderjährig gewesen, deswegen war sein Name geschwärzt. Da er laut meiner Akte zur »Erarbeitung einer umfassenden Einschätzung über das Wirken und Auftreten des IM-Kandidaten im schulischen Bereich« (damit war ich gemeint) eingesetzt werden sollte, muss es ein Mitschüler aus der Polytechnischen Oberschule gewesen sein.

Auch IM »Ahornblatt« war über seine Eltern an die Stasi geraten. Im ersten Bericht der Stasi ist von einem »Kontaktgespräch« im April 1986 mit ihm in der elterlichen Wohnung die Rede. Der Vater hatte ihn ins Zimmer geholt, wo ein MfS-Mitarbeiter auf ihn wartete. Die Situation muss ein ziemlicher Schock für ihn gewesen sein. Im Bericht heißt es: »Der Kandidat zeigte sich überrascht, fing sich aber sehr schnell, nachdem ihm erklärt wurde, dass der Mitarbeiter sich mit ihm unterhalten möchte.« Dann plauderte man mit ihm über alles Mögliche. Über seinen Berufswunsch etwa. Dieser spiele sich in einem Bereich mit »hohem Sicherheitsbedürfnis« ab, deshalb sei dem Kandidaten erläutert worden, wie wichtig die Kontrolle dort sei. Geredet wurde auch über die Schule. Der IM-Kandidat schätze sein Klassenkollektiv »als sehr labil ein«, notierte der Stasi-Mitarbeiter. »In der Klasse selbst sind einige negative Jugendliche.« Abschließend kam der Protokollant zu dem Ergebnis, der Junge sei während des Gesprächs »zunehmend aufgeschlossener und gesprächiger geworden«.

Auch die folgenden Kontaktgespräche, inklusive eines kleinen »Testauftrags«, verliefen offenbar zur Zufriedenheit des MfS. »Die anfängliche Zurückhaltung« habe der Kandidat inzwischen »völlig abgelegt«, heißt es etwa in einem zweiten Bericht. »Zum operativen Mitarbeiter hat er Vertrauen.«

Schnell entschied man sich daher, den Jungen tatsächlich als IM anzuwerben, zumal man sich von ihm eine »zielstrebige Arbeit« unter der Schuljugend erhoffte. Eine offizielle Zusammenarbeit sei hingegen »nicht fruchtbringend«.

An einer Stelle musste ich lachen, obwohl mir sonst nur wenig zum Lachen zumute war. Bei der Beschreibung der Interessen des Jungen hatte der Stasi-Mitarbeiter ein englisches Wort benutzt, es aber völlig falsch geschrieben. Das zeigte einmal mehr, wie wenig Ahnung das MfS von Jugendkulturen sowie den dazugehörigen englischen Begriffen hatte und wie sehr es sich von all diesen fremden Einflüssen wohl bedroht fühlte.

Anders als bei mir ist in der Akte von »Ahornblatt« auch ein stärkeres Bewusstsein der Stasi erkennbar, dass man es hier mit einem Jugendlichen zu tun hat. Die Aufträge seien »so zu gestalten, dass eine Überforderung verhindert wird, er aber das Gefühl bekommt, gebraucht zu werden«. Die erste Phase der Zusammenarbeit sollte zudem verstärkt dafür genutzt werden, »an der Festigung des Motivs für inoffizielle Arbeit zu arbeiten, um ihn als Jugendlichen fest an das MfS zu binden«. Auch die »fachlich-tschekistische Schulung« des jungen Menschen sei voranzutreiben.

Nicht einmal eine Woche nach dem ersten Gespräch unterschrieb IM »Ahornblatt« eine Verpflichtungserklärung. Den Decknamen »Ahornblatt« suchte er sich selbst aus;

von der Stasi war er zuvor mit einem anderem, deutlich einfallsloseren Tarnnamen geführt worden.

Glaubt man den Unterlagen, dann hat IM »Ahornblatt« von diesem Moment an gut funktioniert. Gut im Sinne der Stasi. Mehrfach wird notiert, dass seine Spitzeltätigkeit ergiebig war. So habe er »maßgeblich zur Aufklärung« der Pläne und Absichten in der Jugendszene beigetragen.

Einmal war zwischen die Berichte ein Blatt eingefügt, das nur einen Spruch enthielt. Er stammte von Feliks Dzierzynski, Chef der ersten sowjetischen Geheimpolizei, nach dem auch das berüchtigte Wachregiment benannt war, das auf Staatseinrichtungen aufpasste und direkt dem MfS unterstellt war. »Ein Tschekist ist ein Kommunist mit einem kühlen Kopf, heißem Herzen und sauberen Händen«, stand da. Sonst nichts. Saubere Hände, es gibt wohl kein falscheres Bild für das, was die Stasi mit Jugendlichen wie mir und »Ahornblatt« machte.

Anfang 1989 wurde in einem Bericht vermerkt, zwischen dem IM und dem MfS bestehe »eine enge Bindung sowie ein gutes, kameradschaftliches Verhältnis«. Auch hätten »Ehrlichkeit und Zuverlässigkeit in der Auftragserfüllung« nachgewiesen werden können. So war sie, die Stasi: von Ehrlichkeit schreiben, wenn es darum ging, systematisch Menschen zu benutzen, um andere auszuspitzeln – und zugleich durch Doppelt- und Dreifachkontrolle sicherzustellen, dass alles nach Plan verlief. Positiv vermerkt wurde, dass »Ahornblatt« seine »jugendliche Unternehmenslust« und den Hang zu unsteten Kontakten inzwischen abgestreift habe: »Der IM arbeitet jetzt zielstrebig und kontinuierlich, dabei wurden durch ihn vorbehaltlos auch Personen belastet.« Er sei auch »überörtlich einsetzbar«.

Unterschrieben war das Dokument von Thomas M., dem Führungsoffizier meiner Eltern, und Jörg V., der ja auch für mich zuständig war. »Ahornblatt« hatte also auch zu jenen sieben IM gezählt, die der »Obhut« von V. anvertraut gewesen waren. Das letzte Blatt in der Akte von IM »Ahornblatt« stammt vom 10. Oktober 1989, knapp einen Monat vor dem Tag, an dem in Berlin Zehntausende von Menschen die Öffnung der Grenze feierten. Es war der 40. Jahrestag der DDR. »In diesem Zusammenhang«, steht in dem Dokument, erlaube sich der Verfasser, dem IM »Dank und Anerkennung für die dem MfS erwiesene Unterstützung und die im Kampf an der unsichtbaren Front erreichten Ergebnisse auszusprechen«. Mit »hohem persönlichem Einsatz« habe der IM dazu beigetragen, Erkenntnisse zu liefern, die das MfS in die Lage versetzt hätten, »die Sicherheit vorbeugend« zu gewährleisten: »In Würdigung Ihres tschekistischen Wirkens überreiche ich Ihnen eine Prämie von dreihundert Mark.«

Wie überall in den Unterlagen war der Name von IM »Ahornblatt« geschwärzt worden. Ich hatte immer gehofft, es wäre ein Erwachsener gewesen, z. B. einer meiner Lehrer. Dann hätte ich ihn heute konfrontieren können mit dem, was ich über ihn erfahren habe. Ich hätte ihn fragen können, warum er das getan hat. Stattdessen musste ich feststellen, dass es sich um einen Jugendlichen von meiner Schule gehandelt hat, der wie ich von der Stasi benutzt wurde.

Über mich fand sich keine Eintragung in seiner Akte. Vielleicht hat es Berichte gegeben, die aber vernichtet wurden, da er ja von denselben Führungsoffizieren benutzt wurde, die auch bei mir Unterlagen vernichtet haben. Oder der Auftrag, mich zu bespitzeln, ist nie bei ihm angekommen. Eine dritte Möglichkeit ist, dass er keine Gelegenheit mehr hatte, über mich zu berichten. Trotz allem erschütterte mich die Lektüre der Akte von IM »Ahornblatt« nicht sonderlich. Ich fand es einfach nur absurd, dass sich Minderjährige zur »Sicherung des Systems« gegenseitig überwachen sollten.

Was mich an diesem Tag aber wirklich umhaute, war der zweite Ordner, den mir die Mitarbeiterin hingelegt hatte. Dabei stand praktisch nichts über mich darin. Denn zum Zeitpunkt, zu dem er angelegt worden war, war ich noch ein Baby. Es war die Akte meines Opas. Ich hatte ein ambivalentes Verhältnis zu ihm. Als Kind hatte ich Angst vor ihm. Er war ja, wie bereits erwähnt, streng bis intolerant gewesen. Aber ich habe auch viel von ihm gelernt. Zur Wendezeit, in der ich anfing, mich für Politik zu interessieren, haben wir viel diskutiert. Diese Ambivalenz in unserem Verhältnis, aber auch die Dankbarkeit für die Auseinandersetzung, die wir miteinander hatten, habe ich in meinem früheren Buch in einem »Brief an meinen Opa« zusammengefasst.

Ich war mir immer ziemlich sicher, dass er wusste, dass meine Mutter und mein Stiefvater für die Stasi gearbeitet haben. Schließlich war er derjenige gewesen, der bei einem der Treffen meiner Eltern mit der Stasi am Fenster gestanden und die rote Fahne geschwenkt hatte – als Signal dafür, dass das Gespräch beendet und ich mit meinen Geschwistern endlich wieder nach Hause kommen durfte.

Was ich nicht gewusst, ja nicht einmal geahnt hatte: Auch mein Opa ist ein IM gewesen. Er war immer in offiziellen Funktionen in der Kreisleitung tätig. Ich war bis dahin davon ausgegangen, dass Funktionäre der SED nicht gleichzeitig Inoffizielle Mitarbeiter der Stasi sein durften. Aber nun konnte ich es schwarz auf weiß in den Unterlagen nachlesen. Jahrelang hatte mein Opa als IM »Jugendfreund« Berichte verfasst.

Mal berichtete er über den Bau einer Jagdhütte, für den

der Besitzer sich verschuldet hatte. Dann über eine Nachbarsfamilie, die er »kleinbürgerlich« nannte, wobei er kritisch vermerkte, sie sei »nur auf den eigenen Vorteil bedacht«. Ein anderes Mal schwärzte er die Ehefrau eines Genossen an. Im Gegensatz zu ihrem Mann sei sie »westlich eingestellt« und gestatte frevelhafterweise auch ihren Söhnen, Westfernsehen zu schauen. Mein Opa hatte auch eine Vermutung, woher die prowestliche Haltung der Frau kam: »Frau M. soll 1945 – gleich in den ersten Tagen nach der Befreiung – schlechte Erfahrungen mit den Freunden gehabt haben, die sie bis heute nicht ganz überwunden hat.« Damit war wohl die Vergewaltigung durch sowjetische Soldaten gemeint.

Über eine Verkäuferin in seinem Einkaufsladen berichtete er, sie habe angekündigt, nicht mehr wählen gehen zu wollen. Er zitierte sie mit den Worten, die SED tue doch ohnehin nichts. Auch ein Westauftritt des Sängers Wolf Biermann brachte IM »Jugendfreund« in Rage. Man habe diesem in der DDR viel zu lange straflos durchgehen lassen, dass er gegen den Sozialismus schreibe und spreche. Das sei der negative Einfluss des Regimekritikers Robert Havemann gewesen. Er schlage vor, dass man Leute wie Biermann einige Jahre »in der Produktion« arbeiten lassen solle, damit sie selbst erkennen würden, »wo die Werte der Gesellschaft geschaffen werden«.

Ich selbst tauchte in einem Brief auf, der den Akten beigefügt war und den meine Großmutter an eine Verwandte geschrieben hatte. Sie beschwerte sich darin, dass ihr Ausreiseantrag für einen Besuch bei ihrer Mutter im Westen nicht genehmigt worden war. Außerdem erwähnte sie unter anderem, dass meine Mutter und mein leiblicher Vater mich als kleines Kind für ein paar Tage zu ihr gebracht und es offenbar nicht eilig gehabt hätten, mich wieder abzuholen.

Ende 1981 wurde die Akte meines Opas geschlossen. Nicht, weil er plötzlich Skrupel bekommen hätte oder unzuverlässig geworden wäre. Er war mit meiner Oma innerhalb von Ludwigslust in ein Neubaugebiet gezogen. Dort hatte die Stasi offenbar schon genügend Spitzel, jedenfalls brauchte sie ihn nicht mehr. Man beendete die Zusammenarbeit in beidseitigem Einvernehmen. Zu diesem Zeitpunkt hatte mein Opa fast zehn Jahre lang an die Stasi berichtet.

Ich saß wie betäubt im Lesesaal und hatte nur einen Gedanken: Ich will diese Familie nicht. Wenn meine Mutter, mein Stiefvater, mein Opa die Dinge verbockt hatten, warum musste ich dann alles ausbaden?

19 DIE AKTEN MEINER TÄTER

DIE »KLARNAMEN« HINTER DEN DECKNAMEN VON
Inoffiziellen Mitarbeitern lassen sich nicht immer in Erfahrung bringen. Dafür gibt es viele Gründe: Die Akte, die verraten könnte, wer es war, kann einfach nicht mehr vorhanden sein. Es kann aber auch die Akte eines IM-Kandidaten sein, der sich dann doch der Mitarbeit entzog, dann erfährt man den Namen zum Schutz der Identität nicht. Manchmal gibt es auch keine Verpflichtungserklärung, oder es fand gar keine Zusammenarbeit trotz Registrierung statt. Auch wenn ein IM für einen bestimmten Einsatz vorgesehen war, hat er nicht zwangsläufig Berichte zur betroffenen Person geliefert.

Wer sich hinter IM »Falco« und IM »Olga« verbirgt, habe ich an jenem Tag in der Stasi-Unterlagenbehörde leider nicht erfahren. Wahrscheinlich hatte man vor, meine Zuverlässigkeit regelmäßig durch den Einsatz von IM in meinem Umfeld zu überprüfen. Dass die für mich zuständigen Stasi-Mitarbeiter von Anfang an versucht haben, Informationen über mich von geeigneten IM in meinem schulischen Umfeld zu bekommen, lässt sich in meiner Akte nachlesen. Vielleicht ist es besser, dass ich nicht weiß, wer diese IM waren. Und doch muss ich zugeben, dass ich, je länger und intensiver ich über meiner und den anderen Akten saß, desto mehr das Bedürfnis hatte, ihre Identität zu erfahren. Die Vorstellung, einer von ihnen könnte ein Lehrer oder eine Lehrerin gewesen sein, ist bitter. Denn den

Lehrern und Lehrerinnen waren wir ja als Schüler und damit Schutzbefohlene anvertraut. Ich jedenfalls vertraute den meisten von ihnen.

Natürlich ist es theoretisch möglich, dass der eine oder andere IM doch über mich berichtet hat, diese Berichte aber vernichtet wurden. Mir rief Jörg S. ja an jenem Novemberabend 2013 zu, dass die Stasi doch alles beseitigt habe.

Nach wie vor weiß ich nicht, wer der junge Mann mit den Fluchtplänen war, den ich laut letztem Gesprächsvermerk in meiner Akte verraten haben soll. Die Unterlagenbehörde weiß es natürlich, sein Name ist in den Originalakten ja nicht geschwärzt. Aber hier enden für mich die Grenzen des Auskunftsrechts. Ob sein Name, wenn ich ihn erfahren würde, Erinnerungen wachrufen würde, muss offenbleiben.

Herausbekommen habe ich allerdings, wer mir vom Fluchtplan des jungen Mannes erzählt haben muss. Auch diese Frage hat mich lange umgetrieben. Es war Detlev N., der Freund meiner Mutter und meines Stiefvaters, bei dem ich nach dem Wegzug meiner Familie immer die Wochenenden verbrachte. Tatsächlich war Detlev in Abwesenheit meiner Mutter als mein Vormund eingesetzt. Er war unter anderem als Gesangslehrer tätig. Als Miriam Hollstein im Zuge des Buchprojekts und im Rahmen des Forschungsantrags eine Kopie des letzten Stasi-Vermerks in meiner Akte anforderte und erhielt, konnte ich lesen, dass mir »mein Vormund« am Wochenende von dem jungen Mann erzählt hatte. Aus dem Vermerk lässt sich schlussfolgern, dass der junge Mann einer seiner Schüler gewesen sein könnte.

Ich weiß nicht sicher, ob es stimmt, was mir nach der Wende erzählt wurde, dass auch Detlev als IM für die Stasi tätig gewesen ist. Aber wusste die Stasi von ihm selbst, dass er mir die Information über den jungen Mann gegeben hatte, und wollte sie sie bei mir abfragen, um mich zu prüfen? Oder hatte Detlev es mir beiläufig erzählt, weil er ohnehin davon ausging, dass es mit dem System der DDR bald vorbei wäre?

Verschwunden ist neben der Akte meiner Mutter auch die meines Stiefvaters. Dafür verfügt die Behörde des Bundesbeauftragten, wie bereits erwähnt, über die Personalunterlagen von Jörg V., Wieland H., Egbert N., Jörg S. sowie Thomas M., also der laut Akte für mich zuständigen Stasi-Mitarbeiter. Auch diese bekam meine Koautorin im Rahmen des Forschungsantrages in Auszügen zur Verfügung gestellt, und so konnte ich sie mir ansehen. Das mutet wie ein kleiner Treppenwitz der Geschichte an: Man hätte ja annehmen können, dass die Stasi die Akten der eigenen hauptamtlichen Mitarbeiter als Allererstes beseitigt hätte, als ihr aufging, dass es mit der DDR vorbei war.

Was die Akten der Stasi-Verantwortlichen betrifft, so habe ich lange gezögert, sie in dieses Buch aufzunehmen. Ich wollte diesen Menschen nicht noch einmal in meinem Leben Raum geben. Aber ich habe es schließlich doch getan, weil es ein Lehrstück über das Innenleben der Stasi ist.

Inzwischen weiß ich, dass die Kreisdienststelle des MfS Greifswald fünf Referate hatte.[45] Mein Leben wurde von Referat 2 verwaltet. Und nicht nur meines: In einer handschriftlich angefertigten Übersicht der »operativen Basis Referat 2« vom Juli 1987 werden alle IM des Referats aufgelistet, darunter neben mir auch mein Stiefvater und meine Mutter.[46]

Referat 2 hatte neben dem Leiter nur sieben Mitarbeiter, darunter alle die, die ich kannte. Das ist bemerkenswert wenig für die vielen Aufgaben, die dieses Referat hatte. So waren dessen Mitarbeiter unter anderem für die Ausforschung der Parteien, den Rat der Stadt, die Kirche, »innere

Angelegenheiten«, Studenten, Jugendliche, die FDJ, Theater, Punks und die Sicherung des Staatsapparats zuständig. Man kann sagen, dass sich der gesamte Repressionsapparat für Greifswald in diesem Referat bündelte. Seine Leitung hatte zum Zeitpunkt der Wende Wieland H. inne, jener vermeintlich harmlose Feinripp-Voyeur vom Balkon.

Laut Stasi-Personalakte hat Wieland H. schon als Jugendlicher seine Mitschüler »zur Ordnung« gerufen.[47] Überhaupt muss er ein äußerst unangenehmer Zeitgenosse gewesen sein. »Seine politische Einstellung zu unserem Staat wird als gut bezeichnet, mit der er sich während seiner Schulzeit auch oft in den Vordergrund stellte, was durch seinen Charakter begründet ist«, steht in seiner Akte. Einmal – da war er schon bei der Stasi – besuchte H. seine Mutter und fand dort einen Brief »aus der BRD« vor. Sofort kontrollierte er den Inhalt, meldete den Vorgang dem MfS und bestand darauf, den von ihm handschriftlich angefertigten Aktenvermerk seiner Kaderakte hinzuzufügen. Selbst wenn er dienstfrei hatte, meldete er sich zielstrebig beim Abschnittsbevollmächtigten, dem polizeilichen Ansprechpartner in seinem Wohngebiet.

Seine Vorgesetzten waren einerseits begeistert, schwärmten von seiner Skrupellosigkeit, seinem »kompromisslosen Auftreten«, seiner offenen Feindseligkeit gegenüber »westlicher Dekadenz« und seiner Bereitschaft, Personen aus seinem Umfeld »negativ zu belasten«. Andererseits gingen ihnen sein Geltungsbedürfnis und seine permanente Eigenmächtigkeit auf die Nerven: »Seine lobenswerte Initiative musste jedoch zuweilen gebremst werden, weil er mehr feststellen wollte, als ihm aufgetragen war.« Ärgerlich fanden sie auch, dass er sich das vom MfS zur Verfügung gestellte Dienstfahrzeug, ein kleines Moped vom Typ »Schwalbe«, klauen ließ.

Bevor Wieland H. Hauptamtlicher beim MfS wurde, war er Inoffizieller Mitarbeiter. Er hatte sich mit 21 Jahren verpflichtet und fortan zielstrebig an seiner Karriere gearbeitet. So hatte er es bis 1989 immerhin zum Leiter von Referat 2 gebracht. Auf bizarre Weise finde ich es beruhigend, dass ausgerechnet er, der Oberscharfmacher, laut Akte immer wieder mein »tschekistisches Verhalten« bemängelte und ständig neue Erziehungsmaßnahmen einforderte.

Jörg V. war dagegen jener Stasi-Mann, den ich als Jugendliche von allen am sympathischsten fand, einfach deshalb, weil er ein umgänglicher, zurückhaltender Typ war. Wenn ich wütend war, versuchte er mich zu beruhigen. Heute denke ich, es könnte auch an seinem Alter gelegen haben. Denn aus seinen Unterlagen konnte ich ersehen, dass er nur sieben Jahre älter ist als ich. Obwohl ich ihn damals als sehr viel älteren Erwachsenen wahrnahm, war er meiner Lebenswelt vermutlich noch näher als die anderen.

Seine Akte ist das Dokument eines Aufstiegs.[48] Ursprünglich war V. ein Kranschlosser, der über die Armee zur Staatssicherheit kam. Wie bei allen Mitarbeitern wurde sein Leben im Verlauf der Rekrutierung komplett durchleuchtet, Zeugnisse wurden kopiert und Bewertungen eingeholt. Darin wird er als kollegialer, aber auch eher zurückhaltender Mensch beschrieben. Einer, der zwar »eine bejahende Haltung zum Sozialismus« einnahm, aber sich nicht mit ideologischem Schaum vorm Mund hervortat. Die Stasi war für ihn, den einfachen Handwerker, das Versprechen einer großen Karriere. Dafür nahm er nicht nur hin, dass sein Leben kontrolliert wurde, sondern auch das seiner Familie. Ein Beispiel: Die Schwester seiner Großmutter lebte im Westen. Also erklärten sich seine Eltern laut Akte gegenüber der Stasi bereit, die »lose postalische Verbindung« zu ihr einzustellen, »im Interesse der Entwicklung ihres Sohnes«. Was war das für ein System, in dem Weihnachts- und Geburtstagsgrüße schon verdächtig waren, weil sie aus dem »falschen« Land kamen?

Am 2. Oktober 1982 verpflichtete sich V., alle seine »Kräfte und Fähigkeiten einzusetzen, um die ehrenvollen Pflichten und Aufgaben eines Angehörigen des Ministeriums für Staatssicherheit zu erfüllen«. Es ist ein mehrseitiges handschriftliches Bekenntnis, das er abfassen musste, eine Standardprozedur. Danach ging es für ihn voran. In einem »Ausspracheblatt« vom 29. September 1987 heißt es, V. habe sich so entwickelt, »dass er in einem operativen Referat eingesetzt werden kann, um im Bereich Jugend und Studenten zu arbeiten«. Gleichzeitig müsse er sich zwei »wichtigen Problemen« stellen: Zum einen werde seine Freizeit künftig noch eingeschränkter sein. Zum andern müsse er sich auch in der neuen Position weiter beweisen. »Er, Genosse V., fängt wieder beim Stand null an, die Arbeit verlangt eine hohe Qualität. Das Niveau in unserer Diensteinheit ist hoch, er muss sich bemühen, diese Probleme zu meistern.« Mein Mitleid hält sich in Grenzen, aber so wurde Druck auf die Führungsoffiziere ausgeübt, damit sie maximale Ergebnisse erzielten. Ab 1. Februar 1988 war er laut Akte Oberfeldwebel und IM-führender Mitarbeiter. Offenbar entwickelte sich V. weiter zur Zufriedenheit seiner Vorgesetzten. Am 14. Dezember 1988 wurde in einer »Beurteilung« vermerkt, er habe sich so gut eingearbeitet, dass ihm »relativ frühzeitig« die ersten Inoffiziellen Mitarbeiter übergeben werden konnten. In meinen Unterlagen tauchte er 1989 auf; ich erinnere mich allerdings, dass ich ihn bereits 1988 kennengelernt habe.

Im Oktober 1988 war V. laut Akte höhergestuft worden. Im selben Vermerk steht nämlich auch, dass er sieben Inoffizielle Mitarbeiter betreue, »darunter einen bedeutsamen, mit entsprechender Qualität und Intensität«. Wenn man weiß, welchen Masterplan die Stasi für mich hatte, wie oft ich Jörg V. sah, kann ich nicht ausschließen, dass ich damit gemeint war. Aus einer internen Telefonliste der Kreisdienststelle Greifswald geht hervor, dass die Nummer, die ich nach dem Wegzug meiner Mutter und meines Stiefvaters von der Stasi bekommen hatte, der Anschluss von Jörg V. war.

Der andere »Stasi«-Jörg in meinem Leben, Jörg S., hat eine vergleichsweise bescheidene Karriere gemacht.[49] Immerhin hatte er sich vom Koch zum Führungsoffizier hochgearbeitet und auf der Kaderschmiede in Potsdam auch den Titel des Fachschuljuristen erworben. Seit 1982 galt für ihn die fachliche Zielsetzung »Einsatz als operativer Mitarbeiter des Referats XX/5« in Rostock. Im Dezember 1983 wurde er nach Greifswald versetzt. Er ist der Einzige, in dessen Personalunterlagen ich eine Disziplinarmaßnahme fand. Jedoch vermerkte die Kreisdienststelle Greifswald im Mai 1986: »Genosse S. zog richtige Schlussfolgerungen aus seiner Bestrafung 1985, die sich in erhöhter Anstrengung zur Erzielung wirksamer operativer Ergebnisse widerspiegeln, sodass die Strafe vorzeitig gelöscht werden konnte.«[50] Was damit gemeint ist, konnte ich im selben Dokument lesen: »1985 schloss er das operative Verfahren ›Junior‹ und die operative Personenkontrolle ›Stammtisch‹ erfolgreich durch zersetzende Maßnahmen ab. Er leistete damit einen wesentlichen Beitrag zur Bekämpfung von Vorfelderscheinungen der politischen Untergrundtätigkeit (PUT) im Verantwortungsbereich der Diensteinheit und im überörtlichen Rahmen.«[51] Im Herbst 1987 registrierte die Kreisdienststelle Greifswald, dass er als Kollektivmitglied des Referats 2 und speziell für den Bereich Jugend und Studenten ein IM-Netz von über 20 Personen führte.

Unlängst bin ich noch einmal auf ihn gestoßen. Ich hatte im Zuge der Recherche zu diesem Buch seinen Namen im Internet recherchiert, wie auch die Namen anderer Personen, die in meinem Leben eine Rolle spielten. Den Namen von S. fand ich auf den offiziellen Seiten einer kleinen Gemeinde in Mecklenburg-Vorpommern wieder. Er hatte dort als Parteiloser für die Linke kandidiert und war als Ersatzkandidat gewählt worden. Wenn der gewählte Volksvertreter, aus welchen Gründen auch immer, sein Amt nicht wahrnehmen kann, würde S. nachrücken. Der Fund erschütterte mich. Dass ein ehemaliger Führungsoffizier von Kindern und Jugendlichen ein politisches Amt anstrebt, und sei es nur auf kommunaler Ebene, zeigt für mich, dass er bis heute keinerlei Unrechtsbewusstsein hat. Ich frage mich, was S. eigentlich in Runden erzählt, in denen er seine biografischen Eckdaten skizzieren soll. Dass er viel Erfahrung im Umgang mit Jugendlichen hat? Vor allem, hat er den in der Linkspartei geltenden Beschluss zur Offenlegung der politischen Biografie erfüllt? Und wenn ja, wieso wird er dann überhaupt aufgestellt?

Einer »meiner« Führungsoffiziere, der gleichzeitig meine Mutter und meinen Stiefvater »betreute«, Thomas M., war ursprünglich Pionierleiter mit Lehrbefähigung. Ich stutzte beim Lesen, da die Führungsoffiziere offensichtlich ganz gezielt für bestimmte IM ausgesucht wurden. Als Pädagoge passte er zu meiner Mutter, die zum damaligen Zeitpunkt ja Staatsbürgerkundelehrerin war. Er war es ja auch, der – auf wessen Vorschlag auch immer – mich ab meinem 13. oder 14. Lebensjahr regelmäßig in Gespräche verwickelte und meine Verpflichtung mit 15 Jahren gemeinsam mit meinen Eltern vorbereitete.

Thomas M. war elf Jahre jünger als meine Mutter und seit 1981 beim MfS. Schon im Juli 1982 wurde er in den operativen Dienst in Greifswald übernommen. Den Stand seiner Einarbeitung schätzte im August 1982 ausgerechnet der Vater eines meiner Schulfreunde ein, der ebenfalls für das MfS tätig war. Als Verantwortlicher für die »Sachgebiete« Kunst/Kultur sowie später auch für die Universität Greifswald hat Thomas M. ziemlich schnell Karriere gemacht und war in diesem Zusammenhang auch für meine Eltern verantwortlich.

Im April 1987, sicher nicht ganz zufällig zehn Tage nach meiner Verpflichtung, wurde er in die »Kaderreserve Referatsleiter« aufgenommen.[52] Von Juni bis November 1987 war er sogar schon vertretungsweise stellvertretender Leiter des für mich verantwortlichen Referates 2. In seiner Beurteilung zur Berufung in die Kaderreserve ist vermerkt: »Oberstleutnant M. entwickelte die vorhandene ihm übergebene inoffizielle Basis weiter und bereicherte sie mit Neuwerbungen in guter Qualität und mit ausbaufähiger operativer Perspektive.«[53]

Dass meine Verpflichtung auch seiner Karriere durchaus dienlich war, kann man an einem Vermerk in seinem »Plan zur Qualifizierung für die Herstellung der Einsetzbarkeit als Referatsleiter« nachlesen. Dort steht, dass er eine Konzeption »zur zielgerichteten Erweiterung des IM-Bestandes mit den Einsatzrichtungen Kirche/Jugend« erarbeiten sollte.[54] Meine von ihm auf den Weg gebrachte Stasi-Kirchenkarriere passte ja genau in dieses Anforderungsprofil.

Die Erkenntnis ist bitter. Der freundliche Thomas M., den ich als Jugendliche so cool und so modern gefunden hatte, hat mich als Minderjährige offenbar eiskalt ausgenutzt und verplant. Immer wieder wird in seiner Karriereplanung darauf Bezug genommen, dass er Außerordentliches mit seiner inoffiziellen Basis leiste und Quellen mit bedeutsamen Entwicklungsmöglichkeiten erschließe.

Nur eines schaffte er zum Leidwesen seiner Vorgesetzten nicht. Er sollte ein Hochschulfernstudium aufnehmen. Die dafür notwendige Aufnahmeprüfung bestand er aber 1988 nicht. Dies war jedoch kein Hinderungsgrund, ihn noch am 1. Oktober 1989 zum Hauptmann des MfS zu befördern.

Der letzte Personalbogen war der von Egbert N., jenem ominösen Referatsleiter, der bei meiner Verpflichtung dabei gewesen sein soll, ohne dass ich mich daran erinnere.[55] N. war ein echter Stasi-Karrierist: Mit 24 war er zum MfS gekommen und dort binnen sechs Jahren zum Leiter von Referat 2 aufgestiegen. Im Laufe der Zeit wurde er für seine Arbeit mit Medaillen geradezu überhäuft. Ende 1987 hatte er es schließlich zum stellvertretenden Leiter der Kreisdienststelle Greifswald gebracht.

Wie bei allen Kaderakten war auch bei Egbert N. ein Foto beigefügt, das ihn mit Anzug und Krawatte zeigte. Ich starrte es lange an, in der Hoffnung, es könnte eine Erinnerung zurückbringen. Aber nichts. Ich erkannte ihn ebenso wenig wieder wie zuvor seinen Namen in meiner Akte. Kann ich mich einfach nicht erinnern oder war er – entgegen dem, was im Bericht vermerkt war – tatsächlich gar nicht dabei gewesen? Es ist eine der vielen Fragen, die offengeblieben sind.

Es war ein seltsames Gefühl, die Personalunterlagen meiner Täter in den Händen zu halten. Einerseits waren sie mir jahrelang in gewisser Weise vertraut gewesen. Bei einigen von ihnen war ich sogar zu Hause gewesen, hatte mit am Abendbrottisch gesessen oder mit ihren Kindern gespielt. Andererseits wurde mir klar, dass ich sie gar nicht kannte. Ein großer Teil ihres Lebens lag nun ausgebreitet vor mir. Ich konnte nachlesen, wer durch besonderen Eifer aufgefallen war und wer sich mit den Anforderungen des MfS schwergetan hatte.

Ich ahnte, was es bedeuten kann, auf diese Weise Macht über Menschen zu haben. So ähnlich müssen sich die Stasi-Leute gefühlt haben, als sie mit Akten, Anweisungen und Berichten über mein Leben und das anderer verfügten. Es ist ein Akt der Entprivatisierung, der unglaublich verletzend ist.

Die bittere Erkenntnis, dass diese Menschen mein Vertrauen lediglich genutzt haben, um mich gefügig zu machen und gleichzeitig ihre Karrieren voranzubringen, sprang mich auf jeder Aktenseite an. Ob sich meine Täter jemals gefragt haben, wie es ist, auf der anderen Seite zu stehen?

20 DAS SCHWEIGEN BRECHEN

MEINE GESCHICHTE AUFZUSCHREIBEN, HAT MICH viel Überwindung gekostet. Mein halbes Leben hatte ich damit verbracht, sie von mir wegzuhalten. Tief in mir drin wollte ich sie einfach nicht erlebt haben. Um dieses Buch schreiben zu können, musste ich sie nun endgültig annehmen.

Mehr als einmal wollte ich die Arbeit an diesem Buch abbrechen. Oft habe ich mir gewünscht, ich hätte ein fotografisches Gedächtnis und könnte mich an jedes Detail genau erinnern, statt von der Stasi geschriebene Berichte mit meinen eigenen, mitunter bruchstückhaften Erinnerungen abgleichen zu müssen. Ich habe mich bemüht, diese nach Kräften durch Informationen aus Gesprächen mit Experten, Freunden und ehemaligen Klassenkameraden zu ergänzen.

Im Lauf meiner Recherche bin ich auf einige Dinge gestoßen, die mir neu waren. Sie haben meine Geschichte nicht verändert, aber sie haben sie vervollständigt. Die Akte meines Großvaters oder etwa die Tatsache, dass es mein Vormund war, der mir von den Fluchtplänen eines jungen Mannes erzählt haben soll.

Ich kann nicht ausschließen, dass es weitere solcher Details gibt, von denen ich noch nichts weiß. Und dass sie an der einen oder anderen Stelle den Blick noch einmal verändern oder den Fokus verschieben könnten. Was ich sagen kann, ist, dass ich mich bemüht habe, alles so umfassend und so präzise wie möglich aufzuschreiben.

Für das, was ich über meine Eltern, meinen Vormund oder IM »Ahornblatt« in den Berichten der Stasi fand, gilt dasselbe wie für meine eigene Akte: Man darf diese Unterlagen nicht als originalgetreue Abbildung der Realität nehmen. In abgeschwächter Form trifft diese Einschränkung im Übrigen auch auf die Kaderakten der für mich zuständigen Stasi-Mitarbeiter zu. Sicherlich gibt es auch hier an der einen oder anderen Stelle einen Unterschied zwischen Akte und Realität. Manche der in den Akten geschilderten Ereignisse werden sich so abgespielt haben, andere anders oder gar nicht. Man muss immer berücksichtigen, dass beim Verfassen der Berichte auch andere Faktoren eine Rolle gespielt haben, etwa die Vorgaben im MfS, bestimmte Leistungen zu erbringen sowie Pläne zu erfüllen. Ein Beispiel ist die in meiner Akte vermerkte Geldzahlung, mit der ich angeblich für besondere Verdienste belohnt wurde, die aber in Wirklichkeit nur das dringend benötigte Internatsgeld war.

Dieser Diskrepanz ist man sich auch in der Unterlagenbehörde bewusst. Auch für einstige Inoffizielle Mitarbeiter gibt es die Möglichkeit, ihrer »Täterakte« eine Gegendarstellung hinzuzufügen, in der sie die Ereignisse aus ihrer Sicht schildern. Das heißt nicht, dass das wiederum der Wahrheit entspricht, aber so können die Betreffenden ihre Version zu Protokoll geben – ein Verfahren, wie es in jedem Strafprozess üblich und eines Rechtsstaats würdig ist.

Mich mit meiner Familiengeschichte so intensiv zu beschäftigen, war ein Prozess, der wehtat und mir, wie beschrieben, mehr als eine Nacht den Schlaf raubte. Ich hatte und habe Angst davor, mein Leben wieder in der Öffentlichkeit diskutiert zu sehen. Jedoch will ich mich nicht mehr für etwas rechtfertigen müssen, was andere zu verantworten haben. Meine Erfahrungen werden mich sowieso ein Leben lang im Positiven wie im Negativen prägen.

Solche Geschichten wie meine müssen – selbst 25 Jahre danach – erzählt werden. Es gibt viele solcher Geschichten. Die meisten sind jedoch völlig unbekannt. Wie oft habe ich Leute die Augen rollen sehen, wenn man mit der Vergangenheit kommt: »Das ist doch schon so lange her.« Doch die Fälle der Jugend-IM zeigen, wie pervers das System der DDR war. Sie müssen erzählt und diskutiert werden, denn Diktaturen wie die DDR werden heute vor allem durch individuelle Geschichten fassbar.

Den Vorschlag meiner Koautorin, »meine« Führungsoffiziere aufzusuchen (schon das Wort »meine« dreht mir in diesem Zusammenhang den Magen um) und zu konfrontieren, habe ich abgelehnt. Abgesehen davon, dass ich Jörg S. ja schon getroffen hatte, wüsste ich nicht, was das bringen sollte. Nichts spricht dafür, dass er und die anderen in der Lage sind, einzusehen und sich einzugestehen, was sie jungen Menschen wie mir angetan haben. Ich unterstelle ihnen, dass sie ihre Vergangenheit abgestreift und hinter sich gelassen haben, während ich bis heute mit meiner kämpfe. Wahrscheinlich hadern sie eher damit, dass sie ihre Stasi-Karrieren nach der Wende nicht fortsetzen konnten.

Ich wünschte, ich könnte mit dem, was sie in meinem Leben angerichtet haben, ähnlich abschließen. Tatsächlich hat es jahrelang gedauert, bis ich Menschen wieder vertrauen konnte. Gelernt habe ich es, so seltsam sich das nach wie vor anhören mag, auch durch die Politik. Ich habe mich auf Menschen wieder eingelassen und verlassen, denn entgegen des öffentlichen Bildes ist politische Arbeit ohne Vertrauen nicht möglich.

Noch länger hat es gedauert, bis ich in meinem Privatleben wieder Vertrauen gefasst habe. Aber es hat immer Menschen gegeben, die sich von meinem Schutzpanzer nicht abschrecken ließen. Die bereit waren, mich nicht nur durch die Höhen, sondern auch durch die Tiefen meines Lebens zu begleiten, obwohl die meisten von ihnen meine Geschichte, wenn überhaupt, nur in Teilen kannten. Ihnen bin ich unendlich dankbar.

Der doppelte Missbrauch – erst durch meinen Stiefvater, dann durch die Stasi – hat mir lange das Leben schwer gemacht. Aber ich bin stolz darauf, dass ich mich von beidem befreien konnte. Es hat mich stark gemacht. In schwierigen Situationen habe ich mich daran erinnert, was ich schon geschafft und erreicht habe, obwohl man günstiger ins Leben starten kann als ich.

Auch politisch habe ich viel aus meiner eigenen Geschichte gelernt. Sätze wie »Wir haben doch ganz normal gelebt in der DDR« sehe ich inzwischen in einem ganz anderen Licht. Dabei habe ich früher selbst so geredet. Etwa bei der »Töpfchen-Debatte«, als behauptet wurde, ehemalige DDR-Bürger seien alle psychisch gestört, weil sie in den Kindertagesstätten im Zwangskollektiv auf den Topf gesetzt wurden. Das ist natürlich Unsinn. Trotzdem ginge mir ein solcher Satz heute nicht mehr über die Lippen. Nicht, nachdem ich mich mit meiner eigenen Geschichte auseinandergesetzt habe. Nichts war normal in einem Land, das Flüchtende erschoss, Kritiker einsperrte sowie Kinder und Jugendliche zu Denunzianten »ausbildete« und diese sich gegenseitig bespitzeln ließ.

Ich will mit meinem Buch auch der Relativierung des SED-Regimes entgegenwirken, die durch den großen Zeitabstand zunimmt. Ich finde es nach wie vor unfassbar, dass in der Linkspartei bis heute Leute mit Stasi-Vergangenheit und ohne Reue für Parlamente kandidieren, während die missbrauchten Jugend-IM noch ein Vierteljahrhundert danach fürchten müssen, ihre Vergangenheit könnte öffentlich werden und sie für ihr weiteres Leben stigmatisieren.

Ich hatte nie viel Sympathie für die DDR-Nostalgiker, aber meine persönliche Auseinandersetzung hat dazu geführt, dass ich in meiner Ablehnung noch radikaler geworden bin.

Für mich ist die DDR ein Unrechtsstaat gewesen. »Ein bisschen Unrechtsstaat« gibt es nicht, genauso wenig wie man nur ein bisschen schwanger sein kann. Eine gute Schulpolitik oder eine hervorragende Infrastruktur in der Kinderbetreuung gleichen nicht aus, dass Grundrechte in der DDR mit Füßen getreten wurden. Ich finde auch nicht, dass der Begriff »Unrechtsstaat« zu pauschal ist, wie die thüringische Landesvorsitzende der Linkspartei Susanne Hennig-Wellsow im Herbst 2014 während der rot-rot-grünen Koalitionsverhandlungen argumentierte: »Aus heutiger Sicht wurde damals zu wenig gesehen, dass mit dieser Pauschalierung auch die Biografien derjenigen Menschen in ein negatives Licht gerückt wurden, die trotz der politischen Fehler der DDR an der Idee einer menschenwürdigen, einer sozialistischen Gesellschaft festhielten und in diesem Sinne gearbeitet und gelebt haben. [...] Statt die DDR und mit ihr die Lebenswege von Millionen Menschen in Bausch und Bogen zu verdammen, benennt die aktuelle Erklärung das, was die Unrechtserfahrungen im Staat DDR ausgemacht haben: keine freien Wahlen und politische Willkür der Machthabenden. Allein in Bezug auf solche Erfahrungen haben wir der Bezeichnung der DDR als Unrechtsstaat zugestimmt.«[56] Das Unrecht der DDR lediglich auf fehlende freie Wahlen und die politische Willkür zu reduzieren, ist eine für mich nicht hinzunehmende Verharmlosung dessen, was in diesem Land Menschen im Namen des Sozialismus angetan wurde. Aber letztlich geht es nicht um solche Erklärungen, sondern darum, dass das Unrecht in all seinen Ausmaßen begriffen wird.

Es mag verwundern, dass ich trotz dieser Feststellung in meiner Partei rot-rot-grüne Diskussionsrunden mitorganisiere und mittelfristig für ein rot-rot-grünes Regierungsbündnis werbe. Ich weiß, dass gerade diejenigen in der Linkspartei, mit denen ich über ein derartiges Bündnis diskutiere, nicht nostalgisch und geschichtsvergessen sind. Und ich glaube daran, dass eine Politik der solidarischen Gerechtigkeit mit einem solchen linken Bündnis auch und gerade auf europäischer Ebene besser umgesetzt werden könnte.

Klar ist für mich jedoch auch: Ich würde niemals wollen, dass meine Partei auf Bundesebene mit einer Partei koaliert, in der die Mehrheit das SED-Regime und das von ihm begangene Unrecht relativiert. Thüringen hat es erneut gezeigt: Sobald die DDR als Unrechtsstaat bezeichnet wird und die Linkspartei dies mitträgt, gibt es innerhalb der Partei die Warnung, »dass die Linke damit ihre Identität verleugne, was Parteiaustritte nach sich ziehen könne«. Eine Rednerin behauptete auf einer Basiskonferenz sogar: »In der DDR gab es kein gesetzliches Unrecht.«[57] Wenn ich so etwas lese, dann denke ich jedes Mal, dass die Gegner der Linken doch recht haben.

Der Knackpunkt für ein rot-rot-grünes Regierungsbündnis ist für mich deshalb – noch vor den Fragen der Außenpolitik, der Zukunft der Nato, des Einsatzes von UN-Blauhelmtruppen, des Verhältnisses zu Russland oder der Finanzierung von sozialer Gerechtigkeit – die Frage, welche Position zur DDR-Vergangenheit eingenommen wird.

Diese Frage muss sich die Linkspartei gefallen lassen. Ich kann die Bürgerrechtler in der SPD verstehen, die vor dem Hintergrund ihrer Erfahrungen vor einem Bündnis mit der

Linkspartei warnen. Auch wenn wir Jüngeren diese harte Ablehnung zuweilen falsch finden, weil wir um andere politische Mehrheiten in diesem Land kämpfen, so haben wir trotzdem die Verantwortung, egal in welcher Partei, dass die Geschichte der DDR nicht relativiert und nicht vergessen wird. Das sind wir jedem einzelnen Opfer dieses Unrechtsstaates schuldig, und da ist auch und gerade die Linkspartei gefordert.

Bei meiner persönlichen Aufarbeitung hat mir die Stasi-Unterlagenbehörde sehr geholfen. Ich habe in den vergangenen zwölf Monaten aus der Nähe miterlebt, welche Mammutaufgabe die Mitarbeiter und Mitarbeiterinnen zu bewältigen haben. Ihnen habe ich es zu verdanken, dass ich meine Erinnerungen durch neue Aktenfunde ergänzen, Ereignisse rekonstruieren und Einblicke in die Akten »meiner« Führungsoffiziere nehmen konnte. Klar ist: Es kann und darf keinen Schlussstrich geben. Die Akten müssen zugänglich bleiben. Die oft tragischen Geschichten in der Diktatur sind längst nicht zu Ende erzählt. Ich halte eine Schließung des Stasi-Unterlagenarchivs für völlig falsch, selbst wenn die Nachfragen nach Einsicht nachlassen sollten. Über die notwendigen Strukturen dieses Archives kann sicher diskutiert werden, aber die Bereitstellung der Akten und der Zugang müssen – mit all den gesammelten Erfahrungen der heutigen Behörde – gewährleistet bleiben. Manchmal dauert es Jahre, bis jemand in der Lage ist, sich mit seiner Vergangenheit zu beschäftigen. So wie bei mir. Es ist bitter genug, dass schon jetzt vieles nicht mehr rekonstruiert werden kann. Dass manches unwiederbringlich verloren geht, darf nicht passieren.

Natürlich hat jeder das Recht, seine Akte nicht einzusehen. Aber es gibt auch ein Recht zu erfahren, was Menschen gemacht haben. Für eine Gesellschaft ist es die Voraussetzung, um sich mit dem in der Vergangenheit begangenen Unrecht auseinanderzusetzen, es zu verarbeiten und daraus zu lernen. Die Unterlagenbehörde bietet eine einzigartige Dokumentation der vom SED-Regime praktizierten Menschenverachtung, bei der es nicht nur um die reine Archivierung geht. Auch die Forschung muss weitergeführt und das Material für den Schulunterricht nutzbar gemacht werden. Ich hätte mir die Erkenntnis, dass sogar mein Opa Inoffizieller Mitarbeiter war, gern erspart. Aber sie hat mir geholfen, meine Familiengeschichte noch besser zu verstehen.

Eine der Fragen, die mich in der Auseinandersetzung mit meiner Vergangenheit immer wieder quält, lautet: Was hätte ich gemacht, wenn 1989 die Mauer nicht gefallen wäre? Wäre ich im Auftrag der Stasi eine hohe Funktionärin des Staatsapparats oder in der Kirche geworden, die ihr Umfeld regelmäßig ausspioniert hätte? Oder hätte ich mich geweigert? Wäre meine Eigenschaft, auf Druck oder Ungerechtigkeit mit Verweigerung zu reagieren, stark genug gewesen, um die Stasi irgendwann aus meinem Leben zu werfen?

Ich würde gern Letzteres glauben. Aber die Wahrheit ist: Ich habe natürlich keine Ahnung. Ich weiß nicht, was ich in einem anderen Deutschland am Anfang des Jahres 1990 und danach getan hätte, wenn es die Wende nicht gegeben hätte. Und ich glaube: Niemand, der sich selbst gegenüber ehrlich ist, könnte diese Frage beantworten, wäre er oder sie in meiner Situation. Das ändert nichts daran, dass meine Familiengeschichte für mich mit Schuldgefühlen verbunden ist, mit denen ich ein Leben lang klarkommen muss.

Was ich sicher weiß, ist, woran ich heute glaube, wofür ich stehe und wofür ich kämpfe. Vieles davon ist durch meine Erfahrungen mit der Stasi und mit der Beschäftigung mit diesem Teil meines Lebens beeinflusst. Es ist für mich heute Maßstab meines persönlichen Handelns und vor allem meiner politischen Überzeugungen. Aber ich bin zu jung, um mich ständig mit der Frage auseinanderzusetzen, was in der DDR schlecht oder gut war. Ich habe diese Frage längst für mich beantwortet und bin sehr froh, dass in dem Land, in dem ich heute leben kann, die normale Naivität junger Menschen nicht so perfide missbraucht wird.

Heute möchte ich lieber darüber diskutieren, wie wir in der Zukunft, der nahen und der fernen, leben wollen. Ich will darüber sprechen und streiten, wie eine gerechte Gesellschaft beschaffen sein muss. Dabei werde ich persönlich nie verstehen, dass Menschen sich Wahlen verweigern oder die Demokratie infrage stellen, weil ihnen in diesem Land nicht alles gefällt. Auch mir gefällt nicht alles. Aber ich will mit ganzer Energie und Leidenschaft darum kämpfen, dass gesellschaftliche Verhältnisse besser werden. Ich will Menschen mitnehmen, die sich abgehängt fühlen. Ich werde mich nie damit abfinden, dass Menschen nicht mehr zur Wahl gehen. Wir müssen wenigstens versuchen, sie zu erreichen.

Natürlich gibt es Momente, in denen ich zweifle. An mir, an meiner Partei, an dieser Gesellschaft und ihren Institutionen. Aber mit dem Zweifel fängt das Denken an. Selbstbewusstsein zeigt sich auch in der Fähigkeit, eigene Unzulänglichkeiten einräumen zu können. Es ist ein Prozess, der Kraft gibt, andere von dem zu überzeugen, woran man selbst glaubt.

Über eine solidarische Gesellschaft nachzudenken, heißt für mich vor allem, nicht nur in Partei- und Parlamentsstrukturen zu denken. Es heißt für mich auch, mit den eigenen Utopien an Grenzen zu gehen und Wege über diese

212

Grenzen hinaus zu entwickeln. Das geht natürlich nicht ohne eine gehörige Portion Realismus. Aber realistisch zu sein, heißt eben auch, an das Unmögliche zu glauben! Gerade das haben mir mein bisheriges Leben und vor allem das Jahr 1989 gezeigt.

Wenn ich in meinem Leben etwas gelernt habe, dann ist es, Gegenwind auszuhalten und die Energie, die in ihm steckt, zu nutzen. Eingefahrene Wege meide ich. Von der Notwendigkeit inhaltlicher Entschlossenheit, eines Mindestmaßes an Realismus und gelegentlicher visionärer Provokationen bin ich überzeugt.

Es war nicht leicht, mein Schweigen zu brechen, aber ich wollte das laute, das demonstrative Schweigen der Täter nicht länger hinnehmen. Für mich war stets von Bedeutung, dass Menschen auch an schwierigen Situationen nicht zerbrechen. Oft ist dies der Fall. Mir aber war immer wichtig, auch aus komplizierten Situationen aufrecht herauszukommen. Vom Komponisten Franz Liszt stammt das Zitat: »Glücklich, wer mit den Verhältnissen zu brechen versteht, ehe sie ihn gebrochen haben.« Es ist die Aussage, die mein Lebenscredo geworden ist.

Die Stasi darf und wird nicht das letzte Wort haben. Nicht in diesem Buch und schon gar nicht in meinem Leben.

DANK

ICH HÄTTE NIE GEDACHT, DASS ICH EINMAL IN DIE Situation kommen würde, dieses Buch zu schreiben. Mein größter Dank und Respekt gilt Miriam Hollstein. Ohne sie wäre dieses Buch nicht entstanden. Sie hat mich in den stundenlangen Gesprächen, die wir zum Buch geführt haben, auch ermutigt, wenn ich gezweifelt habe, und hat meine Stimmungsschwankungen ausgehalten. Vor allem hat sie immer an mich und das Projekt geglaubt.

Während der Recherchen habe ich Menschen getroffen, die ohne Vorurteile auf mich zugegangen sind, mir zugehört und immer wieder Mut gemacht haben. Sehr geholfen hat mir die Behörde des Bundesbeauftragten für die Stasi-Unterlagen. Bedanken möchte ich mich bei Roland Jahn und Dr. Annette Zehnter. Ein ganz besonderer Dank gebührt der Behördenmitarbeiterin Katharina Squar. Sie hat nichts unversucht gelassen, zeitnah Unterlagen zu recherchieren, die mir geholfen haben, meine Geschichte und Erinnerungen zu rekonstruieren. Auch ihre fachlichen Ratschläge waren sehr hilfreich.

Bedanken möchte ich mich auch bei Professor Klaus Schroeder vom Forschungsverbund SED-Staat an der Freien Universität Berlin für seine Hinweise und Tipps, bei dem Diplompsychologen Klaus Behnke, der meine Fragen zu seiner Arbeit über Jugend-IM beantwortete, sowie bei

Prof. Dr. Helmut Müller-Enbergs (Syddansk Universität), der mir in zahlreichen Gesprächen und mit großem Engagement geholfen hat.

Dankbar bin ich David und Silke dafür, dass ich offen und ehrlich über das, was in meiner Akte zu ihnen steht, schreiben durfte und dass sie bereit waren, mit mir darüber zu sprechen.

Erhard Scherfer und Halina Wawzyniak haben alles kritisch Korrektur gelesen und mir wichtiges Feedback gegeben.

Das Schreiben hat viele unterschiedliche Emotionen mit sich gebracht. Ich habe angefangen, meine Geschichte auf eine neue Art zu verarbeiten. Zum Glück hatte ich Menschen an meiner Seite, die mich in diesem Prozess begleiteten und sich mit ihren eigenen Gedanken und Ideen einbrachten. Ihnen allen bin ich sehr dankbar, denn alleine hätte ich es nie geschafft.

ANHANG

Die im Folgenden abgedruckten Dokumente wie auch sämtliche Abbildungen in diesem Buch sind folgender Akte entnommen: BStU, MfS, BV Rostock AIM 2851/91. Aus dieser Akte wird auch, sofern nicht anders vermerkt, zitiert, wenn es um Stasi-Unterlagen geht.

Kreisdienststelle Greifswald   Greifswald, d. 31.3.1987
Referat 2

Bestätigt: Leiter der Kreisdienststelle E, OSL

Vorschlag zur Werbung eines IMS
Es wird vorgeschlagen, den IM-Kandidaten »Angela« nach erfolgter Aufklärung und Eignungsprüfung am 3.4.1987 um 17.30 als IMS zu verpflichten.

1. Personalien des Kandidaten
Name, Vorname: [fehlt im Original]
PKZ: 030971502216
Geburtsort: Ludwigslust
Beruf: ohne
Tätigkeit: Schüler
Arbeitsstelle: W.-I.-Lenin OS Greifswald
Politische Organisationen: FDJ, DSF, DTSB
Kinder: keine
Vorstrafen: keine
Wohnung: 2200 Greifswald, Maxim-Gorki-
                        Straße

2. Begründung der politisch-operativen Notwendigkeit der Werbung

Zur Gewährleistung einer ständigen Lagebeherrschung im Bereich Jugend der Stadt Greifswald ist es notwendig, inoffizielle Quellen zu schaffen, um mit deren Hilfe und durch ihren Einsatz operativ bedeutsame Informationen aus diesem Bereich erarbeiten zu können.

Ausgehend von den bisherigen Erkenntnissen über den Bereich Jugend muss eingeschätzt werden, dass das Informationsaufkommen zu Einzelpersonen, Sachverhalten und Vorkommnissen dieses Bereiches noch zu gering ist. Es müssen inoffizielle Mitarbeiter geschaffen werden, die den entsprechenden Informationsbedarf der KD Greifswald oder bedeutsamer Teilbereiche dieses Informationsbedarfes realisieren können.

Der zu werbende IMS soll unter Nutzung seiner bestehenden Kontakte und Verbindungen und durch Schaffung von Kontakten und Verbindungen im Interesse des MfS im Kreis der Jugendlichen unter 18 Jahren im Raum Schönwalde I und Schönwalde II wirksam werden. Der IMS soll Informationen erarbeiten über Auswirkungen der Politisch-ideologische Diversion[58] und über Vorfelderscheinungen der politischen Untergrundtätigkeit (PUT). Desweiteren soll der zukünftige IMS feindbegünstigende Bedingungen und Umstände herausarbeiten, die zur vorbeugenden Arbeit des MfS im Interesse der Sicherheit der DDR genutzt werden können. Ausgehend von den bisherigen Erkenntnissen muss der IMS hier für den Verantwortungsbereich der KD Greifswald eine solche operative Arbeit leisten, die es gestattet, Tendenzen (Sicherheitspolitik) unter der Jugend einschätzen zu können als Voraussetzung für eine zielgerichtete politisch-operative Arbeit des MfS. Als Kategorie ist IMS vorgesehen.

3. Einschätzung des Kandidaten

Beim Kandidaten handelt es sich um eine weibliche Person. Der Kandidat ist Schüler der 9. Klasse der W.-I.-Lenin Oberschule Greifswald. Er besitzt eine positive Haltung zur Politik des Staates

und erkennt die Notwendigkeit der Arbeit des MfS an. Der Kandidat ist an sicherheitspolitischen Fragen interessiert und bereit, gegen Mängel und Missstände, die das politische Klima beeinträchtigen, wirksam zu werden. Während des bisherigen Kontaktes zum IM-Kandidaten wurde deutlich, welche Einsatzmöglichkeiten der IM-Kandidat hat:
Dazu gehören folgende Kontakte und Verbindungen:

1. Verbindungen zu Jugendlichen, deren Eltern Wissenschaftler der EMAU[59] sind
2. Verbindungen zu Jugendlichen mit Bindungen zu Kirche und deren Wirkungsfeld
3. Verbindungen zu Theaterschaffenden Greifswald

Darüber hinaus verfügt der IM-Kandidat über Möglichkeiten der Teilnahme an jugendgemäßen Veranstaltungen in Klubs und an jugendgemäßen Großveranstaltungen. Der IM-Kandidat ist bereit, Kontakte im Interesse des MfS zu festigen oder Veranstaltungen im Auftrage des MfS zu besuchen. So wurde durch den IM-Kandidaten unter Beachtung der Ratschläge und Hinweise (Instruktion) des Mitarbeiters eine Veranstaltung der Jungen Gemeinde der Ortskirche Schönwalde II besucht, ohne selbst starke Bindungen an die Kirche zu besitzen. Der Kandidat realisierte die Aufgabe ohne Vorbehalte im Auftrage des Mitarbeiters des MfS. Der IM-Kandidat wies während der Kontaktphase nach, dass er in der Lage ist, Personen einzuschätzen aus seinem Umfeld und das ohne Ansehen der Person.
Desweiteren wurde in der Kontaktphase deutliche, dass der IM-Kandidat operativ interessante Personen aus seinem Umfeld kennt. Der Kandidat berichtete bisher zu folgenden Bereichen, nachdem er gezielt zu speziellen Fragen, die für das MfS von Interesse sind, abgeschöpft wurde.

– Einschätzung über einen Schüler mit kirchlicher Bindung dessen Eltern ▬▬▬▬ sind

- Informationen über die Schülerin Silke ▬▬▬, deren Stief-
  vater die DDR ungesetzlich verlassen hat
- Einschätzung über das Verhalten eines im Rahmen der Aktion
  »Grün« aufzuklärenden ▬▬▬ – Bereich Wohngebiet
- Einschätzung über Schülerin ▬▬▬, deren Vater ▬▬▬ ist
- Bericht über den Besuch des stadtofferen Jugendabends am
  26.3.87
- Information über eine regelmäßige Ansammlung von Jugend-
  lichen in der M.-Gorki-Str.

Die Einsatzbereitschaft des Kandidaten war in der Kontaktphase
gut. Es wurden keine Anzeichen für ein Ausweichen oder Desin-
formation bekannt.

Aus dem Verhalten des Kandidaten, seinen Darlegungen und aus
den offiziellen Einschätzungen sowie aus den Einschätzungen
der eingesetzten IM ist zu erkennen, dass der Kandidat operative
Eigenschaften besitzt, die für einen zuverlässigen IMS notwendig sind: Ehrgeiz, Fleiß, Verantwortungsbewusstsein, Verschwiegenheit.

Der Kandidat besitzt als Schüler der 9. Klasse, also mit 15 Jahren, gute Kenntnisse über das aktuelle politische Geschehen.
Der Kandidat ist geistig rege und gesundheitlich voll einsetzbar. Die schulischen Leistungen des Kandidaten sind gut. Stärken
im schulischen Bereich zeigen sich in den Fächern Geschichte,
Deutsch, Sport. Der Kandidat hat keine Funktionen in der FDJ.
Auf sportlichem Gebiet (Judo) hat der IM-Kandidat für seine Al-
tersklasse bedeutsame Erfolge erzielt, die auch Leistungswillen,
Disziplin und Beharrlichkeit nachweisen. Aus den Informationen
und Einschätzungen geht hervor, dass der IM-Kandidat Kontakte
knüpfen kann und sich im Auftreten gegenüber anderen Personen ohne Hemmungen verhält.

Das äußere Erscheinungsbild entspricht ohne bedeutsame Ab-
weichungen dem eines Jugendlichen im Alter von 15 Jahren.
1988 wird der IM-Kandidat die EOS Greifswald besuchen. In der
Kontaktphase traten keine Disziplinierungsschwierigkeiten auf.

Der Kandidat hielt sich an die Abmachungen und Vereinbarungen. Bereits während der Kontaktphase berichtete der IM-Kandidat in schriftlicher Form. Hinweise auf Unehrlichkeit wurden nicht erarbeitet. Es kann eingeschätzt werden, dass der IM-Kandidat in der Lage ist und notwendige Voraussetzungen besitzt, um als inoffizieller Mitarbeiter im Interesse des MfS wirksam zu werden.

4. Art und Weise des Bekanntwerdens

Der Kandidat wurde durch den IMS »Barbara« bekannt. Der Kandidat hat selbst seit [Datum nicht eingesetzt] Kontakt zum operativen Mitarbeiter und wurde über den IMS »Barbara« bereits zur Informationsgewinnung eingesetzt. Hinweise, die auf eine mögliche Gefährdung der Konspiration, Wachsamkeit und Geheimhaltung hindeuten, sind nicht bekannt.

5. In der zukünftigen Zusammenarbeit zu beachtende Faktoren

Der Kandidat ist 15 Jahre alt. Er wohnt bei seinen Eltern, die das Erziehungsrecht ausüben. Durch die Kontaktgespräche, durch die gegebenen Einschätzungen und durch Kenntnisse, die der Kandidat über das Wesen des MfS besitzt, sind gute Grundlagen gegeben bzw. erarbeitet worden, die in einer Zusammenarbeit auf der Grundlage einer schriftlichen Verpflichtung genutzt und ausgebaut werden können.

Beachtet werden müssen das Alter des Kandidaten und die damit verbundenen Erfahrungen und der Stand der Persönlichkeitsentwicklung. Im Alter des Kandidaten unterliegen Jugendliche Einflüssen, die sich bedeutend auf die Persönlichkeitsentwicklung ausüben können. Diese Einflüsse sind im Interesse des MfS zu nutzen bzw. zu schaffen. Es ist notwendig, ständig die Bereitschaft des Kandidaten zu festigen und zu motivieren.

Eine Abmeldepflicht besteht beim Kandidaten nicht. Der Zeitaufwand, den der IM-Kandidat in der zukünftigen inoffiziellen Zusammenarbeit aufbringen muss, lässt sich in seine Lebensgewohnheiten einordnen.

Dabei ist die vorhandene gefühlsmäßige Bindung an das MfS stets durch geeignete anschauliche Erziehungs- und Bildungsmaßnahmen in eine feste rationale Bindung an das MfS umzuwandeln. Nach eigenen Aussagen hat der Kandidat keinen festen Freund. Der Kandidat muss dazu erzogen werden, geplante feste Bindungen an einen Freund dem MfS sofort mitzuteilen, damit Überprüfungsmaßnahmen durchgeführt werden können. Außerdem muss der zukünftige IM ständig politisch-ideologisch erzogen werden, damit er die politisch-operativen Aufträge ohne Vorbehalte realisieren kann. Gleichzeitig muss der neue IM durch das MfS beeinflusst werden, dass er in der Lage ist gegenüber anderen Jugendlichen ohne Verletzung der Konspiration auftreten zu können. Die Beeinflussung des Kandidaten, stets seine schulischen Pflichten zu erfüllen, muss sich in die Erziehungsarbeit einordnen. Beim zukünftigen IM muss davon ausgegangen werden, dass Kenntnisse, Erfahrungen (insbesondere gesellschaftlich politische relevante Lebenserfahrungen) noch relativ unvollkommen sind. Bei der Schulung/Instruktion zum Erkennen operativbedeutsamer Sachverhalte, die auf das Wirken der PID und PUT sowie der gegnerischen KP/KT[60] zurückzuführen sind, muss ganz besonders auf den Maßstab wert gelegt werden, nach dem der zukünftige IM seine Umgebung, dortige Personen und Aktivitäten messen soll, um für das MfS das Bedeutsame zu finden.

6. Plan der Werbung

Das Werbungsgespräch ist für den 3. 4. 87 um 15.30 Uhr vorgesehen. Die Werbung ist durch den Genossen M. (Oberleutnant) vorbereitet und durchgeführt. Der IM-Kandidat wird an vereinbarter Stelle als Tramper in Erscheinung treten und durch den operativen Mitarbeiter im PKW aufgenommen werden. An geeigneter Stelle wird dann das Werbungsgespräch realisiert.
Ziel soll sein, den IM-Kandidaten aus Motiven der politisch-ideologischen Überzeugung durch eine schriftliche Verpflichtung für eine inoffizielle Zusammenarbeit mit dem MfS zu gewinnen. Ausgehend von den vorangegangenen Kontaktgesprächen und den

persönlichen Erfahrungen des Kandidaten wird dem IM-Kandidaten unter Nutzung seiner Haltung zum MfS klar gemacht, dass seine inoffiziellen Aktivitäten im Interesse der DDR notwendig sind und dass das MfS erwartet, dass der IM-Kandidat einer aktiven Unterstützung nicht ausweicht. Ausgehend von den bisherigen Erkenntnissen ist eine positive Entscheidung des Kandidaten zu erwarten. Diese Erwartungshaltung wird von Seiten des Mitarbeiters klar zum Ausdruck gebracht, aber so, dass der zukünftige IM keineswegs für eine positive Entscheidung genötigt wird. Dieser Phase des Werbungsgespräches geht die Abrechnung des Auftrages vom vergangenen Kontaktgespräch voraus. Anhand der Person ▬▬▬▬ und anderen Beispielen wird dem Kandidaten nachgewiesen, dass inoffizielle Arbeit von Patrioten äußerst notwendig und wichtig für die Sicherheit der DDR ist. Dem IM-Kandidaten werden an Greifswalder Beispielen (unter Wahrung der Konspiration) Möglichkeiten und Auswirkungen der PID/PUT und gegnerischen KP/KT nachgewiesen. Es wird auch nachgewiesen, dass die Spezifik des MfS darin besteht, auf Grund der Unterstützung durch inoffizielle Mitarbeiter aktiv im Interesse der Sicherheit der DDR zu wirken und entscheidend dazu beitragen wird, dass die Arbeiter- und Bauern-Macht in der DDR unantastbar bleibt. Diese Erläuterungen werden in anschaulicher und einprägsamer Form gegeben.

Anschließend wird dem zukünftigen IM die Notwendigkeit einer schriftlichen Verpflichtung erläutert. Die Erläuterungen haben das Ziel, den zukünftigen IM mit der Bedeutung der schriftlichen Verpflichtung vertraut zu machen, so dass er sich mit dem Inhalt identifiziert und in der Lage ist, seine Begründung für die Entscheidung im Interesse einer Unterstützung des MfS selbst zu fixieren. Ebenso wird mit der Wahl des Decknamens verfahren. Nach der schriftlichen Verpflichtung wird die Entscheidung des IM-Kandidaten entsprechend gewürdigt. Danach erfolgt in anschaulicher und einprägsamer Art und Weise die Einweisung in das für den zukünftigen IM notwendige Verbindungssystem. Dazu gehört die Benutzung des Decknamens, das Betreten und

Verlassen von IMK (KW)[61] und Klärung von Grundverhaltens-
weisen zur Sicherung der Konspiration und Geheimhaltung.
Anschließend erhält der IM seinen Auftrag für den nächsten Termin:

– Einschätzung der Familienverhältnisse der Klassenkameradin
███████████

Zum Schluss wird der nächste Termin festgelegt und vereinbart.
Bei einer negativen Reaktion des IM-Kandidaten fertigt er eine
schriftliche Schweigeverpflichtung an. Dazu wird die Bemerkung
bekanntgegeben, dass sich das MfS bei Bedarf an den Kandidaten wenden wird.

7. In der 1. Phase der Zusammenarbeit zu beachtende Faktoren
Ausgehend von den zu beachtenden Faktoren der inoffiziellen
Zusammenarbeit, die im Punkt 5. zusammengefasst sind, ist der
neue IM zielstrebig an die Haupteinsatzrichtung heranzuführen.
Gleichzeitig muss eine ständige tschekistische Erziehung und Bil-
dung realisiert werden, die den neuen IM schnell befähigt, seine
inoffizielle Rolle im MfS richtig einzuordnen und dem eigenen
Verhalten organisch anzupassen. Die politisch und fachlich-
tschekistische Schulung wird ausgerichtet auf:

– Erscheinungsformen der PID/PUT und gegnerischen KP/KT
  und deren Folgen
– Erkennen und Werten von operativ bedeutsamen Personen,
  Sachverhalten und Verbindungen
– Grundfragen der Konspiration, Sicherheit und Geheimhaltung
– Arbeit mit operativen Legenden

Bei dem neuen IM ist darauf zu achten, dass alle Fragen und
Probleme der Schule und Ausbildung in anschaulicher Art und
Weise vermittelt werden, so dass der neue IM in der Praxis konkrete Anwendungsgebiete finden kann. Außerdem wird dadurch
eine Überforderung der Persönlichkeit ausgeschlossen. Von An-

fang an ist zu sichern, dass der neue IM konkrete und abrechenbare Aufträge erhält, bevor er zu Langzeitaufträgen herangezogen werden kann.

Der neue IM wird im Rahmen von Kontroll- und Überprüfungshandlungen auf Ehrlichkeit und Zuverlässigkeit und Verschwiegenheit überprüft. Dazu erarbeitet der IMS »Barbara« die Informationen. Die erste Phase der Zusammenarbeit wird bis zum 31.7.87 eingeschätzt. Eine Einsatz- und Entwicklungskonzeption wird nach der Einschätzung der 1. Phase der Zusammenarbeit erarbeitet.

Der neue IM soll in der 1. Phase der Zusammenarbeit das Umfeld der Familie ▬▬▬▬ aufklären, um Informationen gemäß § 213 StGB bzw. um Informationen zur Schaffung von Ansatzpunkten für eine Zurückdrängung des zu erwartenden Übersiedlungsersuchens von ▬▬▬▬ zu erarbeiten.

Referatsleiter Referat 2
N.
Hauptmann

i. V. Major E.

Einsatz- und Entwicklungskonzeption für den IMS
»Katrin Brandt«

1. Angaben zum IM und der bisherigen Zusammenarbeit
   mit dem MfS

Der IM wurde als Jugendlicher/Schüler unter 16 Jahre auf der Basis der politischen Überzeugungen geworben. Bei der Werbung spielte das politische Bekenntnis, die beabsichtigte berufliche und gesellschaftliche Entwicklungsrichtung sowie die Einflussnahme der Mutter (positiv erfasst) eine Rolle. Der IM verkörpert eine progressive Schülerin der EOS Greifswald, die sich für eine Laufbahn als Offiziersbewerber für die NVA interessierte. Dies prägte bis jetzt ihr Verhalten und ihren Leumund im Freizeit-Umfeld sowie bei Lehrern und anderen gesellschaftlichen Erziehungsträgern. Der IM wurde bisher zur Lagebeherrschung unter der Jugend, speziell Schülern der EOS, im Zusammenhang mit der Klärung der Frage »WIW?«[62] eingesetzt. Die Zusammenarbeit erfolgte kontinuierlich, in IMK, sowie in Form schriftlicher und mdl. Berichterstattung. Den persönlichen Voraussetzungen entsprechend erfolgte bisher keine Einführung des IM in operative Materialien bzw. Heranführung an Personen, die unter dem Verdacht politisch-negativer Wirksamkeit stehen. In einzelnen Fällen, wo formal-vertrauliche Kontakte bestanden, war jedoch eine periphere Kontrolle solcher Personen möglich. Der IM besitzt seinem Alter und geistigen Entwicklungsstand entsprechend eine klare Orientierung über die Grundaufgaben vom MfS (abwehrbezogen) und erwies sich bisher als in der Lage, Aspekte der politisch-ideologischen Entwicklung des sozialistischen Staates richtig zu werten. Emotional besteht beim IM eine positive Grundüberzeugung zur DDR, eine feste Bindung an das MfS, jedoch noch eine natürliche, suchende Position bezüglich eigener Verhaltens- und

Bewertungsmaßstäbe in politisch-ideologischer Hinsicht. Insgesamt war Ehrlichkeit und Zuverlässigkeit nachgewiesen worden. Der IM lernt derzeit an der EOS und schließt die 11. Klasse mit guten, teilweise befriedigenden Ergebnissen (natur-wissenschaftliche Fächer) ab. Seinen Vorstellungen, Truppenführungsoffizier in der NVA zu werden, kann vom WKK[63] aus perspektivischer Sicht der Verwendung nicht entsprochen werden. Die Perspektive Politoffiziers-Laufbahn bzw. Nachrichten/Stab sagt dem IM persönlich nicht zu. Damit ist die spätere berufliche Orientierung nach dem Abitur noch offen.

Aus dieser Situation heraus wurde mit dem IM beraten, ob Voraussetzungen und Möglichkeiten gegeben sind, im Auftrage des MfS, abgestimmt und legendiert ein Studium der Theologie an der EAMU (Ernst-Moritz-Arndt Universität Anm. der Autorin) Greifswald anzustreben. Diesem Gedanken stand der IM nicht ablehnend gegenüber, obwohl er keinerlei spezifische Vorstellungen über Anforderungen, Inhalte, Folgeaspekte und spätere Entwicklungen hat. Für die formale Zustimmung ließ sich der IM von disziplinierter Einsicht und MfS-bezogenen Erwartungen leiten, die er zu erfüllen grundsätzlich bereit ist. Die Treffgespräche im April und Mai 1989 wurden daher genutzt, einen Soll-Ist-Vergleich der objektiven und subjektiven Erfordernisse und Gesamtrahmenbedingungen katalogartig anzustellen.

2. Zielstellungen der operativen Entwicklung des IM
Es ist vorgesehen, durch die Immatrikulation des IM an der Sektion Theologie im Studienjahr 1990/91 eine inoffizielle Verankerung unter Studenten dieser Fachrichtung zu sichern, die es ermöglicht, die Frage »Wer ist Wer?« unter diesen Personen, einschließlich deren kirchenpolitisch bedeutsamen Kontakte und Querverbindungen Lage bezogen zuverlässig bis 1995 beantworten zu können. Eine Entwicklung danach zum kirchlichen Angestellten bzw. Amtsträger ist nicht vorgesehen. Jedoch erscheint es möglich, nach Erwerb eines Hochschulabschlusses den IM in politisch-bedeutsamen Bereichen des Staatsapparates oder ande-

rer gesellschaftlicherpolitischer Gremien, die einen sachlichen Kirchenbezug haben, einzubinden (Schlüsselposition). Mitentscheidend für diesen späteren Entwicklungsabschnitt ist, wie es dem IM gelingt, sich politisch-ideologisch und weltanschaulich zu binden und offiziell zu positionieren. Grad und Tiefe der Identifizierung mit Überzeugung von lebenspraktischer Umsetzung kirchlich-religiöser Grundsätze spielen eine wesentliche Rolle. Über den späteren beruflichen Verbleib im unmittelbaren kirchenamtlichen Bereich kann daher jetzt nicht, jedoch bei insgesamt positivem Verlauf des Studiums später entschieden werden.

Phasen derzeit überschaubarer und beeinflussbarer Entwicklung des IM:

– Zeitraum Mai – Dezember 1989
Entscheidend für eine Studienbewerbung Theologie; offenes, begründetes Vertreten dieser Entscheidung gegenüber offiziellen und privaten Umfeldpersonen und glaubhaftes Abgehen von bisher geäußerten Berufsvorstellungen; offen erkennbarer Interessenwechsel und Freizeitverhalten; legendiertes »Abpuffern« staatlicher Entscheidungen und Maßnahmen, die sich gegen die geplante operative Entwicklung richten. (Zusatzvermerk in Klammern: zunehmend regelmäßige Teilnahme an Veranstaltungen der evangelischen Stadtjugendarbeiten der ESG (Evangelische Studentengemeinde) ab September 89)

– Zeitraum Januar – August 1990
Einflussnahme auf garantierten Erwerb der Hochschulreife (Abitur); Schaffung eines personellen Umfeldes im Wirkungsbereich der evangelischen Kirche; Verankerung des IM in diesem Bereich zur offenen Dokumentierung der Denkweise und Interessenslage; Schaffung von Möglichkeiten, die dem IM den Erwerb eines die Bewerbung stützenden »kirchlichen Führungszeugnisses« sichern; intensives Vertrautmachen mit kirchlich-religiösen Anschauungen und Lebensgrundsätzen

– Zeitraum September 1990 bis August 1995
Beherrschung/Erfüllung der Anforderungen an ein theologisches
Hochschulstudium; Knüpfung fester Kontakte zu diesen Studenten und spezifischen Betätigungsfeldern; Einplanung anderer
existenzsichernder Maßnahmen für den IM im Falle Nichtbewäl-
tigung der Anforderungen

3. Maßnahmen zur Realisierung der Etappenziele
Durchführung einer offenen Aussprache mit der (positiv erfass-
ten) Erziehungsberechtigten des IM mit dem Ziel:

– übereinstimmende Ansichten zum Zweck und weiteren persönlichen Entwicklungsweges des IM zu erzeugen
– das politisch-operative (legendierte) und ideologische Hinter-
   land des IM zu erzeugen bzw. spannungsfrei zu erhalten
– Verhaltensrichtlinien für den Erziehungsberechtigten zu erarbeiten, die Aussprachen an der EOS wegen »plötzlich ge-
   änderter Interessen und Motivlage bezüglich der beruflichen
   Entwicklung des IM« standhalten (Termin: bis 30.6.89, verantwortlich: Referatsleiter/Ofw V.)

– Instruktion des IM, die Eignungsprüfung an der Offiziershoch-
   schule Löbau nicht wahrzunehmen, die Aufgabe der Kandidatur als Offiziersbewerber legendiert/begründet offiziell bekannt geben (Termin: bis 30.6.89; Verantwortlich: Ofw V.)

– Sicherung inoffizieller Rückflussinformationen aus dem Leh-
   rerbereich und bisherigen Umfeld des IM an der EOS zur Umsetzung der Verhaltenslinie als Grundlage für weitere Schritte
   in der Instruktion des IM (Sicherungsmaßnahmen: AGMS
   »G«; IMS »Falco«; IMK »Olga«/Termin 15.7.89; Verantwortlich: Ofw V.)

– Überprüfung der objektiven und nützlichen Erfordernisse der
   Bewerbung für ein Theologiestudium (Chancen; Charakter der

beizubringenden Unterlagen; Termin: 20.6.89 über Schl.-Polit. »Dr. W.«; verantwortlich: Stellvertretender Leiter der KD)

- Erarbeitung einer auf die Spezifik des IM zugeschnittenen Studienbewerbung und -begründung (Termin: 30.7.89; verantwortlich: Referat 2)

- Instruktion des IM zur Schaffung offiziell-sichtbarer und nachprüfbarer Umstände, die

  o den (politischen ...) Sinneswandel be egen
  o das kirchliche-religiöse-theologische Interesse glaubhaft erscheinen lassen
  o die Ausstellung eines »kirchlichen Führungszeugnisses« ermöglichen.

Hierbei sind solche Hinweise zu geben, wie Anschaffung allgemein kirchlich theologischer Literatur; Besuch von Veranstaltungen in kirchlichen Räumen (Nutzung des aktuellen territorialen Angebotes insbesondere für Jugendliche), Kontaktaufnahme/-ausbau zu gleichaltrigen Personen, die ideelle oder persönlich familiäre Bezugspunkte zur evangelischen Kirche haben usw.; letztlich bis zur Initiierung bzw. Beteiligung an Gesprächen mit spezifischen Sachbezug.

- Nutzung/Ausbau Kontakt zu ▆▆▆▆▆▆
- Veranstaltungen der Dom-Einweihungswoche
- Arbeitskreis-Angebot »Teestube«
- (Termin: 14.6.89; verantwortlich: RL[64] 2/Ofw V.

Einschätzung des Standes der kirchlichen Einbindung bzw. Reaktionen aus dem Umfeld (Termin: 20.9.89/20.11.89)
Einschätzung des Realisierungsstandes der EEK und Festlegung weiterer Maßnahmen (Termin: 10.12.89/10.5.90; verantwortlich: Ofw V. Kontrolle: Leiter Referat 2)

ANMERKUNGEN

1 Klaus Behnke/Jürgen Wolf (Hg.): Stasi auf dem Schulhof, Berlin 1998, S. 13. Behnke erläutert jedoch nicht, worauf er sich dabei stützt.

2 Siehe dazu den Aufsatz »Minderjährige« von Helmut Müller-Enbergs, in: Christian Booß/Helmut Müller-Enbergs: Die indiskrete Gesellschaft. Studien zum Denunziationskomplex und zu inoffiziellen Mitarbeitern, Frankfurt (Main) 2014, S. 137–148, hier: S. 148

3 Ebenda, S. 143

4 Behnke/Wolf, Stasi auf dem Schulhof, a. a. O., S. 17 f.

5 Gespräch mit Helmut Müller-Enbergs

6 Gespräch mit Helmut Müller-Enbergs

7 www.bstu.bund.de/DE/Wissen/MfS-Dokumente/Downloads/Grundsatzdokumente/befehl-11-66_bekaempfung-jugend.pdf?__blob=publicationFile; abgerufen am 8. September 2014

8 Artur, Staigies: Die Gewinnung von Jugendlichen im Alter von 14 bis 18 Jahren für die inoffizielle Zusammenarbeit mit den Diensteinheiten des Ministeriums für Staatssicherheit, Potsdam 1972, JHS MF VVS 201/72, S. 16

9 Siehe dazu auch den Aufsatz von Sabine Gries/Dieter Voigt: Jugendliche IM als Forschungsfeld der »Wissenschaftler« des Ministeriums für Staatssicherheit der DDR, in: Behnke/Wolf, Stasi auf dem Schulhof, a. a. O., S. 103–123

10 Ebenda, S. 107

11 Günter Förster: Die Juristische Hochschule des MfS (MfS-Handbuch), Hg. BStU, Berlin 1996, S. 10

12 Ebenda

13 Jörg Fritzsche: Anforderungen, die sich aus Problemen und Besonderheiten des Prozesses der Gewinnung jugendlicher IM ergeben, Potsdam 1985, JHS 20335=MF VVS 312/85, S. 20

14 Ebenda, S. 28

15 Werner Gruchmann: Psychologische Aspekte der Zusammenarbeit mit Inoffiziellen Mitarbeitern aus jugendlichen Personenkreisen, die zur Aufklärung von Feindtätigkeit eingesetzt werden, Diplomarbeit, Potsdam 1965, JHS MF 181, S. 8

16 Artur Staigies: Die Gewinnung von Jugendlichen, a. a. O, S. 28

17 Ebenda, S. 39

18 Jörg Fritzsche: Anforderungen, a. a. O., S. 25

19 Werner Gruchmann: Psychologische Aspekte, a. a. O., S. 18

20 Ebenda

21 Ebenda, S.17

22 Artur Staigies: Die Gewinnung von Jugendlichen, a. a. O., S. 53

23 Werner Gruchmann: Psychologische Aspekte, a. a. O., S. 17

24 Werner Brendtner: Über wesentliche Erfahrungen bei der bewussten Beachtung der dialektischen Wechselbeziehungen vom Allgemeinen, Besonderen und Einzelnen im Prozess der Vermittlung eines aufgabenbezogenen Feindbildes an jugendliche IM, deren Einsatz im unorganisierten Freizeitbereich zu gesellschaftswidrigen Verhaltensweisen Jugendlicher erfolgt, Potsdam 1981, BStU, MfS, JHS, MF 287/81, S. 46

25 Jörg Fritzsche: Anforderungen, a. a. O., S. 40

26 Werner Brendtner: Über wesentliche Erfahrungen, S. 47

27 Ebenda, S. 41

28 Ebenda, S. 8

29 Artur Staigies: Die Gewinnung von Jugendlichen, a. a. O., S. 50

30 Ebenda, S. 49

31 Ebenda, S. 51

32 Jörg Fritzsche: Anforderungen, a. a. O., S. 27

33 Ebenda, S. 26

34 Ebenda, S. 25

35 Ebenda, S. 27

36 Müller-Enbergs,»Minderjährige«, a. a. O., S. 138. Das Problem der Klassifizierung lässt sich daran erkennen, dass minderjährige IM in den Akten der Staatssicherheit unterschiedlich bezeichnet wurden: als IM-Vorlauf, als Kontaktperson (KP), als IM oder als Operative Personenkontrolle (OPK).

37 Ingrid Kühn: Mit »Argus«-Augen. Decknamen für Inoffizielle Mitarbeiter der Staatssicherheit, in: Der Sprachdienst XXXVI (1992), S. 177–180

38 Gespräch mit Müller-Enbergs

39 Der internationale Kongress im Februar 1987 sollte den Willen der sowjetischen Führung zur Abrüstung demonstrieren.

40 Name geändert

41 Name geändert

42 Der vollständige Bericht des Ausschusses findet sich unter: http://dipbt.bundestag.de/dip21/btd/14/099/1409951.pdf.

43 Siehe dazu auch: Helmut Müller-Enbergs, »Minderjährige«, a. a. O., S. 137

44 Das ganze Dokument ist im Internet abrufbar unter http://dipbt.bundestag.de/dip21/btd/14/099/1409951.pdf

45 Die Informationen über Struktur und Besetzung der Kreisdienststelle habe ich aus einem Gespräch mit Helmut Müller-Enbergs.

46 BStU, MfS, BV Rostock, KD Greifswald, Nr. 55, S. 1

47 BStU, MfS, BV Rostock, Abt. KuSch, Nr. 1016

48 Ebenda, Nr. 2859

49 Ebenda, Nr. 2633

50 Ebenda, Nr. 2633, S. 59

51 Ebenda

52 BStU, MfS, BV Rostock, Abt. KuSch, Nr. 2680

53 Ebenda, S. 60

54 Ebenda, S. 65

55 BStU, MfS, BV Rostock, KuSch 2126

56 »Der Politikwechsel gewinnt an Gestalt«, Kommentar von Susanne Hennig-Wellsow, Neues Deutschland, 26.09.2014

57 http://www.zeit.de/politik/deutschland/2014-09/thuerin-gen-sondierung-ror-rot-gruen-ddr

58 PID – gemeint sind alle Aktivitäten gegen die offizielle Ideo-logie

59 Ernst-Moritz-Arndt-Universität Greifswald

60 Kontaktpolitik/Kontakttätigkeit

61 »Inoffizieller Mitarbeiter zur Sicherung der Konspiration und des Verbindungswesens (Konspirative Wohnung)«

62 »Wer ist wer?«

63 Wehrkreiskommando

64 Referatsleiter